资本市场的
创新逻辑与现实路径

——基于广东事实的研究

刘少波　叶　显　曹　直　著

暨南大学出版社
JINAN UNIVERSITY PRESS

中国·广州

图书在版编目（CIP）数据

资本市场的创新逻辑与现实路径：基于广东事实的研究/刘少波，叶显，曹直著．—广州：暨南大学出版社，2021.7
ISBN 978 - 7 - 5668 - 3073 - 9

Ⅰ.①资… Ⅱ.①刘… ②叶… ③曹… Ⅲ.①资本市场—研究—广东
Ⅳ.①F832.765

中国版本图书馆 CIP 数据核字（2021）第 021878 号

资本市场的创新逻辑与现实路径——基于广东事实的研究
ZIBEN SHICHANG DE CHUANGXIN LUOJI YU XIANSHI LUJING——JIYU GUANG-
DONG SHISHI DE YANJIU
著　者：刘少波　叶　显　曹　直

出 版 人：张晋升
责任编辑：曾鑫华　高　婷
责任校对：张学颖　冯月盈　黄亦秋
责任印制：周一丹　郑玉婷

出版发行：暨南大学出版社（510630）
电　　话：总编室（8620）85221601
　　　　　营销部（8620）85225284　85228291　85228292　85226712
传　　真：（8620）85221583（办公室）　85223774（营销部）
网　　址：http://www.jnupress.com
排　　版：广州市天河星辰文化发展部照排中心
印　　刷：佛山市浩文彩色印刷有限公司
开　　本：787mm×960mm　1/16
印　　张：16.5
字　　数：275 千
版　　次：2021 年 7 月第 1 版
印　　次：2021 年 7 月第 1 次
定　　价：59.80 元

（暨大版图书如有印装质量问题，请与出版社总编室联系调换）

前　言

创新驱动发展是我国当下以及今后相当长时期经济发展的主旋律。创新需要强有力的金融支持，随着创新模式由模仿创新向自主创新（原始创新）的转变，资本市场支持创新的作用将愈来愈重要。但是，我国的金融体系和金融结构没有因应创新发展态势，从而与技术创新模式演进不匹配，具体表现为在我国现行的金融系统中，银行仍是系统的核心，银行业结构是中国金融结构的主要内容（殷剑峰，2018；姚耀军等，2015）。但这种银行主导型的融资及金融服务体系已经无法满足和解决创新创业中非常广泛、复杂且风险较高的金融需求，因而迫切需要通过发展资本市场为创新提供融资和相关的金融服务。正因为如此，大力发展资本市场以促进创新，已成为国家的顶层设计，党的十九大报告也特别强调要"提高直接融资比重，促进多层次资本市场健康发展"。大力发展资本市场意味着要满足现实中的金融需求特别是创新的金融需求的增量部分，将愈来愈多来自资本市场的金融供给，也意味着金融供给结构的变化。这个过程需要大力推进金融供给侧结构性改革。基于此，笔者主持承担了2018年国家社科基金年度项目"资本市场支持创新与金融供给侧结构性改革研究"。本书是该项目的阶段性成果。

本书之所以以广东为例进行研究，一方面是基于广东的创新发展和资本市场促进创新成效显著，居全国领先地位。近年来，广东坚持把创新驱动发展作为转型升级的核心战略和总抓手，自主创新能力进一步提升，主要体现在以下几个方面：首先，R&D 占比快速提升，2018 年全省 R&D 占比达2.65%，显著高于全国平均水平2.15%。其次，在专利方面，2018 年广东专利申请量为79.38 万件，专利授权量47.81 万件，均居全国首位；全国每万人口发明专利拥有量为11.50 件，广东则为22.25 件，约为全国平均水平的2倍，深圳为91.25 件，约为全国平均水平的7.9 倍；在专利质量方面，截至

2018 年底，广东全省有效发明专利量 24.85 万件，连续 9 年居全国第一；同时，广东专利的"国际化"特色突出，仅在 2018 年，全省 PCT 国际专利申请量 25 256 万件，占全国总量的 48.67%，连续 17 年位居全国首位；在 PCT 国际专利申请公开量全球 20 强中，有 3 家企业来自广东。最后，2018 年广东的技术自给率达 73%，科技进步贡献率超过 68%，大大高于全国平均水平，区域创新综合能力排名保持全国第一，基本达到创新型国家和地区水平。因此，研究广东的创新发展及这个过程中的金融支持，具有窥斑见豹和路径展示的特殊意义，也在很大程度上契合了国家社科项目的主题。另一方面，近年来由笔者领衔的研究团队先后完成多项相关的研究课题，包括广东省政府重大决策咨询招标项目、广东省自然科学基金项目、广州市社科规划重大项目等，因而对广东的创新发展和利用资本市场促进创新问题有较系统和深入的研究，本书是在这些研究成果的基础上形成的。

本书所做的一项开创性工作也是最主要的创新是，分别测算了广东创新的金融需求量和在目前银行主导的金融结构下的金融供给量，在此基础上测算了未来几年广东创新的金融（资金）缺口。广东是全国经济和金融大省，也是率先实施创新驱动发展战略并取得显著成效的地区，总体上已进入自主创新主导阶段。但广东的金融结构依然是典型的银行主导型结构，直接融资占比偏低，金融结构与创新结构严重不匹配。本书通过对广东创新的金融需求和金融供给状况的具体测算与分析，发现在现行银行主导的金融供给结构下，广东创新面临的金融供给与创新的金融需求相比存在明显的缺口，具体包括 2019—2025 年各年度的融资缺口、不同产权性质的高技术企业的融资缺口、不同生命周期的高技术企业的融资缺口，以及不同规模的高技术企业的融资缺口。缺口的存在并非广东总体上存在资金短缺问题，而是在现行银行主导的金融供给结构下无法满足的资金需求；同时要解决这个缺口必须改变现行的金融结构，使现存于银行系统的资金更多流向资本市场，或者说使社会资金的更大份额通过资本市场进行配置。由此表明，要更好地解决创新驱动发展中的金融支持问题，必须大力推进金融供给侧结构性改革，改变现行银行主导的金融供给结构。本书的研究揭示了推进金融供给侧结构性改革的依据和内在逻辑。同时，本书的理论分析表明，资本市场促进创新很大程度上有赖于风险投资机制。因此，要更好地利用资本市场促进广东创新创业发展，必须大力发展风投创投市场。2017 年广东提出要打造成为华南风投创投中心，广州应当在其中发挥"领头羊"的带动作用。基于此，本书具体讨论了广州建设风投创投中心问题，包括构建了一个界定风投创投中心内在规定的规范分析框架，对广州建设风投创投中心进行了 SWOT 分析和对标分析，提出了广州风投创投中心的发展定位和相应对策。此外，国内外一些地区在探索利用资本市场推动创新创业中，取得了显著成效，产生了若干可资借鉴的经验。本书对此进行了梳理和总结，并在此基础上提炼出一个资本市场与"双创"关系的基本模式——"资本市场 + 龙头明星企业 + 链式网状"生态系统，揭示了这一模式的逻辑结构、运行机理及其效应，使本书的一些政策建议具有较新颖的视角和较可靠的依据。

但是，由于时间窘迫和笔者水平所限，本书的局限甚至错误在所难免，敬请读者批评指正。

在课题研究和成果形成过程中，暨南大学经济学院和暨南大学金融研究所的一些老师和博士研究生、硕士研究生不同程度地参与其中并有所贡献，如黄文青、潘涛、孙兰、毛文秀、王焱、尹作鋆、郭梦婷、周璐、张彦洁等，在此对他们的参与和贡献表示衷心的感谢！同时，感谢暨南大学高水平大学建设专项经费——应用经济学学科建设项目对本书出版的支持！感谢暨南大学出版社曾鑫华、高婷两位编辑为本书的出版付出的辛勤努力！

刘少波

2020 年 10 月于暨南大学

目　录

第一章 绪 论

第一节 研究背景与意义

一、 研究背景

自 1978 年改革开放以来，中国经济实现了长期高速增长，1978—2018 年 GDP 年均增长 9.4%，创造了中国速度和中国奇迹。中国经济高速增长使经济总量快速增长并于 2010 年成为全球第二大经济体。随着经济快速发展和经济实力显著增强，中国的科技进步也取得令人瞩目的成就，科技进步贡献率从 1998 年的不到 40%，提升到 2018 年的 58.5%；R&D 强度（研究与开发费用占 GDP 之比）从 1996 年的 0.57% 提升到 2018 年的 2.15%。特别是近些年来，"大众创业，万众创新"迅速成为国家的一项重大战略决策，中央政府对此不仅进行强烈的理念和政策宣示，同时也陆续展开相应的顶层设计，先后出台《国务院关于大力推进大众创业万众创新若干政策措施的意见》《国务院关于加快构建大众创业万众创新支撑平台的指导意见》等政策举措。《国务院关于大力推进大众创业万众创新若干政策措施的意见》指出，"双创"对于推动经济结构调整、打造发展新引擎、增强发展新动力、走创新驱动发展道路具有重要意义，是稳增长、扩就业、激发亿万群众智慧和创造力，促进社会纵向流动和公平正义的重大举措。从现实情况看，近年来创新发展态势已在我国全面展开并取得明显成效。2013—2018 年全社会 R&D 年均增长 11%，规模跃居世界第二位；我国的专利申请量显著增加并进入全球前列，2018 年中国的申请人提交了 PCT（《专利合作条约》）专利申请 53 345 件，仅次于美国（56 142 件），位居全球第二，超过位居第三的日本（49 702 件），远远超过排名第四的德国（19 883 件）和排名第五的韩国（17 014 件）。另外，我国在载人航天、深海探测、量子通信、大飞机等领域的重大创新成果不断涌现；高铁网络、电子商务、移动支付、共享经济等引领世界潮流；大众创业、万众创新蓬勃发展，日均新设企业由 5 000 多家增加到 16 000 多家。快速崛起的新动能，正在重塑经济增长格局、深刻改变生产生活方式，成为中国创新发展的新标志。

广东是全国改革开放和创新驱动发展的排头兵，习近平总书记要求广东为全国实施创新驱动发展战略提供支撑；广东对创新发展也有深刻认知，提出要破解广东发展深层次结构性的问题，最根本的是要转换发展动力，实现从要素驱动向创新驱动、从跟随式发展向引领型发展的转变。要加快形成以创新为主要引领和支撑的经济体系与发展模式。从现实情况看，近年来广东坚持把创新驱动发展作为转型升级的核心战略和总抓手，自主创新能力进一步提升。首先，R&D 占比快速提升，2018 年全省 R&D 占比达 2.65%，显著高于全国平均水平 2.15%。其次，在专利方面，2018 年广东专利申请量为79.38 万件，专利授权量为 47.81 万件，均居全国首位；全国每万人口发明专利拥有量为 11.50 件，广东则为 22.25 件，约为全国平均水平的 2 倍，深圳为91.25 件，约为全国平均水平的 7.9 倍；在专利质量方面，截至 2018 年底，广东全省有效发明专利量为 24.85 万件，连续 9 年居全国第一；同时，广东专利的国际化特色突出，仅在 2018 年，全省 PCT 国际专利申请量为 25 256件，占全国总量的 48.67%，连续 17 年位居全国首位；在 PCT 国际专利申请公开量全球 20 强中，有 3 家企业来自广东。最后，2018 年广东的技术自给率达 73%，科技进步贡献率超过 68%，大大高于全国平均水平，区域创新综合能力排名保持全国第一，基本达到创新型国家和地区水平。因此，研究广东的创新发展及这个过程中的金融支持，具有窥斑见豹和路径展示的特殊意义。

尽管我国科技创新成就突出，但与发达国家的差距依然十分明显。首先，一些主要的宏观总量指标差距很大。比如 R&D 占比，2018 年我国为 2.15%，美国为 2.8%、日本为 3.42%、瑞士为超过 4%；又比如科技进步贡献率，2018年我国为 58.5%，而许多发达国家达到 80% 左右。其次，在创新性质和层次上存在显著差距。比如我国的很多创新属于模仿式创新而非原始创新，很多创新不具有自主知识产权；又比如在很多领域特别是在互联网领域，中国主要是商业模式、应用模式的创新，而美国是技术和信息安全的创新，即二者不在同一个层次。最后，在很多具体问题上存在较大差距。如在专利核心技术方面，在全球50家专利最多的企业中，日本企业占三分之一以上，美国企业占四分之一以上，此外是德国企业等，而中国有较大差距；如在专业技术人才方面，以AI行业为例，麦肯锡公司的研究报告数据显示，截至2017年3月，全球共有190多万名专业技术人才在AI行业工作，其中美国多达85万人，中国仅有5万人左右，排名第7，排在印度、英国、加拿大之后，与澳大利亚、法国大体相当；另据2019年1月21日，德科集团、欧洲工商管理学院和路塔通信（Tata Communications）联合发布的2019年《全球人才竞争力指数报告》，瑞士、新加坡和美国分列人才竞争力指数排行榜前三位，中国排名第45位；如在网络通信基础设施方面，在国际电讯联盟以宽带普及率、宽带速度、宽带资费等编制的各国信息通信技术发展指数中，2017年中国排名第80位。

与发达国家相比存在显著差距，说明有很多因素在制约我国的科技创新，除科学技术发展本身的各种因素外，我国的金融体系和金融结构没有因应创新发展态势，从而与技术创新模式演进不匹配，是一个重要影响因素。

在推进"双创"中，有效的金融支持是不可或缺的一环，甚至可以说"双创"的整个过程都离不开金融支持。创新的金融支持主要来自银行体系和资本市场体系。在经典金融理论看来，商业银行的性质及其经营准则决定了它不可能对高风险的创新行为和项目融资。但是，由于中国的"家族文化""忧患意识"等文化特征和深受大陆法系影响的法律传统，促使中国选择了银行主导的金融体系结构（李萌等，2014）；姚耀军等（2015）指出，银行业结构是中国金融结构的主要内容，呈高度垄断格局的银行业是中国金融体系的"软肋"；殷剑峰（2018）的研究发现，在我国现行的金融系统中，银行仍是系统的核心。这种银行主导型的融资及金融服务体系已经无法满足和解决创新创业中非常广泛和复杂的金融需求，因而迫切需要通过发展资本市场为创新提供融资和相关的金融服务。正因为如此，大力发展资本市场以促进创新，已成为国家的顶层设计，党的十九大报告也特别强调要"提高直接融资比重，促进多层次资本市场健康发展"，2019年又正式推出股票市场的科创板。但"双创"与资本市场的对接和融合过程需要解决一系列问题，因而需要具体研究。

二、 研究意义

研究意义取决于拟研究问题所具有的价值。利用资本市场推动创新所涉及的问题，可以说关乎宏旨，具有重大现实意义。

一方面，推动创新是我国经济转型升级的必由之路和根本举措。自李克强总理 2014 年夏季在达沃斯论坛上首次提出"大众创业，万众创新"后，"双创"迅速成为国家的一项重大战略决策，中央政府对此不仅进行强烈的理念和政策宣示，同时也陆续展开相应的顶层设计，先后出台《国务院关于大力推进大众创业万众创新若干政策措施的意见》《国务院关于加快构建大众创业万众创新支撑平台的指导意见》等政策举措。正如《国务院关于大力推进大众创业万众创新若干政策措施的意见》所言，"双创"对于推动经济结构调整、打造发展新引擎、增强发展新动力、走创新驱动发展道路具有重要意义，是稳增长、扩就业、激发亿万群众智慧和创造力，促进社会纵向流动和公平正义的重大举措。对广东而言，要实现"三个定位，两个率先"的发展要求，必须大力推进"双创"并以此推动经济结构调整和转型升级，在全国率先走出一条创新驱动发展路径。

另一方面，无论是创新还是创业都需要资金支持和其他金融服务，资本市场可以为"双创"提供有效且无法被替代的金融支持。具体而言，资本市场由于具有资金供给主体的多元性、市场结构的多层次性、投资融资的逐利性、风险配置和转移的灵活性以及进入退出的开放性等特征，使其对各类投融资项目和主体具有极大的包容性，因而能够很好地契合创新和创业过程中产生的包括规模、结构、产品乃至时效等方面的复杂的、多元化的金融需求。可见，推动"双创"发展的金融供给需要更多来自包括风险投资体系在内的资本市场体系。但"双创"与资本市场的对接和融合过程并非自然天成，它需要解决一系列问题，其中有些问题可以通过市场力量解决，但在当下中国的经济运行体制中，许多问题有赖于政府的推动及其相应的政策设计和制度安排。因此，利用资本市场推动"双创"，既是一个很逻辑地产生的问题，也是现实中迫切需要探索和解决的问题。这个问题如何解决及解决得如何，直接影响"双创"的发展态势，进而影响经济转型升级和大众的民生福祉。

第二节 研究目的、思路与结构

一、 研究目的

本书的研究目的是，深入揭示资本市场推动创新的内在逻辑，并以广东的现实发展为研究样本，通过对广东利用资本市场促进创新的绩效与问题的分析，以及对广东创新的金融需求和金融供给状况的具体测算与分析，揭示在现行银行主导的金融供给结构下，广东创新面临的金融供给与创新的金融需求相比存在的缺口，即在银行主导的金融供给结构下无法满足的资金需求。进而为金融供给侧结构性改革的推进提供依据。在此基础上探讨如何利用资本市场推动广东创新发展，并提出相应的政策建议和具体措施。

二、 研究思路

本书的研究思路是，以中国特别是广东经济转型升级和创新驱动发展的进程为研究背景，以技术创新与资本市场链接的内在逻辑为研究主线，以广东利用资本市场推动创新发展面临的现实问题为导向，以广东创新驱动发展中的金融需求和现实的金融供给为分析基础，为广东更好利用资本市场推动创新发展提出对策建议。本书通过对广东现实样本的剖析，揭示资本市场的创新逻辑与实现路径，揭示金融供给侧结构性改革的必要性和内在逻辑。

三、 本书结构

本书由八章组成，具体如下：

第一章，绪论。介绍研究背景、研究意义、研究目的、研究思路以及本书的创新与局限等。

第二章，文献回顾与理论分析。对相关文献进行梳理和评述，在此基础上从基本逻辑、基于创新模式演进的分析和机制分析等方面，构建资本市场推动创新的理论分析框架。

第三章，广东利用资本市场推动创新的绩效与存在问题分析。从广东资本市场发展状况和资本市场推动创新产出效果等方面，具体分析近年来广东利用资本市场推动创新发展的成效，揭示存在的问题。

第四章，广东创新的金融需求和金融供给状况分析。分别测算广东创新的金融需求量和在目前银行主导的金融结构下的金融供给量，在此基础上测算未来几年广东创新的金融（资金）缺口状况。

第五章，广州建设风投创投中心研究。理论分析表明，资本市场促进创新很大程度上有赖于风险投资机制。因此，广东要更好利用资本市场促进创新创业发展，必须大力发展风投创投市场。2017 年广东提出要打造成为华南风投创投中心，广州应当在其中发挥"领头羊"的带动作用。基于此，本书具体讨论了广州建设风投创投中心问题，包括构建一个界定风投创投中心内在规定的规范分析框架，对广州建设风投创投中心进行了 SWOT 分析和对标分析，提出了广州风投创投中心的发展定位和相应对策。

第六章，资本市场促进创新——国内外经验提炼。对美国硅谷和我国北京、深圳、杭州等地区利用资本市场促进"双创"发展情况进行分析研究，提炼归纳可资借鉴的经验。

第七章，资本市场促进"双创"的一个典型模式。通过对国内若干地区"双创"生态系统的分析并借鉴国外的经验，本书提炼出一个资本市场与"双创"关系的基本模式——"资本市场＋龙头明星企业＋链式网状"生态系统。

第八章，政策建议。

第三节　本书的创新与局限

一、　本书的创新

本书的创新主要体现在以下几个方面：

第一，本书所做的一项开创性工作也是最主要的创新是，分别测算了广东创新的金融需求量和在目前银行主导的金融结构下的金融供给量，在此基础上测算了 2019—2025 年广东创新的金融（资金）缺口。缺口的存在并非广东总体上存在绝对意义上的资金短缺，而是在现行银行主导的金融供给结构下无法满足的资金需求。本书的这项研究揭示了推进金融供给侧结构性改革的依据和内在逻辑。

以往的所有研究都只是从理论上阐释银行主导的金融体系无法解决创新的金融需求，而没有从量上给出现行金融体系究竟在多大程度上难以解决创新的金融需求，由此使如何转变银行主导的金融结构和如何大力发展资本市场这类问题，缺乏令人信服的依据。本书通过对广东创新的金融需求和金融供给以及金融缺口的测算，证明了仅仅依靠银行体系是无法解决创新的金融支持问题，同时意味着要解决这个缺口必须改变现行的金融结构，使现存于银行系统的资金更多流向资本市场，或者说使社会资金的更大份额通过资本市场进行配置。由此表明，广东利用资本市场推动创新创业既有深刻的内在逻辑，也是现实状况使然。本书的这一工作使理论逻辑与现实逻辑达到了一致，从而实现了逻辑上的自洽，也为大力推进金融供给侧结构性改革提供了可靠的依据。

第二，本书通过翔实的数据资料深入分析了广东资本市场发展和利用资本市场促进创新取得的成效，揭示了存在的主要问题，包括金融结构与技术创新模式不匹配、创新投入强度偏低、风险投资规模及其结构有待优化、资本市场与创新的区域发展严重不平衡、资本市场推动创新的效率有待提升、资本市场推动创新存在资金错配、政府财政引导存在偏差等。

第三，构建了一个界定风投创投中心内在规定的规范分析框架并以此分析广州建设风投创投中心问题。同时，首次运用 SWOT 方法和对标分析全面深入分析广州建设风投创投中心的现实状况并得到若干有新意的结论。更重要的是，本书提出广州建设风投创投中心应当摒弃与深圳进行全面竞争甚至一定要超越深圳的思维，要与深圳实行差异化错位发展，并对广州风投创投中心建设做出了新的发展定位，即应以以下三个方面为发展重点，一是大力发展早期金融服务，着力打造创新型企业早期融资服务中心，二是着力打造服务风投创投业发展的金融（或类金融）创新基地，三是着力打造服务风投创投发展的中介体系。本书还提出了有针对性的对策建议。

第四，在梳理和总结国内外一些地区探索利用资本市场推动创新创业的主要做法和经验的基础上，提炼出一个资本市场与"双创"关系的基本模式——"资本市场＋龙头明星企业＋链式网状"生态系统，揭示了这一模式的逻辑结构、运行机理及其效应，使本书的一些政策建议具有较新颖的视角和较可靠的依据。

第五，通过理论逻辑的构建、对现实问题的揭示以及对国内外经验的借鉴，本书提出了若干较有新意和针对性的政策建议，包括大力培育和扶持龙头明星企业，着力构建"资本市场＋龙头明星企业＋链式网状"生态系统；打造广东双创"百千万工程"；积极探索金融供给侧结构性整体改革；优化投入结构，提升资本市场促进创新效率；支持企业加大利用债券市场融资，促进利用资本市场融资多元化；积极利用互联网股权众筹方式融资；打造穗深港创新创业与资本市场联动发展示范区；建立省金融局与证监局和证券交易所常态化联络工作机制；完善信息共享机制，建设四大信息服务平台等。

二、 本书的局限

第一，本书是国家社科基金项目"资本市场支持创新与金融供给侧结构性改革研究"的阶段性成果，它通过对广东创新中金融供给缺口的分析，揭示了推进金融供给侧结构性改革的依据和内在逻辑。但本书尚未进一步讨论如何推进金融供给侧结构性改革；同时，本书仅分析了广东一省创新发展中的金融供求及其供给缺口问题，有一定局限性。

第二，基于创新的金融供给缺口是一个不容易精确把握和测算的问题，原因在于银行系统和资本市场系统的资金供求及其流动并非泾渭分明、井水不犯河水。尽管本书借鉴了大量相关方法并进行了比较复杂的计算，但毕竟尚未有文献直接测算过基于创新的金融供给缺口，作为一种尝试，本书的相关测算只具有近似意义。

第三，本书没有设专章讨论深圳的创新发展和资本市场促进创新问题。深圳是中国当下的创新高地，资本市场及风投创投业相当发达，资本市场促进科技创新成效非常突出。一方面，深圳的情况具有特殊性，许多研究广东问题的文献常常只研究"小广东"，即不包括深圳的广东；另一方面，已有很多研究深圳创新发展和资本市场的文献，如王京生、陶一桃的《"双创"何以深圳强？》等。因此，本书只从借鉴角度提炼了深圳的一些做法和经验，如能从本书主题和视角专门讨论深圳情况当会更好。

第二章　文献回顾与理论分析

第一节　文献回顾与评述

一、关于创新和创业

创新和创业是人类社会最基本的实践活动，虽然在人类社会不同发展阶段创业和创新的内涵有所不同，但它们都是推动经济社会发展的基本动力，在当代创新已成为经济社会发展最主要的动力。

熊彼特（Schumpeter）是现代创新理论的开创者，构建了以创新理论为基础的创新经济学理论体系（1912，1939，1942）。熊彼特将创新定义为"建立一种新的生产函数"，即把从未有过的生产要素和生产条件的新组合引入生产体系，以实现对生产要素或生产条件的"新组合"。熊彼特总结了创新的五种类型：①引入一种新产品或提供一种产品的新质量，即产品创新；②采用一种新的生产方法，即工艺创新；③开辟一个新市场，即市场创新；④获得一种原料或半成品的新供给来源，即资源配置创新；⑤实现新的企业组织形式，即组织创新。除创新内涵和类型外，熊彼特创新理论主要包括以下要点：第一，创新是生产过程中内生的；第二，创新是一种"革命性"变化；第三，创新同时意味着毁灭；第四，创新必须能够创造出新的价值；第五，创新是经济发展的本质规定；第六，企业家是创新的主体。

在熊彼特之后，关于创新问题的研究文献可谓汗牛充栋，创新理论也在与时俱进中不断拓展、深化并日益精细和专门化。

一些学者对创新定义做出新的界定，如 Drucker（1993）在总结大量创新实践的基础上，将创新界定为任何能够使现有资源创造财富的潜力得到提升的行为活动。这个定义得到了普遍认同。Ayyagari 等（2011）也对创新进行了宽泛的定义以匹配对发展中国家创新的度量，包括新产品、新技术、新生产线的引进，知识转移以及新的制造流程等。徐宁等（2012）提出了技术创新动态能力概念，并运用中国高科技上市公司 2007—2010 年的平衡面板数据，对高管控制权激励与技术创新动态能力的关联性进行实证检验，结果表明：技术创新动态能力由技术创新投入能力、技术创新产出能力、技术创新转化能力三个维度构成；控制权激励与技术创新动态能力之间存在明显的倒 U 形关系。

一些学者从不同角度对创新类型提出了一些新的分类，如按照创新强度进行分类，将创新类型分为渐进性创新（Incremental Innovation）与突破性创新（Radical Innovation）。Baum 等（2000）认为，渐进性创新是指通过企业思考、探索、选择和再造现有方法来获得知识，突破性创新是通过协调变化、实验、实践来获得知识。Christensen 等（2003）认为突破性创新相对于渐进性创新而言是程度较高的革命性创新。He 等（2004）认为渐进性创新重点在于改进现有产品市场领域的技术创新，而突破性创新旨在进入新产品市场领域的技术创新。苏塞克斯大学的科学政策研究所（Science Policy Research Unit，简称 SPRU）根据重要性将创新划分为四类：渐进性创新，即渐进性的、连续的小创新；突破性创新，即开拓全新领域、有重大技术突破的创新；技术系统变革（Change of Technology System），这类创新将产生具有深远意义变革，通常出现技术上有关联的创新群；技术—经济范式的变更（Change in Techno-economic Paradigm），这类创新将包含很多突破性创新，又包含很多技术系统变革。

另外值得关注的一种分类是将创新分为模仿创新与自主创新。模仿创新是指企业通过模仿率先创新者的创新构想和创新行为，吸收率先创新者成功的经验和失败的教训，购买或破译率先创新者的技术秘密，并在此基础上改进、完善，进一步开发，在工艺设计、质量控制、成本控制、生产管理、市场营销等创新环节的中后期阶段投入主要力量，生产出在性能、质量、价格方面富有竞争力的产品，与其他企业，包括率先创新者进行竞争，以此确立自己的市场竞争地位，获取经济利益的一种创新活动。自主创新则是指企业主要通过自身努力，依靠自身力量独立研究开发，攻破技术难关，形成有价值的研究开发成果，并在此基础上依靠自身的能力推动创新的后续环节，完成技术成果的商品化，获取商业利润的创新活动。自主创新具有三个显著的特点：一是在核心技术上的自主突破。自主创新并不是要求企业在研究开发方面面面俱到，独立攻克每一个技术环节，但其中的核心技术或主导技术应该是由企业依靠自身力量，独立研究开发而获得的。二是关键技术的领先开发。领先是自主创新努力追求的目标。新技术成果是具有独占性的，在技术的专利保护方面，法律只保护第一个申请者，其他晚于率先者的同类成果不能受到专利保护。自主创新企业必须以技术率先性作为努力追求的目标。三是新市场的率先开拓。技术率先开发要想取得经济回报，必然要求市场的率先开拓，技术开发的成果只有尽快商品化，尽早推向市场，才能防止跟随者抢占市场，才能为企业带来实际的效益。

一些学者提出了多种创新模型，如技术推动模型、需求拉动模型、相互作用模型、整合模型、系统整合网络模型等。近年来，创新研究的内涵和外延都得到不断的丰富与深入，很多学者发展出相关的创新研究理论。其中最具有代表性的是以技术变革、技术推广为研究对象的技术创新研究，以制度变革、制度建设为研究对象的制度创新研究，以企业文化创新与绩效、建立学习型组织等为研究对象的文化创新研究和以企业家创新为研究对象的企业家创新研究以及系统创新理论研究等。

在创新理论不断发展的同时，关于创业问题的研究文献也非常丰富。依据创业研究视角的不同，Hillsge 和 Lumpkin（1997）将创业研究划分为创新学派、战略学派、认知学派以及机会学派等。这些文献基本上都充分认同或证明创业和创新对经济社会发展具有重要作用，并在很大程度上成为经济社会发展的有机组成部分。

但现有文献对创业与创新之间的关系各有见解。Schumpeter（1912）指出创新来源于创业，创新应该成为评判创业的标准。Herbig（1994）认为，新企业的创业和创新的潜力高度相关。Lumpkin 和 Dess（1996）进一步指出，具有创新精神是企业家创业能力的一个关键的衡量尺度，且创业能力可以用三个维度来测量：创新嗜好、风险偏好、先于竞争对手积极行动的能力。Ka-nungo 等（1999）认为，创新是创业的特殊工具，在创新和创业之间存在着不可忽视的交集。Hillsge 和 Lumpkin（1997）认为创业是实现创新的过程，创新是创业的本质核心。国内一些学者也有精辟见解，辜胜阻等（2007）指出创业往往总是同创新联系在一起的，没有创新的创业不可能实现可持续发展。张映红（2008）认为公司创业就是以创新和战略变革为核心的组织行为与特征。李时椿等（2007）认为新时代下创新和创业相辅相成，两者正呈现出越来越显著的、动态的集成与融合趋势，并表现为正相关关系。可见，学者们在努力探索创业与创新之间的联系，特别是两者间的渗透与融合。

二、 关于金融支持的重要性和创新的融资约束

创新需要有力的金融支持，许多研究结果表明，金融支持可从不同角度促进科技创新，同时金融支持的状况取决于一国的金融发展状况，如规模、结构、水平和效率等。Schumpeter（1912）指出没有金融的支持，企业的创新和发展是极其困难的。而且，一国的金融承载能力决定其科技创新的发展，金融承载能力越大，科技创新的成效就越显著。Saintpaul（1992）认为，金融市场的功能完善状况会影响高风险项目的风险分担，功能完善的金融市场通过提供风险分担机制，可以为技术创新提供更好的金融服务。King 和 Levine（1993）发现，金融环境的改善可以提高中小型科技企业的融资效率。Bencivenga 和 Smith（1995）研究了金融市场效率对创新的影响，发现当金融效率较低时，经济主体的交易成本较高，因而只能选择那些发展期较短的创新项目；反之，则会倾向于选择发展期较长的创新项目。Alessandra 和 Stoneman（2008）及 Ang（2010）分别研究了英国和韩国的情况，结果都证明金融发展与科技创新显著正相关。Vasilescu 和 Popa（2011）指出，金融供给是中小创新型企业发展的关键，而风险资本是非常有效的资本供给。李新功（2011）、叶子荣和贾宪洲（2011）研究了金融发展对企业技术创新的作用机制。Meierrieks（2014）研究了金融发展水平对创新的影响，发现更高水平的金融发展会促进更多的创新活动。Guarnieri 等（2014）、Sasidharan 等（2015）研究了公共科技金融投入对企业科技创新产出的影响，结果表明公共金融投资对 R&D 创新活动具有正向促进作用。Anton 和 Bostan（2017）实证分析了融资对企业创新的影响，发现企业获得融资与其创新活动正相关。Zetsche 等（2018）指出，科技金融不仅具有降低交易成本、改善业务和风险管理的特

点，还具有更大的包容性，能为中小企业带来更多的信贷支持。李建忠（2018）分析了金融支持科技创新的模式，主要有政府主导、银行主导和资本市场主导三种模式。李丽（2017）关注到金融创新与科技创新的耦合机制，研究了二者耦合对经济增长的空间效应和对技术溢出的门槛效应。张芷若（2019）构建了技术金融与技术创新综合评价指标体系，实证分析了技术金融和技术创新的耦合与协调发展之间的时空差异。郑力燕等（2019）认为科技金融与科技创新的深度融合会快速带动金融资本增值和技术成果转化。

尽管几乎所有的研究都认为有效的金融支持能够促进科技创新，但是，由于种种原因企业技术创新常常面临一系列融资约束并因此陷入融资困境。根据中国科协《全国科技工作者创新创业情况调查数据报告》，2013 年74.1% 的科技工作者面临的创业困难是缺资金，2015 年科技创业者面临的资金困难仍然没有显著改善（为 73.3%）。融资约束会严重影响企业创新。By-grave 等（2003）发现，在创业企业的成长过程中，资金缺乏是制约创业企业创新的关键性因素。许多学者从不同角度研究了企业创新的融资约束问题。Saint–Paul（1992）分析了投资收益风险对技术选择的影响，发现一般情况下，越是专业化的技术，其收益波动性也越大，普通投资者为规避风险倾向于选择风险较小、专业化程度较低的技术，这势必导致高度专业化的高新技术投资不足。龙勇等（2010）认为创新过程的不确定性和高风险性使企业面临融资困难的境地。黄国平（2009）认为预测和估计高技术项目的发展前景既是困难的也是高成本的，其结果是高信息成本可能阻碍资本流向具有技术创新的项目。张杰等（2012）研究了融资约束、融资渠道和企业 R&D 投入之间的相互关系与作用机制，发现中国金融体系的压制特征和金融发展的滞后，对集体和私人所有性质的民营企业 R&D 投入造成了显著的抑制效应。Brown等（2013）通过研究 32 个国家的公司样本，分析法律制度、股票市场融资和创新型投资在公司层面之间的因果关系，发现强大的投资者保护以及股票市场融资的更好获得，可以显著提高公司（尤其是小公司）的研发投资率。Fang 等（2014）研究了股票流动性对企业创新的影响。通过使用 DID 方法，并利用三个外生冲击产生的股票流动性的变化，发现股票流动性和企业创新之间有强烈负相关关系，以及促进股票流动性可能带来企业创新的成本。Hsu等（2014）通过对 32 个发达和发展中国家的金融发展与技术创新数据的分析，发现信贷市场会影响高新技术企业融资从而阻碍这些行业的创新。

三、 金融结构与技术创新

尽管也有文献将金融结构定义得较为宽泛（林毅夫等，2009），但普遍认为金融结构是指金融市场和金融中介在金融体系中的相对重要性，并将金融结构区分为市场主导型（Market-based）和银行主导型（Bank-based）两种类型。Levine（2005）对市场主导型与银行主导型金融结构有过较为详细的文献综述。但以往这方面的文献主要侧重讨论哪种金融结构更有利于促进实体经济发展，绝大多数文献都认同金融发展对经济增长具有重要作用，但是对于何种金融结构更有利于经济增长则未达成共识，大致有金融中介优势论（如Diamond，1984；Baum，et al.，2011；Ujunwa，et al.，2012）、资本市场优势论（如Levine，1991；Allen & Gale，1999；Hsu，et al.，2014）、动态演化论（林毅夫等，2009；龚强等，2014）和不存在孰优孰劣论（李健等，2012；张成思等，2015，2016）等观点。

在金融结构的发展演进中，银行中介体系比资本市场的产生要早得多。因此，讨论何种金融结构更有利于技术创新这个问题的前提是一个经济体中并存银行体系和资本市场体系，或者在未来发展中具有政策选择的可能性。现有文献对究竟何种金融结构更有利于技术创新大致有以下几种观点：

1. 资本市场能有效促进创新

许多文献从不同角度分析或证明了资本市场发达的金融体系，能够更加有效促进企业技术创新。

（1）总体分析。Allen 和 Gale（1999）比较了金融市场和金融中介的有效性，认为金融市场往往是优越的。Tadesse（2002）认为发展较好的资本市场能够为技术创新提供大规模融资，通过为技术创新投资者提供长期有效的激励功能、风险分散和共享机会功能，来促进技术创新行为长期、稳定和持续进行。Hsu 等（2014）使用 32 个发达和发展中国家的金融发展与技术创新数据，检验了金融发展（股权市场和信贷市场）对技术创新的影响。研究表明，那些更多依赖于外部融资和高技术密集型的行业在股权市场更发达的国家呈现出的创新水平要高很多。而信贷市场的发展却呈现相反的影响，即阻碍这些行业的创新。

（2）横向比较分析。Martinsson（2010）从不同国家横向比较角度进行研究，对比分析了英国和欧洲其他 9 个发达国家的上市高科技企业在研发投资上的差异。英国有类似美国的以市场为主导的金融体系，而其他 9 个欧洲大陆国家则是银行主导的金融体系。研究发现，英国科技公司的 R&D 强度显著高于其他 9 个国家。实证研究结果显示，英国公司更高的研发强度正是在于它们处于市场主导的金融体系之中，更易于获得股权融资，从而用于进一步的研发投资。翟华云、郑军（2011）则对我国不同地区进行横向比较分析，运用 12 个省市的专利和资本市场融资面板数据建立回归方程进行验证，发现资本市场发展好的地区，其全要素生产率也较高。

（3）纵向比较分析。Kunt 等（2011）从一国经济金融发展演进的纵向角度进行研究，结果发现，随着经济的发展，银行体系和金融市场都会变得更加发达，但经济产出对银行发展变化的敏感性趋于下降，而对金融市场发展变化的敏感性在增加。这表明，随着一国经济的发展，金融市场变得更加重要。

（4）不同产业比较分析。Binh 和 Ki Beom（2006）实证发现高技术、高风险、高资本密度的制造业在市场导向型金融结构的经济体中发展更快，而传统产业更为依靠银行体系；Hartmann 和 Philipp（2007）认为良好的资本市场体系能使创新更好地转化为生产力从而促进经济的发展，并具有促进资本从夕阳行业向新兴行业转移的优化资源配置的作用。

尽管绝大多数文献证明资本市场有利于促进企业技术创新，但近期也有一些研究显示了不同的结论。Daniel 等（2014）研究了企业上市或私有的股权结构对于激励企业投资创新项目的影响。研究发现，如果想利用已有想法，则上市是最优选择；如果想探索新想法，则私有是最优选择。这是因为对于外部投资者，私有企业比上市公司的透明度更低。在私有企业中，当内部人得知不利消息时，可以进行市场择时，选择更早退出。这种选择权使私有企业的内部人对于失败的容忍度更高，因此更倾向于投资创新项目。相反，上市公司的股价对利好消息反应迅速，促使内部人选择保守项目，以便尽早收回投资。Bernstain（2015）通过比较那些选择上市的公司和那些撤回 IPO 申请并保持私有的公司的创新活动，从内部创新的产生、个体发明者的生产力和流动及外部创新的获得这三个维度研究了上市对创新的影响。发现 IPO 之后，公司内部创新的质量下降，不但熟练的发明者离去，留在公司的发明者的生产力也有所下降。但该研究又认为公司上市后会吸引新的人力资本和外部创新。这表明，上市改变了公司追求创新的策略。

2. 银行体系有利于促进创新

尽管与经典理论相悖，还是有研究发现银行体系有利于企业创新。Stulz（2000）认为，银行通过动态监控创新项目，能够根据项目的进展和资金需求决定其是否继续为项目提供贷款，并及时发现项目失败的风险，采取行动以减少其信贷损失。因此，银行较适合为分阶段融资的创新项目提供资金支持。Herrera（2007）和 Luigi 等（2008）对意大利的研究表明，银行系统对科技创新具有正向促进作用。黄国平（2009）指出，金融中介可以通过有效获取和处理信息，提供资金给那些最具有创新能力的企业，提高技术创新率。Ayyagari 等（2011）分析了 47 个发展中国家 19 000 多家企业的数据，发现企业投资支出中外部融资的比例与企业创新程度正相关。由于样本企业主要是来自股权市场欠发达的发展中国家的中小企业，这里的外部融资更可能是银行融资。研究还发现，银行融资与创新水平的正相关度比所有其他融资形式都高。吴勇民等（2014）研究发现，我国技术进步与间接金融体系具有良好的协同效应，而与直接金融体系之间的良好协同机制尚未形成。鞠晓生等（2015）通过比较市场主导和银行主导金融模式对创新融资的影响，发现由政府控制和银行主导的中国银行体系能够强化企业预算约束并低风险的选择和培育企业创新。杜传忠等（2017）的研究表明，银行贷款和政府补贴对新兴产业上市企业成长均具有显著的正向促进作用。Ullah（2019）的研究发现，银行、保险等正规金融体系比非正规金融体系更能促进企业创新，并且银行等正规金融机构在推动发展中国家企业科技创新方面效果更好。

Canales 等（2012）则以墨西哥中小企业信贷数据为样本，研究了银行体系内部的银行组织结构与银行间的竞争状况对于初创企业和小企业获得信贷的联合影响，结果表明，在银行间竞争比较强的地区，去中心化管理的银行相较中心化管理的银行给予小企业更多信贷，并且信贷条件更优惠。而在竞争较弱的地区，去中心化管理的银行较中心化管理的银行对企业的挑选和给予的信贷条件更加严苛。因此，去中心化管理的银行对于缓解小企业的融资约束很大程度上依赖于银行所处的竞争环境。

3. 取决于一国的技术、产业和经济发展状况

有学者认为，是银行体系还是资本市场体系更有利于促进企业技术创新，不能笼统言之，它取决于一国的技术、产业和经济发展状况。在不同的技术进步、产业成长和经济发展阶段，金融结构对创新会表现出不同效应。

不同类型技术的风险—收益特征要求不同的金融结构。在一国的技术进步主要依靠引进和吸收模仿阶段，由于技术成熟风险较低，银行体系能够有效克服信息不对称等问题，是更加有效的融资渠道；随着技术进步主要依靠自主创新，此时创新面临高风险和高投入，资本市场将更有利于促进创新（Fuerst，1999；Allen & Gale，1999，2000；Rajan, et al.，2001；Demirguc-Kunt & Levine，2001；Tadesse，2002；Hsu, et al.，2014；林毅夫等，2009；龚强等，2014）。于是，金融结构大致呈现从银行主导向资本市场主导的演进（Demirguc-Kunt, et al.，2011）。林志帆等（2015）更为具体的研究发现，金融结构对技术进步的影响取决于一国与世界技术前沿的距离。在远离前沿的技术水平上，偏向银行部门的金融结构对技术进步具有正向影响，但其影响在接近前沿的技术水平上转变为负。

卢荻等（2013）研究了银行与金融市场谁更有利于技术创新的问题，通过实证及中、日、韩三国实例，认为银行和金融市场对模仿创新与自主创新影响的不同随经济发展的不同阶段而变化。银行对中国经济及技术创新的影响仍将占据主导地位。

不同产业成长阶段要求不同的金融结构。龚强等（2014）考察银行和金融市场在不同经济发展阶段对产业发展的不同作用。研究发现，当产业的技术和产品较为成熟时，风险相对较低，资金回报较稳健，银行是更加有效的融资渠道；而在技术前沿的产业中，创新和研发是企业发展的关键，技术风险和市场风险都较高，金融市场能够提供更加有力的支持。随着经济发展，产业结构不断升级，金融结构也必将随产业结构的变化而变迁。

不同经济发展阶段要求不同的金融结构。林毅夫等（2009，2012）提出新结构经济学最优金融结构理论，认为在每一个经济发展阶段，经济体的要素禀赋结构、比较优势、最优产业结构、企业规模和风险特性都有所不同。而在为不同性质的产业或者企业提供金融服务上，不同金融机构及其所代表的融资方式具有各自的比较优势，因此，金融结构中各种金融安排的特性是

否与实体经济的产业特性和企业特性相匹配，决定了一个经济体在特定发展阶段的金融结构之优劣。换而言之，不同的经济发展阶段对应不同的最优金融结构。Allen 和 Gale（2000）通过对德国、日本、英国和美国的金融结构进行比较分析，得出结论：经济增长的不同阶段需要不同类型的混合金融服务来实现高效率运转。

不存在谁优谁劣问题。张成思等（2015）研究了最优金融结构形成与经济增长的内在机制及最优金融结构的动态特征，结果表明，伴随着资本形成，存在最优的金融结构与实体经济相匹配，且在不同经济发展阶段最优金融结构是动态演化的。同时，最优金融结构内生决定于其要素禀赋结构，而非单纯取决于经济发展阶段，即不存在银行主导型和市场主导型金融体系孰优孰劣之说。

除上述几种观点外，还有一种观点认为，以银行借贷为主的间接融资和以风险投资（Venture Capital，简称 VC）、私募股权投资（Private Equity，简称 PE）为主的直接融资等传统融资模式很难与无抵押、无担保、无专利、无交易记录的创意项目融资需求匹配。黄玲等（2014）基于投融资的激励约束，考察了创意项目通过众筹平台融资的可能性，通过实证研究表明：众筹平台传递的创意项目的有效质量信号在满足投资人偏好类型的条件下能诱发投资激励，并通过众筹社区反馈渠道迅速传播，推动创意项目取得成功。

四、 资本市场促进创新的具体方式和路径

现有文献多数支持资本市场更有利于促进技术创新，并主要从风险投资和其他一些角度讨论资本市场如何促进企业技术创新的具体方式和路径。

1. 风险投资

普遍认为，资本市场促进创新很大程度上是通过风险投资的介入和支持。Kortum 和 Lerner（2000）建立了包括风险投资、研发费用和创新产出在内的生产函数，并利用美国数据进行了实证研究，结果表明风险资本极大地促进了专利数量的增长。Keuschning（2004）从一般均衡角度进行理论分析，证明了经济体系中存在大量风险资本家可以大大提高科技创新项目的成功率并提高创新效率。Hall（2002）指出，在全部的资本市场工具中，风险投资较好地解决了技术创新融资所碰到的信息不对称、道德风险以及融资成本高等问

题，因而对技术创新的促进作用远高于其他资本市场工具。具体表现在：

（1）风险投资提供有力的融资支持。Sahlman（1990）指出，风险投资往往是创新型初创企业融资的唯一有效途径。Casamatta（2003）认为，风险投资机构主要是提供财务支持和管理支持，由此促进创新型初创企业的快速成长。Nanda 和 Rhodes-Kropf（2013）发现，许多新兴产业，例如半导体、互联网以及生物技术等在很大程度上都得益于风险投资对于初创企业的投资。Hsu等（2014）发现股权市场生产信息的功能对于给创新提供融资特别有用。吴超鹏等（2012）发现风险投资的加入不仅可以抑制公司对自由现金流的过度投资，而且可以增加公司的短期有息债务融资和外部权益融资，并在一定程度上缓解因现金流短缺所导致的投资不足问题。Kumar 和 Li（2016）引入实值期权的模型，研究了创新能力投资对未来股票收益、投资和盈利能力的动态影响，发现创新能力投资对未来的投资和盈利能力都有积极影响。黄福广等（2013）选取 2009 至 2012 年在中国创业板上市的 355 家企业为样本进行研究，发现相对于无风险资本支持的企业，有风险资本支持的企业具有更高的投资水平，更快的投资速度。但是，张琰飞等（2016）的研究发现，风险投资公司介入的主要目的是获取高风险带来的高回报，而对于解决科技企业融资困难的意义不大。

（2）风险投资能有效激励和提升企业创新能力。许多研究发现有风险投资介入的企业具有更强的创新能力，如 Hellmann 和 Puri（2000）研究了硅谷173 家高新技术企业，发现风险投资能够刺激被投资公司的创新行为。Kortum和 Lerner（2000）研究了风险投资对美国 20 个行业专利发明的影响，发现专利数目随风险投资活动的增加而增加。Keuschning（2004）从一般均衡的角度阐释了大量风险投资机构和有经验的投资家的存在可以大大提高创新的成功率，提高均衡状态下的技术创新效率。Casamatta（2011）论证了风险投资支持的企业绩效明显好于非风险投资支持的企业，风险投资成为提高企业盈利能力的指标，风险资本的支持与否成为解释创新企业成功与否的重要变量。Aghion 等（2013）以美国 20 世纪 90 年代 800 多家上市公司为对象，研究了创新与机构投资者之间的关系，发现机构持股比例与公司创新之间存在显著正相关关系。Guo 和 Jiang（2013）的研究证实了风险投资对企业研发投入密度有显著的正向影响。Bernstein 等（2016）选择新增航线作为外生变量对风险投资进入后公司创新能力的变化进行实证研究，发现风险资本对公司专利的数量及质量都有较大程度的提升。

邵同尧等（2011）实证分析了我国27个省市的风险投资、研发等因素对区域创新产出的影响，结果表明，我国的风险投资对创新均具有明显的促进作用。付雷鸣等（2012）的研究发现，风险投资机构持股能够更加有效地提高企业的创新投入。王益等（2013）通过建立理论模型和经济计量模型研究了美国资本市场，发现在美国每增加100万美元的风险投资，成功应用专利技术的数目增加0.8项，证实了风险投资与技术专利的应用有显著的正相关关系，风险投资市场作为一个整体，对技术创新有显著的刺激作用。丁文丽（2015）也利用美国的数据，通过实证分析发现，风险投资与技术创新之间确实存在着长期稳定的相关关系。王云龙（2013）研究讨论了风险投资对技术创新的激励作用。张学勇和张叶青（2016）的研究发现，在IPO之前风险投资会帮助公司提高创新能力，创新能力对风险投资支持的IPO公司的市场表现具有显著的驱动作用。

（3）风险投资的公司治理作用和其他增值服务。Casamatta（2003）的研究表明，有风险投资支持的企业的经营业绩明显比没有风险投资支持的企业的业绩要好，风险投资是提高企业盈利能力的重要手段和方式，风险资本的支持与否成为影响企业创新能否成功的重要因素。Hellmann和Puri（2000）研究发现，有风险资本进入的高新技术企业在人力资源政策、市场化、销售以及股票期权的选择方面都能够明显地提高专业化水平。David B. Audretsch（2012）利用德国的数据证明具有风险投资背景的企业相对其他融资方式的企业具有较好的绩效。Samila和Sorenson（2011）使用美国都市圈地区的企业面板数据，验证了风险投资的扩张对于创业、就业、收入和经济增长的积极影响。研究表明，与风险投资提供的融资相比，风险投资对于更多企业的创立起到更大的刺激作用。Bloom等（2015）研究了PE持股企业与其他所有制企业在管理上的表现差异，发现PE持股企业的管理显著优于其他所有制企业——例如家族成员管理的家族企业、政府企业和私人企业。股权分散的股份公司和由非家族成员担任CEO的家族企业也有类似于PE持股企业的管理水平。PE持股企业在发达国家和发展中国家都表现出卓越的管理水平。除公司治理外，一些研究还发现了风险投资的其他增值服务，如Meggionson和

Weiss（1991）指出，风险投资能为被投公司引入声誉好的审计师和承销商。

（4）风险投资对企业 IPO 的影响。一些文献研究了风险投资对公司 IPO 的积极效应以及其他影响（Barry, et al., 1990；Gropers, 1996；Cao, et al., 2013；陈工孟等, 2011；张学勇，廖理, 2011；冯慧群, 2016；张学勇，张叶青, 2016）。

尽管多数文献证明了风险投资的积极作用，但是，也有一些研究发现风险投资并非那么神奇。杨其静等（2015）的研究显示，IPO 之后风险投资并不能更有效地帮助公司改善经营绩效。另有研究指出，即使在美国，有风险投资参与投资的新企业占总新企业比重也非常小（Samila & Sorenson, 2011）。

2. 资本市场促进创新的其他方式和路径

除风险投资外，很多学者研究了资本市场促进创新的其他方式和路径，如资本市场有利于风险分散和风险管理（Tadesse, 2002；Levine, 2005；Beck, et al., 2010；姜洋, 2016），机构投资者有利于促进创新（Aghion, et al., 2013），通过股权激励促进创新（徐宁, 2013；孙早等, 2015；姜洋, 2016），通过人力资本价值实现促进创新（邓乐平等, 2001；赵登峰等, 2015），企业并购促进创新（林晨, 2016），股权融资的信息机制促进创新（Hsu, et al., 2014），等等。

3. 股权众筹等"互联网+"形式对创新的作用

近年陆续有文献对股权众筹进行研究，普遍认为作为"互联网+"时代金融创新的重要形式和资本市场的有机组成部分，股权众筹对促进创新创业具有积极作用（唐士奇等, 2015；郑海超等, 2015；辜胜阻等, 2016；郭菊娥等, 2016；岳中刚, 2016；洪银兴, 2016）。

4. 中国资本市场与创新发展问题

较早的一些研究讨论了我国发展风险投资面临的问题及对策（成思危, 1999, 2002；刘曼红, 1998, 1999；刘少波等, 2000, 2002；方红艳，付军, 2014）。探讨如何加快构建支撑科技创新的多层次资本市场问题，并基本形成了一个共识：加快建设多层次的资本市场是推进科技创新与创业的必由之路（成思危, 2006；尚福林, 2006；徐冠华, 2006；陈东征, 2006；张育军, 2006；彭红枫, 2007）。一些文献分析了我国资本市场在促进创新方面存在的问题并提出相应对策。存在的问题包括资本市场总体规模仍相对较小，上市门槛较高，核准时间周期过长，股票市场上市条件仍偏重财务指标；全国中小企业股份转让系统（新三板）容量小，且尚未与交易所股票市场连通；创业创新企业利用资本市场进行债券融资的规模还有待扩大等。提出的对策包括实行股票发行注册制；建立完善转板机制，逐步清除转板障碍；建立区域性资本市场；加强国际合作提升金融支持创新创业服务水平；拓展知识产权金融服务种类和范围，推动专利许可费收益权证券化、专利保险等服务发展（辜胜阻，肖鼎光，2007；程实，罗宁，2015；盖凯程，2015；吕劲松，2015；张红力，2015；司马宏昊，王元，2016）。

五、 文献评述

大多数文献充分肯定了金融发展对技术创新和经济增长具有重要作用。但对哪种金融结构更有利于创新，仍然存在明显分歧。值得关注的观点是，强调金融结构对创新的作用具有"状态依存"特性，是动态演进的，其路径是从银行主导向市场主导演进。这种观点比单纯强调某种金融结构更优的观点要更有说服力，不足之处是：其一，这类观点主要关注了技术和产业演进对金融的需求，是偏重金融需求侧的讨论，对金融供给侧的问题缺乏关注。其二，这类文献虽然关注到不同技术和产业阶段金融需求的异质性，但对同一技术和产业阶段的创新创业在不同时期与环节的金融需求的异质性关注不够。其三，这类文献没有联系我国近年来总杠杆率过高以及银行体系风险积累和暴露等问题进行研究，而这方面的问题有可能导致来自资本市场体系之外（包括银行体系和政府体系等）的金融供给的减少和弱化。当来自银行体系和政府体系的金融供给减少时，利用资本市场促进科技创新就更显重要。总之，已有文献尚未从理论、实证以及对策层面很好地回答当下中国为什么更加需要利用以及如何利用资本市场促进创新。这些问题表明，相关的理论逻辑需要进一步拓展和夯实。

第二节 资本市场推动创新的理论分析

一、 资本市场推动创新——基本逻辑

创新离不开金融支持。按照金融学的一般划分，金融体系大致分为银行中介体系和金融（资本）市场体系。在经典金融系理论看来，银行中介体系基于其经营理念和准则（如谋求安全性、收益性、流动性的均衡甚至更多关注安全性，"不拿别人的钱冒险"等）及其资本结构的约束，通常会严格控制甚至拒绝那些信息不对称、具有很大不确定性（如创新型）的项目融资和融资对象，进而产生信贷配给问题（Stiglitz & Weiss，1981）。而创新特别是自主创新都有一个基本特点，即具有不确定性甚至是很大的不确定性。于是，银行中介体系无法解决技术创新的融资问题，更不可能提供诸如"天使投资"之类的资金支持。

相反，资本市场由于具有资金供给主体的多元性、市场结构的多层次性、投资融资的强逐利性、风险配置和转移的灵活性以及进入退出的开放性等特征，使其对各类投融资项目和主体具有极大的包容性，能够很好契合创新创业过程中产生的包括规模、结构、产品乃至时效等方面的复杂的金融需求，进而促进创新的有效展开和持续发展。

二、 资本市场推动创新——基于创新模式演进的分析

由前面的文献回顾可见，尽管迄今仍有学者强调金融中介对创新具有积极作用，但愈来愈多的研究证明，随着技术创新模式的演进，金融结构大致呈现出从银行主导向资本市场主导的演进路径。具体而言，发展中国家的技术创新模式大致按照从模仿创新向自主创新的路径演进。由于模仿创新是在对发达国家成熟技术的引进消化和吸收基础上的创新，其不确定性、风险性以及信息不对称性较低，因而它与银行体系的风险承担原则和承担能力较为匹配，于是，银行体系能为模仿创新提供有效的金融支持。随着后发国家技术进步水平与发达国家差距的缩小，前者不得不转向自主创新模式。但自主

创新投入大、周期长、不确定性大、成功率相对较低①，此时银行需要通过资产与负债的期限和风险的转换来提供金融服务，其分散风险的能力是有限的；而且自主创新的风险—收益特征与银行的偏好不匹配，其风险程度显著超出了银行体系的风险承担原则和承担能力，此时主要期望并要求银行体系解决创新的融资需求是不现实的，而资本市场则能较好契合创新的金融需求。

经过三十多年模仿创新式发展，我国的总体技术水平与发达国家显著缩小②，技术进步愈来愈依赖于自主创新。广东作为我国改革开放的前沿阵地，更早也更深刻感知自主创新的必要性和迫切性并率先作为，近年来坚持把创新驱动发展作为转型升级的核心战略和总抓手，取得显著成效，自主创新能力进一步提升，2018 年全省 R&D 占比达 2.65%，有效发明专利达 24.9 万件，PCT 国际专利申请量约占全国一半，技术自给率达 73%，区域创新综合能力排名保持全国第一，基本达到创新型地区水平。因此，从我国特别是广东的创新发展进程看，如何更有效利用资本市场推动创新创业，是一个极为现实的问题。

三、 资本市场推动创新——机制分析

资本市场是现代经济体系中最核心、最活跃的因素，它与科技创新紧密关联，对创新活动发挥着至关重要的作用。资本市场之所以能有效促进创新创业，主要基于其一系列内在机制的作用。

（一） 风险投资制度内含的相关机制

在文献回顾部分我们看到，很多学者的研究证明了风险投资在促进技术创新方面的突出作用，甚至在 Hall（2002）看来，风险投资在全部的资本市场工具中对技术创新的促进作用远高于其他资本市场工具。英国前首相撒切尔夫人曾感叹说，英国在科技创新上之所以落后于美国，很重要的原因在于英国缺乏一个完善的风险投资体系。应该说，风险投资有利于促进创新已被

---

① 如美国基础性研究的成功率仅为 5%，在应用研究中 50% 能获得技术上的成功，30% 能获得商业上的成功，只有 12% 能给企业带来利润。

② 根据世界知识产权组织的《全球创新指数（2019）》，2018 年中国创新指数排名居世界第 17 位。另据世界经济论坛的《全球竞争力报告》，2018 年中国竞争力排名居世界第 13 位。

美国等国所证明，一大批著名创新企业如微软、苹果、戴尔、英特尔等早期的发展都曾有赖于风险投资的支持。但是，风险投资促进创新的机制仍需要做出理论解析。从现有文献的研究结论可以概括出风险投资具有以下机制：

（1）创新激励机制，即风险投资的介入可以显著激励企业的创新活动并提升创新绩效，许多文献提供了这方面的证据（Kortum & Lerner，2000；Keuschning，2004；Casamatta，2011；王益，2013；王云龙，2013；丁文丽，2015；张学勇，张叶青，2016；Bernstein，et al.，2016）。

（2）关键资本供给机制，也可比喻为"雪中送炭"机制，即风险投资在创新者开展创新活动初期和前期这个最困难也是最需要资金支持的阶段提供资本供给，许多文献提供了这方面的证据（Sahlman，1990；Casamatta，2003；Nanda & Rhodes-Kropf，2013；Hsu，et al.，2014）。

（3）管理导入机制，也可比喻为"护航机制"，即风险投资机构直接介入所投企业的公司治理，为后者提供管理服务和支持，许多文献提供了这方面的证据（Hellmann & Puri，2000；Berghe & Levrau，2002；Casamatta，2003；Bottazzi，et al.，2008；Audretsch，2012；Bloom，et al.，2015）。

（4）增值机制，即风险投资机构除了为创新企业提供关键资本以及管理支持外，客观上还会为创新企业带来其他好处，如提升声誉、吸引更好的中介服务、有利于IPO等，许多文献提供了这方面的证据（Meggionson & Weiss，1991；Barry，et al.，1990；Gropers，1996；Cao，et al.，2013；陈工孟等，2011；张学勇，廖理，2011；冯慧群，2016；张学勇，张叶青，2016）。

（二）资本市场推动创新的其他机制

除风险投资机制外，资本市场还有其他一系列机制可对创新发挥积极作用。首先，完善的资本市场是一个由多层次市场构成的市场体系，比如说，尽管我国资本市场还不够完善，但多层次市场体系已基本形成，包括主板市场、创业板市场、科创板市场、中小板市场、新三板市场、新四板市场等。多层次资本市场一方面可以满足创新企业在不同发展阶段的不同融资需求；另一方面为风险投资的退出及其价值实现提供了高效率渠道。其次，健全的资本市场是分散风险、共享利益的主渠道，适应了科技创新周期长、投入大、不确定性高等特点，激励更多富有创新精神的人才敢于冒险、善于创新、勇于创业（姜洋，2016；Tadesse，2002；Levine，2005；Beck，et al.，2010）。最后，企业通过资本市场实施股权激励、完善治理结构，促使人力资本市场价值的有效转化，有利于吸引和稳定优秀管理和技术人才，促进资本所有者和劳动者形成利益共同体，为缩短技术与产业、创新与财富之间的距离创造有利条件（徐宁，2013；孙早等，2015；赵登峰等，2015；姜洋，2016）。此外，资本市场与创业投资相互联动的市场化机制，能够促进各类社会资本快速形成、集聚以及循环，疏通创新创业活动的"血脉"（姜洋，2016）。

总之，完善的资本市场体系的各类机制，使其对各类创新项目和创新主体具有极大的包容性，因而能够很好契合创新过程中产生的包括规模、结构、产品乃至时效等方面的复杂的金融需求，进而促进创新的有效展开和持续发展。

第三章 广东利用资本市场推动创新的绩效与存在问题分析

近年来广东坚持把创新驱动发展作为转型升级的核心战略和总抓手，自主创新能力进一步提升。R&D 占比快速提升，2018 年全省 R&D 占比达到 2.65%，显著高于全国平均水平 2.15%；有效发明专利达 24.9 万件，PCT 国际专利申请量约占全国一半，技术自给率达 73%，科技进步贡献率超过 68%，大大高于全国平均水平，区域创新综合能力排名保持全国第一，基本达到创新型地区水平。在创新驱动发展背景下，2018 年三大产业比重调整为 4.0：41.8：54.2，现代服务业增加值占服务业比重提高到 62.9%，先进制造业增加值、高技术制造业增加值占规模以上工业比重分别提高到 56.4%、31.5%，同比 2017 年分别增加 1.4%、1.2%，战略性新兴产业、生物医药、新能源、新材料等产业快速发展。在这个过程中，金融支持特别是资本市场对推动创新发挥了积极作用，取得显著成效，但同时也还存在一些问题。

第一节 广东利用资本市场推动创新的绩效分析

一、广东资本市场发展位居国内前列

1. 上市公司数量位居首位、融资规模位居前列

2018 年广东省共有 44 家企业在 A 股（18 家）、港股（19 家）、美股（7 家）IPO，其中 A 股 IPO 的 18 家企业融资净额 460.45 亿元，占全部 A 股 IPO 企业（105 家）融资净额的 35%，居全国第一。截至 2019 年 12 月，广东在境内 A 股（含科创板）上市的公司共 603 家，占全国 3 747 家的 16.09%，连

续 11 年居全国首位，其中主板 180 家、中小板 238 家、创业板 185 家；据 Wind 数据库统计，在港上市企业 198 家，居于全国第一（全国 1 100 多家）。在上市公司的行业分布方面，根据《高新技术企业认定管理办法》，依据 2012 年证监会行业分类标准，可以发现广东高新技术和先进制造业企业的数量占据了其总数较大比重（合计 215 家，占比为 35.13%）。其中计算机、通讯和其他电子设备制造业（C39）的上市企业达 128 家，软件和信息技术服务业（I）的上市企业 49 家，医药制造业（C27）的上市企业 26 家，科学研究和技术服务业的上市企业（M）12 家。在市值方面，广东上市企业总市值高达 12.12 万亿元，仅次于北京，远高于上海的 5.5 万亿元、浙江的 4.48 万亿元和江苏的 4.09 万亿元。

在我国资本市场发展新阶段，广东利用科创板市场助推创新型企业上市融资的成效显著。截至 2019 年 12 月，广东在科创板上市的企业有 9 家（全国 65 家）；同时，在科创板已上会被受理的 184 家企业中，广东占 30 家，仅次于北京；此外，在具有较高创新基因的企业方面，全国有 328 家独角兽企业，其中广州和深圳一共有 37 家，合计估值 912 亿美元，占全部上榜企业估值的比重为 9.7%。

在股票融资方面，根据中国人民银行公布的 2001 年以来各省市社会融资新增规模数据中的股票融资数据，近些年以来，广东在股票融资总量上位居全国首位。此外，截至 2019 年 9 月广东非金融企业境内股票融资累计约 1.2 万亿元，仅次于北京的 1.4 万亿元，并且不断在缩小与北京的差距。

2. 新三板挂牌企业数及融资规模全国领先

新三板揭牌以来，广东挂牌企业数迅速增长。从 2014 年的 149 家增加到 2019 年 12 月底的 1 433 家，挂牌企业数全国居首；同时广东挂牌新三板企业的质量也比较高，在新三板"创新层"的企业数达 96 家，仅次于北京（103 家），占全国 691 家的 13.9%；做市转让达到 128 家，仅比北京少 1 家；在融资方面，新三板市场为广东先进制造业和高技术产业中的中小微企业提供了重要融资平台。2015 年，增发融资达 170 多亿元，2016 年略有下滑，但仍高达 165 多亿元，相比 2014 年增加了 153 亿元。由于资本市场的进一步改革，如加强新三板与主板市场、科创板对接，不少优质企业退出新三板市场，使新三板全国企业增发融资规模均有较大程度下滑，如 2017 年广东增发融资规模95.62亿元，2018年则为48.42亿元，但广东在全国的排位保持在前两位。

3. 风投创投市场规模位居前列

从私募股权和创投基金情况来看，2018年广东已登记备案的私募股权和创投基金管理机构数量为6 291家（其中2018年新增618家），管理基金数量17 821支，管理基金规模23 579亿元，机构数量和管理基金数量均居全国首位，分别占全国的25.73%和23.88%。另据清科数据统计，2018年天使投资在广东投资案例数为79宗，投资资金为6.847千万美元，投资规模和数量都在全国排名前列。2018年创业投资基金在广东投资案例数为199宗，投资规模达到8.34亿美元，投资案例数虽然同比下降，但投资规模同比增加1.28亿美元。2018年私募股权投资规模达到33.47亿美元，相比2017年增加了近一倍，投资案例数为233宗，同比增加21宗。深圳与北京、上海已成为全国三大创业投资集聚地。广东全省集聚的创业投资机构占全国30%以上。在清科集团公布的2018年"中国创业投资机构50强"中，深圳有11家机构上榜，其中深圳市创新投资集团综合实力排名第四；在"中国私募股权投资机构50强"榜单中，广东有7家机构上榜，其中深圳腾讯资本高居榜单次席。在风险投资支持广东实体经济发展方面，根据私募通数据库整理，2001年至2019年12月，广东省企业通过风险投资的融资方式累计获得7 206.86亿元资金支持，平均单位企业融资达到3.252亿元，仅次于北京及上海。

4. 区域性股权交易市场活跃

除深圳证券交易所的主板、中小板和创业板市场外，广东目前还有广东股权交易中心和前海股权交易中心两个在全国有影响力的区域股权交易中心。截至2019年12月，两个股权交易中心的挂牌企业数达18 048多家，占全国38家区域性股权交易市场累计32 911家挂牌企业的一半以上。

多层次资本市场的发展和完善，为广东各类创新创业企业和创新创业活动提供了良好的融资环境与金融支持平台，有力支持了广东的创新发展。

二、 资本市场推动创新产出效果突出

创新的产出可能有多种形式，如专利、经营业绩、商业流程或商业模式等，也可能发生在商业领域之外，如文化等。本书主要从专利、高技术产业

增加值、上市公司业绩及效率等方面分析创新产出，同时考察资本市场推动创新的成效。

1. 广东专利数量和质量位列国内前茅

衡量创新产出的一个重要指标是专利数量和质量。表 3 - 1 是 1995—2018 年（为了节省篇幅，只节选了一些年份，下同）广东专利申请和授权情况。

表 3 - 1 1995—2018 年广东专利申请和授权情况

年度	专利申请/件	专利授权/件	发明专利授权占专利授权比例/%	实用新型专利授权占专利授权比例/%	外观设计专利授权占专利授权比例/%
1995	7 729	4 611	1.21	31.38	67.41
2000	21 123	15 799	1.65	30.36	67.99
2005	72 220	36 894	5.08	29.86	65.06
2010	152 907	119 343	11.47	36.78	51.75
2015	355 939	241 176	13.88	43.64	42.48
2018	793 819	478 082	11.14	56.16	32.70
不同时期年均增长率/%					
1995—2005	25.32	23.73	24.54	0.88	-0.18
2005—2018	20.69	22.49	8.78	4.98	-4.03
1995—2018	22.70	23.03	15.63	3.12	-2.64

数据来源：笔者根据 EPS 数据平台、广东 1995—2018 年统计公报、广东知识产权局、广东省科学技术厅网站公布的材料进行整理。

从表 3 - 1 可见，在专利数量方面，广东的专利申请量和专利授权量近二十多年增长非常快。其中，专利申请量从 1995 年的 7 729 件增加到 2018 年的 793 819 件，年均增长达 22.7%。[①] 另外，据权威媒体报道以及本课题组统

---

① 本研究采用总发展速度计算，即：$r = \left\{ \left(\dfrac{y_n}{y_1} \right)^{\frac{1}{n-1}} - 1 \right\} \times 100\%$ 。

计[①]，2018 年广东 PCT 国际专利申请量 25 256 件，占全国总量的 48.67%，连续 17 年保持全国第一。再看专利授权量，广东 2018 年达到 478 082 件，居全国首位，且 1995—2018 年间的专利授权量增速快于专利申请量的增速，年均达 23.03%。1995—2018 年间广东专利授权量占上一年的专利申请量的比值基本稳定在 50% 左右。在专利质量方面（专利授权结构可以反映专利质量），三种不同专利类型中，发明专利授权最能体现专利质量，实用新型专利授权也具有较高质量。近二十多年来，广东发明专利绝对量增长非常快，年均增速达到 48.95%；另外，广东的发明专利授权占专利授权比例和实用新型专利授权占专利授权比例，也都呈迅速增长之势。其中，发明专利授权占专利授权比例从 1995 年的 1.21% 增长到 2018 年的 11.14%，实用新型专利授权占专利授权比例从 1995 年的 31.38% 增长到 2018 年的 56.16%。与此同时，代表着较低层次的外观设计专利授权比重则不断下降，由此表明广东的专利质量比较高。这也印证了《2018 年全国专利实力状况报告》[②] 中的一个结论：广东专利综合实力位居全国首位，在质量和数量上都表现优异。

　　此外，广东有一批突出的个案，如华为公司每年获得的专利授权量比苹果公司和思科公司还要多，腾讯被视为世界上最有创新活力的互联网企业之一，深圳的大疆无人机以及广州的亿航无人机的技术处在世界无人机行业前沿位置并拥有大量国内外专利等。表 3-2 是国家知识产权局公布的 2018 年专利统计数据，从中可见在我国企业发明专利授权量榜单前十中，广东企业占据了半壁江山，而华为更是独占鳌头。此外，根据欧盟委员会《2018 年欧盟工业研发投资排名》的报告，华为研发投入达 113.34 亿欧元，在全球范围内排名第五，高于英特尔、苹果等国际大公司，也是唯一一家跻身 TOP 50 的中国公司。由此可见广东突出的创新能力。

[①]　世界知识产权组织：https：//www.wipo.int/portal/zh/；广东人民政府网站：http：//www.gd.gov.cn/gdywdt/bmdt/content/post_22884249.html。

[②]　该报告由国家知识产权局知识产权运用促进司联合知识产权发展研究中心编撰完成，具体内容见：http：//www.sipo.gov.cn/zscqgz/1138935.htm。

表3-2 2018年我国企业发明专利授权量榜单前十情况

排名	企业名称	数量/件
1	华为技术有限公司	3 369
2	中国石油化工股份有限公司	2 849
3	广东欧珀移动通信有限公司	2 345
4	国家电网公司	2 188
5	京东方科技集团股份有限公司	1 891
6	珠海格力电器股份有限公司	1 834
7	联想（北京）有限公司	1 807
8	腾讯科技（深圳）有限公司	1 681
9	中兴通讯股份有限公司	1 552
10	中国石油天然气股份有限公司	1 129

数据来源：根据国家知识产权局2018年主要工作统计数据及有关新闻发布会公布的材料整理，具体内容见：http://ip.people.com.cn/n1/2019/0110/c179663-30515513.html；http://www.cnipa.gov.cn/twzb/gjzscqj2018nzygztjsjjygqkxwfbk/index.htm。

2. 高技术产业对广东经济拉动作用持续上升

2000—2018年广东高技术产业创新发展情况见表3-3。从表3-3可见，广东高技术产业增加值从2000年的677.77亿元增加到2018年的10 183.70亿元，年平均增长16.98%，高于同期GDP增速3.2百分点左右。另外，2017年，广东高技术产业R&D投入强度（R&D投入占主营业务收入的比重）为2.35%，比2010年提高0.62百分点，比同期全省工业平均水平（1.39%）高近1百分点；高技术产业R&D投入占全省工业R&D投入比重达52.75%；2018年，高技术产业主营业务收入占全省工业比重为32.39%，其增加值占全省工业增加值比重为31.52%，高技术产业R&D投入对全省工业的贡献远高于其主营业务收入、增加值的贡献。此外，广东规模以上工业企业累计完成增加值比上年增长6.3%；其中，先进制造业和高技术制造业增加值增速分别高于规模以上工业1.5和3.2百分点，占规模以上工业增加值的比重达56.4%和31.5%。高技术制造业和先进制造业投资活跃，全年先进制造业、高技术制造业和装备制造业的投资分别增长11.0%、18.1%和12.5%。

表 3 - 3　2000—2018 年广东高技术产业创新发展情况

年度	从业人员/人	固定资产投入/亿元	R&D 投入强度/%	高技术产业专利申请/件	高技术产业增加值/亿元	高技术产业增加值占工业增加值比例/%
2000	811 708	108.61			677.77	15.78
2005	2 214 553	318.29		2 754	2 249.59	21.46
2010	3 547 488	495.85	1.73	26 740	4 850.59	22.60
2015	3 890 108	1 366.55	2.48	50 629	7 537.34	24.91
2018	3 679 500	2 483.89	2.35 (2017 年)	84 084 (2017 年)	10 183.70	31.52
不同时期年均增长率/%						
2000—2010	15.90	18.67		102.38 (2005—2010 年)	22.61	4.27
2010—2018	0.46	22.88		15.06 (2010—2017 年)	9.94	2.72
2000—2018	8.76	20.54		53.80 (2005—2017 年)	16.98	3.58

数据来源：根据历年《中国高技术产业统计年鉴》《中国科技统计年鉴》《广东统计年鉴》和《广东工业统计年鉴》，经 Stata 16.0 处理得出。

高技术产业对经济增长的贡献，主要表现为两个方面：一方面是高技术产业投资对经济增长的直接贡献，由支出法 GDP 中的固定资本形成总额对 GDP 增长的贡献进行推算；另一方面是高技术产业增加值对经济增长的综合贡献，通过现价和基于 2000 年不变价，分别测算高技术产业增加值在广东经济、工业增加值中的份额。

（1）高技术产业投资对经济增长的直接贡献。支出法 GDP 中的固定资本形成总额是指生产者在一定时期内获得的固定资产减去处置的固定资产的价值总额。固定资本形成总额是在全社会固定资产投资的基础上通过口径范围调整和数据高估方面的调整计算出来的。借鉴许宪春、贾海、李皎、李俊波（2015），张钟文、叶银丹、许宪春（2017）的方法，本书利用"固定资本形成总额占广东支出法 GDP 的比重"和"高技术产业投资占广东全社会固定资产投资额的比重",推算出广东高技术产业投资形成的固定资本形成总额占支出法 GDP 比重;结合"广东高技术产业投资占全社会固定资产投资额的比重"和"广东固定资本形成总额对支出法 GDP 增长的贡献率",推算出广东高技术产业投资对 GDP 增长的贡献率。

根据计算结果,广东高技术产业固定资本形成总额占支出法 GDP 的比重呈波动上升态势(见图 3-1),但有明显的周期性。2000—2003 年基本处于上升阶段,从 2000 年的 1.01% 上升到 2004 年的 1.43%;2004—2008 年处于震荡阶段,保持在 1.4% 左右;2009—2018 年形成两次快速上升阶段,从 2009 年的 0.89% 上升至 2018 年的 2.54%。据张钟文、叶银丹、许宪春(2017)的测算,全国自 2003 年后长时期保持着 1% 左右的水平,到 2014 年为 1.50%。可见,广东这一数据高于全国平均水平。

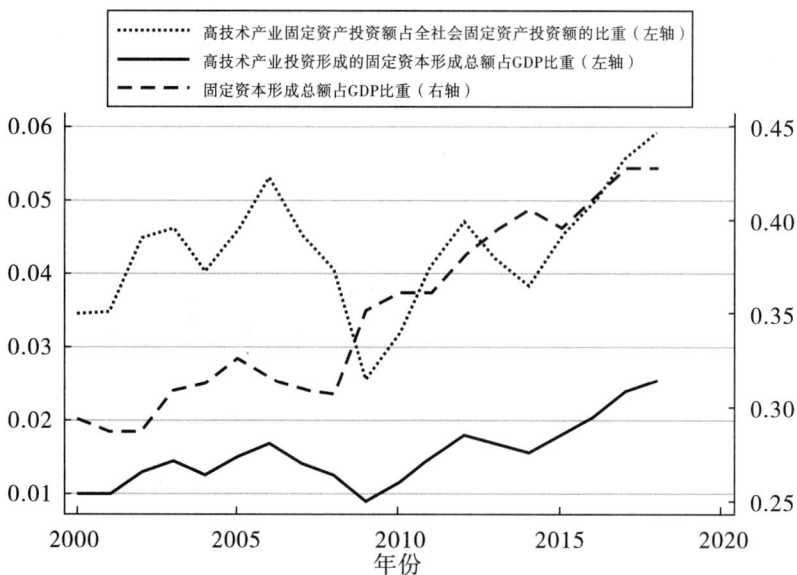

图 3-1 广东高技术产业固定资本形成总额占支出法 GDP 的比重演变状况

注:高技术产业投资形成的固定资本形成总额占 GDP 比重 = 高技术产业投资额占全社会固定资产投资额的比重 × 固定资本形成总额占支出法 GDP 的比重。

数据来源:根据历年《中国高技术产业统计年鉴》《广东统计年鉴》和《广东工业统计年鉴》,经 Stata 16.0 处理得出。

从广东高技术产业投资对 GDP 增长的贡献率①来看，2001—2018 年高技术产业投资对 GDP 增长的贡献率整体上呈波动上升趋势，平均为 1.86%（见图 3 - 2）。从具体演进过程来看，贡献率呈现多个波峰和波谷态势。其中 2003 年、2009 年、2012 年以及 2017 年是各上升周期中的顶点，数值分别为 2.04%、2.38%、3.04% 以及 3.16%。2018 年高技术产业投资对 GDP 增长的贡献率略有下滑，为 2.54%。

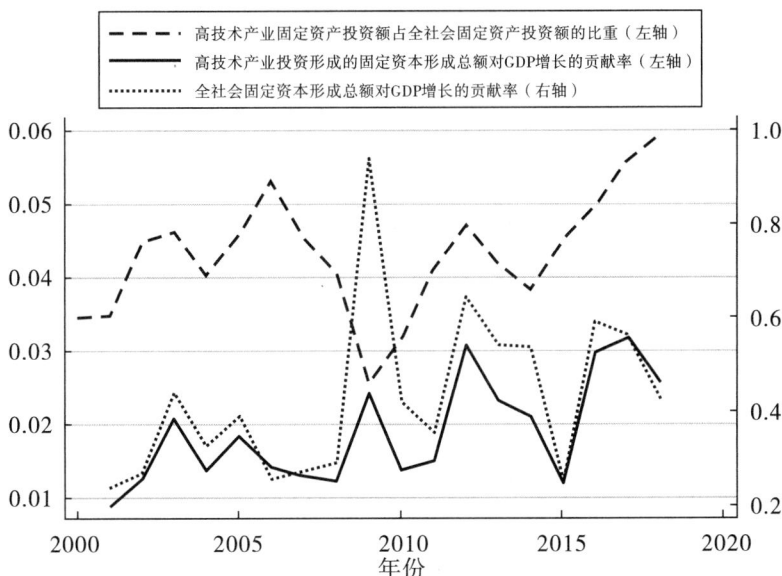

图 3 - 2 广东高技术产业投资对支出法 GDP 增长的贡献率

注：高技术产业投资形成的固定资本形成总额对 GDP 增长的贡献率 = 高技术产业投资额占全社会固定资产投资额的比重 × 固定资本形成总额对支出法 GDP 增长的贡献率。

数据来源：根据历年《中国高技术产业统计年鉴》《广东统计年鉴》和《广东工业统计年鉴》，经 Stata 16.0 处理得出。

（2）广东高技术产业增加值占 GDP 和工业增加值份额不断上升。广东高技术产业增加值从 2000 年的 677.77 亿元增加到 2018 年的 10 183.70 亿元，年平均增长 16.98%。按以 2000 年为基年的可比价计算（广东高技术产业价

① 高技术产业投资对 GDP 增长的贡献率 =（当年高技术产业投资 - 上年高技术产业投资）/（当年全社会固定资产投资 - 上年全社会固定资产投资）× 100%。

格指数测算方法具体见附录 1），2018 年的不变价增加值约为 2000 年的 14.80 倍，年均增长 17.05%，比同期 GDP（广东 GDP 价格指数测算方法具体见附录 1）年均增长率 10.11% 高出 6.94 百分点。2000—2018 年，高技术产业现价增加值占 GDP 比重平稳上升，并从 2003 年开始一直稳定在 10% 左右，2013 年开始这一比例稳定在 10.50% 左右，2018 年为 10.47%；高技术产业不变价增加值占 GDP 比重的变化呈现出先快速上升，2003—2007 年放缓，2008 年以后快速上升的趋势，高技术产业不变价增加值占比从 15.39% 上升到 22.22%（见图 3-3），且不变价占比显著高于现价占比。可见经济增速逐步放缓，创新的重要性日益加强，高技术产业在整个经济当中的地位日益突出。另外，由于高技术产业的价格指数均保持下降趋势，高技术产业 2018 年的价格只有 2000 年的 68.65%，而同期 GDP 平减指数则呈现快速上涨，这使得高技术产业增加值占比相对快速提升，这也体现了高技术产业技术迭代快，伴随着出厂价格下跌的特点。

2000—2018 年，广东高技术产业增加值占规模以上工业增加值比重的变动趋势基本与其占 GDP 比重的变动趋势相一致（见图 3-3）。按 2000 年为基期的可比价计算，同期规模以上工业增加值的年均增长率为 12.25%，比高技术产业增加值低 4.80 百分点。2000—2018 年，高技术产业现价增加值占规模以上工业现价增加值比重总体呈现上升态势，并呈现出两端快速上扬、中间平稳的演变格局，尤其是 2015 年以来，该阶段抬升趋势非常突出，到 2018 年，高技术产业现价增加值占规模以上工业现价增加值比重为 31.52%，是 2015 年的 1.23 倍，2000 年的 1.57 倍。在剔除价格因素后，高技术产业不变价增加值在规模以上工业不变价增加值中所占比重呈现出明显的三段式增长，2004—2007 年和 2011—2014 年基本平稳，分别稳定在 30% 和 35% 左右，2000—2003 年、2008—2010 年及 2015—2018 年间均快速上升，到 2018 年达到 47.74%，比 2000 年增加 27.64 百分点。可以发现，广东工业产业升级突出，广东较早地进行"腾笼换鸟"，高技术产业在工业发展中起到越来越重要的作用。

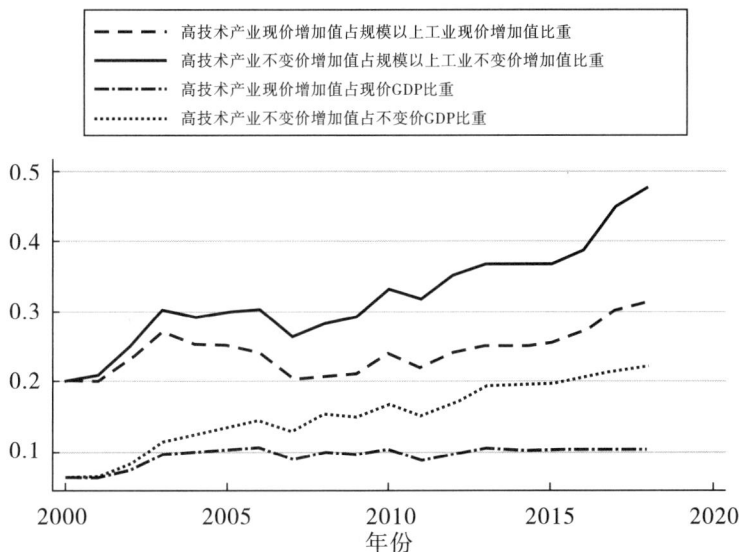

图 3-3　广东高技术产业增加值占规模以上工业增加值和 GDP 的比重

数据来源：根据历年《中国高技术产业统计年鉴》《广东统计年鉴》和《广东工业统计年鉴》，经 Stata 16.0 处理得出。

（3）广东高技术产业对经济增长的贡献率呈上升趋势。本书利用扣除价格因素后的广东高技术产业增加值、广东规模以上工业增加值和 GDP 数据，计算出广东高技术产业对规模以上工业增加值增长和经济增长的贡献率。广东高技术产业增加值对规模以上工业增加值增长的贡献率＝Δ高技术产业不变价增加值/Δ规模以上工业不变价增加值×100%；广东高技术产业增加值对经济增长的贡献率＝Δ高技术产业不变价增加值/Δ不变价 GDP×100%。

我们发现，高技术产业对规模以上工业增长和经济增长的贡献率与经济发展状况之间关系紧密。在经济增速较快时期，两个贡献率都相对偏低，但在经济增速放缓时期，高技术产业的贡献率上升迅速（见图 3-4）。按以 2000 年为基年的可比价计算，2001—2018 年间高技术产业对经济增速的平均贡献为 27.34%，并呈现 4 次快速上升过程，分别为 2001—2003 年、2007—2008 年、2009—2013 年以及 2015—2018 年，其中 2013 年为 55.06%，为 2001—2018 年最高值；与此相似，高技术产业对规模以上工业不变价增加值增长的贡献率呈现波段上升特征，2001—2018 年平均贡献率为 58.18%，尤其是 2007 年以来，高技术产业贡献率呈快速上升状态，到 2018 年，高技术产业对规模以上工业不变价增加值增长的贡献率为 2.76%，意味着在 2018 年工业增加值的增长中高技术产业增加值的增长远超过其他工业部门，是拉动工业增长的火车头。高贡献率一方面是由于广东高技术产业自身的快速发展，另一方面则是广东高技术产业本身价格快速下降。若别除价格因素，用现价增加值来计算贡献率，2001—2018 年高技术产业增加值对规模以上工业增加值和 GDP 增长的平均贡献率分别为 31.97% 和 12.36%，2018 年上述贡献率分别为 70.72% 和 8.93%。可见无论是否考虑价格因素，广东高技术产业已经成为拉动广东工业增长的重要引擎，并且在拉动经济增长中扮演着越来越重要的角色。

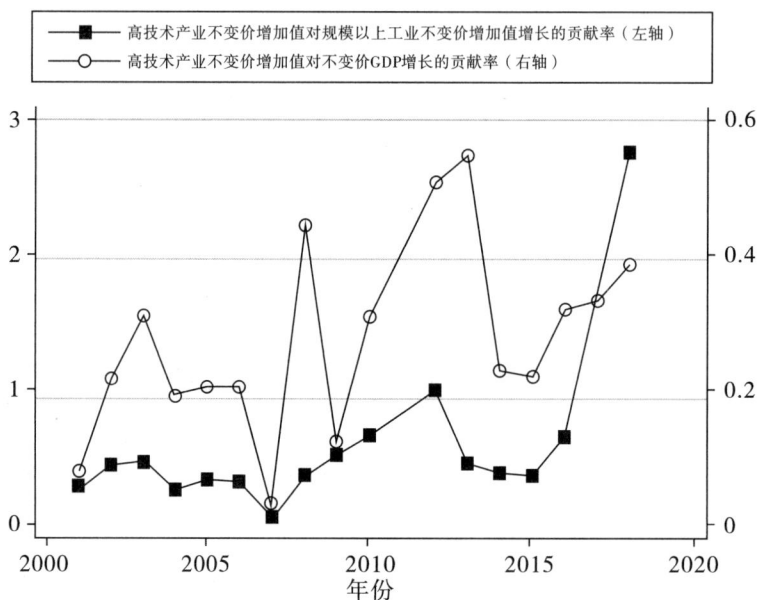

图 3-4 广东高技术产业增加值对工业增加值和 GDP 的贡献率

注：广东 2011 年高技术产业增加值为微负增长，2017 年规模以上工业不变价增加值为微负增长，为核算方便，别除这两年数据。

数据来源：根据历年《中国高技术产业统计年鉴》《广东统计年鉴》和《广东工业统计年鉴》，经 Stata 16.0 处理得出。

3. 资源配置效率位居全国前列

资源配置效率是将资源配置到单位收益最大化的领域与部门，这是通过市场化流动实现的，而不是靠人为干预来完成的。所谓资源的有效流动是指人们追求个人利益最大化的动机在价格激励下的市场中流动。假设一个行业的回报比其他行业高得多，那么，资本自然会从低回报率的领域流向这个领域，每个工人也会寻找能够给他们报酬最多的工作。当各种各样的资源都按照这种规则进行配置时，不仅个人收入得到了提高，整体的资源配置效率也得到了改善。具体来说，随着资源从低收益部门向高收益部门转移，低收益部门在国民经济中所占比重会收缩，高收益部门在国民经济中所占比重会扩大，经济结构会沿着优化的方向变动，高质量经济增长就有可能实现。一个有活力的现代经济社会的基本标志之一就是高生产率的高收益部门不仅成长得快，而且变化也很快。换句话说，当一个高收益部门还没有完全衰落时，其他高收益部门又脱颖而出，不断涌现的高收益部门激励着资源跨部门的持续流动，这种竞争性流动不断地改变着资源存量的部门分布，从而加速了结构优化的进程。如果一些高收益部门长期处于垄断地位，资源流入该部门受到了诸多限制，如规模、技术与行政等，那么，通过创新实现高收益的动力就受到了抑制。一旦一个国家或地区的高收益部门成长缓慢，资源就会流向高收益部门成长较快的国家或地区。

在理论上，如果资源可以自由流动，不存在任何扭曲，那么所有企业的生产率都应该相等（Hsieh & Klenow，2009），因为生产率高的企业会兼并或者挤出生产率低的企业。于是，与生产率相关的文献通常使用企业之间的生产率离散度来刻画资源配置损失的程度（Bartelsman，Haltiwanger，Scarpetta，2013；李力行，黄佩媛，马光荣，2016）。当资源实现由低效率企业向高效率企业转移时，产出和全要素生产率（TFP）将获得很大跃升。

有关资源错配的文献指出，各个国家经济发展水平的差异很大程度上源于总体全要素生产率的差异（Hall & Jones，1999；Caselli，2005；王珺，2018）。而总体全要素生产率的提高来源于两个方面，一方面是企业技术进步带来的内部微观生产率提高，这来自企业研发投入、技术引进、分工深化、管理水平提高和内部资源的优化配置；另一方面则是企业间资源配置效率的提高，即生产要素由生产率低的企业流向生产率高的企业。如果生产率高的企业市场份额较低，说明要素没有被有效配置到生产率高的企业，因而出现企业间资源配置的低效。根据这一思路，Olley 和 Pakes（1996）提出了一种度量企业间资源配置效率的方法。根据 Duranton 等（2015）的研究，用 Olley-Pakes 方法计算的资源配置效率指标也可以用于衡量地区层面的错配情况。首先，本研究参考鲁晓东和连玉君（2012）的研究方法，运用全要素生产率的 OP 算法，对 6 个省市规模以上工业企业全要素生产率进行估算（详细方法及过程见附录 2）。进一步，参考余泳泽、刘大勇、龚宇（2019）的研究方法，将城市 c 行业 j 按企业要素份额进行加权的生产率 Ω_{cj} 分解，即

$$\Omega_{cj} = \sum_i \theta_{cji} \omega_{cji} = \overline{\omega}_{cj} + \sum_i (\theta_{cji} - \overline{\theta}_{cj})(\omega_{cji} - \overline{\omega}_{cj}) \tag{3.1}$$

其中 ω_{cji} 是企业 i 的生产率，θ_{cji} 是企业 i 在城市 c 行业 j 中所占的要素份额，$\overline{\omega}_{cj}$ 代表城市 c 行业 j 内各个企业的简单平均生产率，$\overline{\theta}_{cj}$ 代表城市 c 行业 j 内各个企业的简单平均要素份额。在本书中，城市是指整个地市级行政单位，而行业是按照两位数行业分类进行划分。（3.1）式中的第一项反映了企业微观生产率的高低，第二项是企业要素份额和生产率之间的协方差（OP 协方差）。根据 Bartelsman，Haltiwanger 和 Scarpetta（2013）的研究，它反映了一个城市中各行业内企业间的资源配置效率，该项越大，说明高生产率企业所获得的要素份额更高，因而企业之间的资源配置效率越高。在基准回归中，我们使用企业员工数占城市 c 行业 j 的员工总数的份额来代表企业 i 获得的要素份额 θ_{cji}。利用 1998—2014 年中国工业企业数据库的数据，可以计算得到城市—行业层面的资源配置效率指标 Y_{cj}：

$$Y_{cj} = \sum_i (\theta_{cji} - \overline{\theta}_{cj})(\omega_{cji} - \overline{\omega}_{cj}) \tag{3.2}$$

随后，我们以一个城市内各行业劳动力所占份额作为权重，将城市—行业层面的资源配置效率指标 Y_{cj} 加总到城市层面，得到度量各城市企业间资源配置效率的指标 Y_c：

$$Y_c = \sum_j \phi_{cj} Y_{cj} \tag{3.3}$$

在此基础上，本书以一个省份内各城市劳动力所占份额作为权重，将城市层面的资源配置效率指标 Y_c 加总到省份层面，得到度量各省份企业间资源配置效率的指标 Y_p：

$$Y_p = \sum_c \phi_c Y_c \tag{3.4}$$

图 3 - 5 反映这一结果。可以看出广东资源配置效率在 1998—2014 年的时序中，整体呈现向上的趋势，而且在 6 个省市中，由 2000 年左右的位居末流

迅速爬坡，到 2008 年时超过 0.2，位居 6 个省市第二位。尽管之后受到美国次贷危机引发的金融危机冲击，到 2011 年，广东资源配置效率逐步恢复到金融危机（2008 年）前的水平，并在 2014 年达到 0.1 左右，仅次于北京、上海，这很大程度上要归功于广东较早实行"腾笼换鸟"、步入自主创新之路的发展方式。回顾广东在十几年的发展过程中，要素流动的表现在全国处于领先位置。同时根据上文的分析，无论是专利层面还是高技术产业发展状况，均指向广东拥有高科技含量的高收益部门，这是广东长期资源配置效率较优的原因所在。同时也可看到，要素能够较为通畅流向创新发展部门，才能为创新活动注入资源。从这个角度看，资本市场的发展为广东创新驱动发展提供了资金动力，应当说，总体看广东在利用资本市场促进创新创业方面展现出较高水平。当然也需要注意的是，从 2012 年开始，广东也难以维持过去长期以来的高速增长，资源配置效率似乎也趋向收敛（2011—2014 年期间趋于稳态，与浙江、江苏非常接近），这意味着有必要进一步利用资本市场，引导资源更多地到创新活动中去。

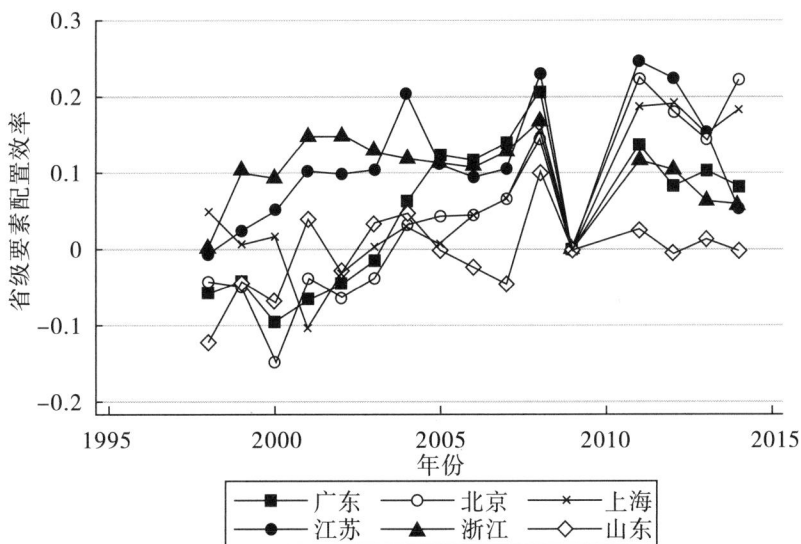

图 3-5 6 个省市企业资源配置效率演变情况

数据来源：根据中国工业企业数据库，经 Stata 16.0 核算得出。

4. 创新网络中心集聚显著

资源配置效率的优化，也会激励总部企业在全国各地设立子公司或者参股，异地公司在本地亦是如此，这其中企业创新的推动，就亟须资本市场要素的推动。同时上市公司在异地开设分公司或者因为企业并购等方式获取其他公司股权，显然有助于推动创新成果的转化以帮助创新型企业获取高收益。考虑到数据可获得性，同时上市企业在地区经济中具有重要影响力，本书基于 2012—2017 年上市企业—子公司独特数据，采用加权度中心性（Degree Centrality）方法，此方法的运用可以在网络分析中刻画节点中心性（Centrality）。具体来说，一个节点的节点度越大就意味着这个节点的中心性越高，该节点在网络中就越重要。

本书在节点核算中加入母公司和子公司的专利申请作为权重，核算了我国城市创新网络中心集聚程度。表 3-4 仅报告了 2012—2017 年我国榜单前十的指数状况，可以发现样本期间内各城市的位次较为稳定，榜单前四位在样本期间并没有任何改变，部分城市位次略有变化。需要指出的是，深北上广的中心集聚程度突出地呈现出逐年递升的态势，广东的两大城市在我国城市创新网络中发挥着关键作用，是引领我国创新发展的火车头。

表 3-4　城市创新网络中心集聚状况

城市	2017 年	2016 年	2015 年	2014 年	2013 年	2012 年
深圳市	16 918	13 415	11 027	8 211	7 335	6 788
北京市	11 131	9 324	7 623	6 012	5 128	4 454
上海市	6 411	5 541	4 444	3 059	2 585	2 249
广州市	4 338	3 459	2 827	2 194	1 845	1 655
苏州市	4 023	3 153	2 463	1 857	1 693	1 516
杭州市	3 836	2 955	2 523	1 910	1 737	1 541
重庆市	2 855	2 078	1 706	1 340	1 284	1 088
天津市	2 816	2 209	1 750	1 472	1 283	1 123
成都市	2 698	2 130	1 821	1 496	1 347	1 216
武汉市	2 505	2 095	1 768	1 532	1 442	1 204

数据来源：根据历年《中国统计年鉴》《城市统计年鉴》以及国泰安数据库、中国工业企业数据库，经 Stata 16.0 核算得出。

5. 上市企业创新产出表现优异

本书拟从企业业绩和研发创新两个方面考察上市公司的创新产出情况。为了在比较中说明问题,本书选取北京、上海、江苏、浙江、山东作为与广东比较的省市,其中江苏、浙江和山东在经济发展水平上与广东比较接近,北京、上海则是我国经济发展水平最高的地区。

(1)在上市企业业绩方面。参考闻岳春、唐学敏、夏婷(2015)的研究方法,本书从整体、分年度及分位数三个维度进行分析。基于6个省市境内上市企业的2016—2018年财务数据,并剔除金融、房地产等特殊、非创新型行业的企业数据,最终得到5 844家企业的年度面板数据。通过与其他5个省市的比较发现,广东上市企业业绩总体较优且持续改善,见表3-5和表3-6。

表3-5是本书对这些地区上市企业的资产报酬率(ROA)、托宾Q值(TOBIN Q)、营业利润率(MRS)的计算。从中可见,样本期间内在企业ROA、MRS的均值和中位数方面,广东上市企业略逊于浙江,但优于北京、上海、江苏及山东,尤其是2016年和2017年优势明显。在衡量公司市场价值方面,广东表现较为突出,仅次于上海;在3个企业业绩指标的中位数方面,广东较为一致地彰显出较好水平,体现出存在较多数量的绩优企业。

进一步,本书依据6个省市样本期间内的净利润进行四分位分组,进而考察在年度内每个分位内省市的净利润平均状况。表3-6是6个省市上市企业的净利润分布状况。从中可以看出,2016—2018年间广东上市企业净利润在各个分位上基本呈现递增态势(除了净利润<490分位),中位数上移,特别是在高分位组,广东高于浙江、江苏、山东(除2018年山东略高于广东)。这可以看出广东表现还是比较突出的,拥有一批优质高效益的企业,体现出创新驱动发展具有较强的持续力。

表3-5 2016—2018年6个省市上市企业业绩表现分布

省份	年份	均值			中位数		
		ROA	TOBIN *Q*	*MRS*	*ROA*	TOBIN *Q*	*MRS*
广东	2016	0.050	2.65	0.11	0.046	2.26	0.10
	2017	0.049	2.05	0.11	0.046	1.78	0.10
	2018	0.026	1.64	0.05	0.039	1.42	0.08

（续上表）

省份	年份	均值			中位数		
		ROA	TOBIN *Q*	*MRS*	*ROA*	TOBIN *Q*	*MRS*
北京	2016	0.041	2.37	0.10	0.043	2.15	0.10
	2017	0.040	2.37	0.10	0.043	2.15	0.10
	2018	0.026	1.61	0.04	0.036	1.35	0.08
上海	2016	0.042	2.73	0.09	0.039	2.30	0.08
	2017	0.046	2.13	0.11	0.040	1.77	0.09
	2018	0.030	1.72	0.05	0.038	1.40	0.07
江苏	2016	0.044	2.42	0.09	0.043	2.08	0.09
	2017	0.050	1.97	0.12	0.049	1.67	0.11
	2018	0.034	1.55	0.07	0.044	1.34	0.09
浙江	2016	0.055	2.56	0.11	0.047	2.14	0.10
	2017	0.055	2.02	0.12	0.054	1.67	0.11
	2018	0.036	1.60	0.07	0.048	1.36	0.10
山东	2016	0.041	2.47	0.06	0.037	1.97	0.07
	2017	0.043	1.95	0.09	0.042	1.53	0.09
	2018	0.036	1.50	0.06	0.040	1.26	0.08

数据来源：根据国泰安数据库，经过 Stata 16.0 处理得出。

表 3 - 6 2016—2018 年 6 个省市上市企业净利润分布

（单位：十万元）

净利润中位数		<490	490 ~ 1 272	1 272 ~ 3 592	>3 592
划分依据	省份	2016 年			
净利润均值	广东	−230	850	2 023	14 336
	北京	−4 180	874	2 245	42 493
	上海	−934	796	2 222	24 033
	江苏	−574	840	2 131	10 504
	浙江	−186	850	2 207	10 916
	山东	−588	802	2 111	12 949

（续上表）

净利润中位数		<490	490～1 272	1 272～3 592	>3 592
划分依据	省份	2017 年			
净利润均值	广东	−365	811	2 139	16 312
	北京	−5 491	859	2 246	46 195
	上海	−995	868	2 342	24 816
	江苏	−1 407	842	2 074	12 252
	浙江	−654	834	2 152	10 271
	山东	−1 094	901	2 350	16 170
划分依据	省份	2018 年			
净利润均值	广东	−3 778	816	2 091	16 317
	北京	−5 617	878	2 171	54 846
	上海	−3 040	856	2 236	24 845
	江苏	−2 315	872	2 099	15 190
	浙江	−2 852	856	2 206	12 273
	山东	−1 867	880	2 255	16 534

数据来源：根据国泰安数据库，使用 Stata 16.0 软件处理得出。

（2）在上市企业研发创新方面。本书从研发投入和专利两个方面进行考察。6 个省市上市公司 2008—2018 年研发及专利样本数据，来自中国研究数据服务平台（CNRDS）数据库中的中国专利特色数据库和国泰安数据库。需要说明的是，由于 CNRDS 数据库还未披露 2018 年中国上市企业的专利数据，同时 2008 年前的上市企业专利数据统计又非常稀少，故在专利数据上，主要分析 2007—2017 年的情形，在研发投入上则分析 2008—2018 年的情形，本书运用统计描述的方法分析 6 个省市上市企业研发投入及专利产出状况，结果见表 3-7 和表 3-8。

在研发投入方面，从表 3-7 中可见，广东上市企业研发投入水平在 6 个省市中表现较好。R&D 投入强度从 2008 年的 5% 增长到 2018 年的 5.58%，仅次于北京的 6.96%，优于上海，远高于江苏、浙江和山东。另外，从研发人员占员工总数比例看，广东稳定在 17% 左右，2018 年为 17.93%，尽管不及北京和上海，但远高于江苏、浙江及山东。

表3-7 2008—2018年6个省市上市企业的研发投入比较

（单位:%）

年度	广东	北京	上海	江苏	浙江	山东
R&D 投入强度的平均值						
2008	5.00	9.65	4.21	4.07	3.32	3.38
2010	5.94	8.61	4.76	3.45	3.98	4.18
2012	5.46	7.32	4.02	3.90	4.12	3.55
2014	5.27	6.92	4.22	4.05	4.13	3.42
2016	5.13	6.77	4.81	4.39	4.54	3.78
2018	5.58	6.96	5.08	4.73	4.78	4.06
研发人员占员工总数比例的平均值						
2008	18.84	12.43		21.38	10.12	14.33
2010	16.95	14.70	19.93	34.85	14.70	10.91
2012	17.50	30.52			15.30	10.03
2014	16.20	21.95	17.33	14.03	14.03	13.20
2016	16.65	24.59	18.93	15.29	14.43	13.67
2018	17.93	24.69	18.89	15.83	14.98	13.90

数据来源:笔者基于CNRDS数据库中的中国上市企业专利数据,匹配了6个省市2007—2017年的上市企业财务数据,使用Stata 16.0软件处理得出。

在专利产出数量及质量方面,广东上市企业表现突出。首先,专利产出量大。2007—2017年广东专利授权量从2 786件增长到51 252件,增长了17.4倍,高于北京的37 727件,与上海、浙江、江苏相比优势更大。

其次,专利质量较高。一方面,发明专利授权量增长快、占比高。从表3-8中可见,2007—2017年广东上市公司发明专利授权量从505件增加到17 016件,高于北京的15 854件,年平均增速高达42.15%,远远高于上海、浙江、江苏和山东。此外,广东的发明专利授权量占专利授权量的比例从2007年的18.13%上升到了2017年的33.20%,仅次于北京。这说明广东上市企业在资本市场的有力支持下体现了较强的自主创新能力。

表 3 - 8　2007—2017 年 6 个省市上市企业的发明专利授权比较

年度	广东	北京	上海	江苏	浙江	山东
发明专利授权量/件						
2007	505	471	143	57	77	48
2008	1 079	839	423	138	143	131
2010	3 047	1 780	722	364	296	320
2012	5 707	4 315	1 331	825	927	767
2014	7 176	6 531	1 298	1 115	1 099	1 073
2016	13 297	13 433	2 955	3 247	2 284	2 251
2017	17 016	15 854	3 451	4 034	3 008	3 259
发明专利授权量占专利授权量的比例/%						
2007	18.13	32.53	7.36	8.74	12.07	3.80
2008	28.70	34.13	17.57	15.23	14.20	10.44
2010	33.83	22.91	15.77	13.11	12.96	12.37
2012	33.08	25.39	21.49	17.25	15.89	16.04
2014	24.78	27.47	21.67	16.85	16.56	16.76
2016	33.80	41.19	29.05	30.29	21.46	26.40
2017	33.20	42.02	29.90	31.27	20.39	29.77

数据来源：笔者基于 CNRDS 数据库中的中国上市企业专利数据，匹配了 6 个省市 2007—2017 年的上市企业财务数据，使用 Stata 16.0 软件处理得出。

除此之外，广东上市企业的专利有效量①表现突出，这进一步表明广东利用资本市场支持自主创新的质量较优。从表 3 - 9 可见，截至 2017 年，广东专利有效量为 22 万多件，远高于其他省市，其中发明专利有效量为 7 万多件，高于北京的 6 万多件，更是遥遥领先于上海、江苏、浙江和山东。

---

①　专利有效量体现专利权持续有效的数量（有三个影响因素：是否在保护期内、是否持续缴维持费、是否被宣告无效）。因此专利有效量体现专利存量状况，可以细致捕捉地区创新能力。

表 3 - 9　截至 2017 年 6 个省市上市企业的专利有效量及结构情况比较

	广东	北京	上海	江苏	浙江	山东
专利有效量/件	221 868	170 590	60 415	58 343	64 250	47 146
发明专利有效量/件	70 392	63 826	16 280	15 807	13 332	11 811
发明专利有效量占比/%	31.73	37.41	26.95	27.09	20.75	25.05

数据来源：根据国泰安数据库，使用 Stata 16.0 软件处理得出。

还有，专利被引用情况好。一般而言，专利被引用次数越多，表明专利质量越高。本书使用专利授权被引用次数来衡量这一状况。从表 3 - 10 可见，截至 2017 年，无论是专利授权总的引用量，还是去除自引后的引用量，广东在 6 个省市中均位居首位。此外，在平均引用量和平均去除自引的引用量方面广东也仅次于北京，远高于上海、江苏、浙江和山东。

表 3 - 10　截至 2017 年 6 个省市上市企业的专利授权被引用次数情况比较

（单位：件）

	广东	北京	上海	江苏	浙江	山东
总的引用量	226 163	184 235	43 836	30 769	28 209	28 180
总的去除自引的引用量	188 441	141 173	39 458	27 128	25 347	24 739
平均引用量	523.53	801.02	236.95	98.94	84.97	181.81
平均去除自引的引用量	436.21	613.80	213.29	87.23	76.35	159.61

数据来源：根据国泰安数据库，使用 Stata 16.0 软件处理得出。

第二节　广东利用资本市场推动创新创业存在的问题

上一节的分析表明，广东这些年来利用资本市场推动创新创业取得了显著成效，许多方面居于全国领先或前列。因此，以下讨论的存在问题并不意味着广东在这些方面弱于国内多数地区或全国平均水平，大多数问题实际上是与国内最优或理论上最优的状况比较而言的。

一、金融结构与技术创新模式不匹配

从上面的相关分析可见，广东在全国率先推进产业和经济转型升级，创新对经济的贡献基本达到创新型国家和地区水平，已经进入自主创新模式的发展阶段。依据前面的理论分析，广东更需要与创新模式相匹配的金融结构，即更需要资本市场主导的金融结构。但现实情况并不乐观，具体表现在：

1. 直接融资比例仍然偏低

表 3 - 11 是广东直接融资占比与若干省市及全国平均水平的情况比较。

表 3 - 11　全国及若干省市直接融资占社会总融资规模的比重

（单位:%）

年份	全国	广东	北京	上海	浙江	江苏	山东
2012	15.90	19.00	70.10	26.90	20.40	26.30	26.00
2013	11.74	5.70	35.12	7.27	12.00	13.86	10.81
2014	17.16	12.53	32.75	12.54	21.71	21.26	19.26
2015	23.44	22.63	54.46	23.12	32.17	27.43	26.11
2016	23.80	28.49	38.91	24.26	34.25	28.98	23.78
2017	6.80	13.62	20.10	15.27	17.50	17.11	10.92
2018	24.10	24.15	42.73	37.76	14.70	25.05	32.52

数据来源：根据中国人民银行网站（http：//www.pbc.gov.cn/）提供的材料整理。

从表 3 - 11 可见，2012—2018 年广东的直接融资占比多数年份低于表中的多数省市，甚至有三年低于全国平均水平。这样的直接融资占比与广东创新发展所需要的金融支持，无疑很不匹配。这既说明广东利用资本市场还很不够，也意味着广东进一步利用资本市场仍有很大空间。同时也提示，广东要加大利用资本市场促进创新必须改变目前的金融结构。

为了更直观反映这种不匹配的程度，借鉴叶德珠、曾繁清（2019）的研究方法，本书基于 2001—2018 年的全国省级面板数据，分别对样本内金融结构与创新水平（本书采用当年专利申请与研发投入之比进行代理）由大到小进行排序并对其进行 50 层级的分层①，将金融结构所处的层次记为 $Frank_{i,t}$，将创新水平所处的层次记为 $Trank_{i,t}$，最后通过（3.5）式计算就可得出金融

① 毋庸置疑，分层级数越高，在计量上体现出对匹配的严格程度越高。考虑到本书选取的面板数据为 527 个，使用 50 层级已显得较为严格。

结构—创新水平匹配度指标①，即

$$match_{i,t} = Frank_{i,t} - Trank_{i,t} \qquad (3.5)$$

显而易见地，当一个地区的金融结构与创新水平所处层级越接近，这个地区的金融结构与创新水平匹配度就越高。因此，$match_{i,t}$的绝对值越大反映出地区的金融结构与当地的创新水平越不匹配。本书同样选取广东等6个省市的计算结果，进行对比分析。从图3-6可以发现，在我国头部经济大省中，广东的金融结构与创新水平不匹配情况尽管并不是最糟糕的，但是大部分年份以直接融资比衡量的金融结构严重滞后于广东技术创新发展（多个年度 $match_{i,t}$ 呈现负值，并且处于6个省市的末端），也就是说资本市场对创新发展的支持力度与广东创新驱动发展并不匹配，这一情况在2007年以前表现比较突出，近些年来略有所改观，如2015年、2016年广东直接融资状况略有好转，但2017—2018年，又处在相对滞后阶段。

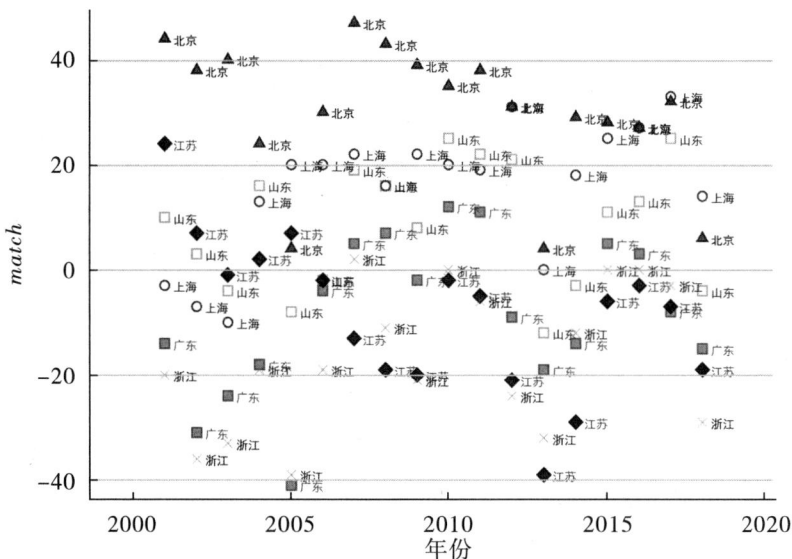

图3-6 6个省市金融结构与创新水平匹配状况

数据来源：根据历年《中国统计年鉴》《中国科技统计年鉴》，经 Stata 16.0 核算得来。

---

① 本书采用不分年份的全样本排序方法。假设 A 地区 2015 年的金融结构与创新水平都排在第一位，但实际其金融结构与创新水平并不相匹配，这样就会得出 A 地区 2015 年的金融结构—创新水平匹配度最高的错误测量结果，更会进一步给其他地区的匹配度测量带来误差。因此只有在长时期、大样本下比较才能确认某个地区金融结构与创新水平的真实匹配情况。

2. 不同层次资本市场的融资比例失调

广东利用资本市场融资主要是通过上海和深圳两个交易所的主板和中（小）创（业）板，其他层次市场的融资很有限。由于广东在全国率先推进产业转型升级，近年来各类科技企业的数量大幅增加，其中国家级高新技术企业从2011年的5 452家增加到2018年的45 280家，翻了7.3倍之多，总数量、总收入、净利润等均居全国第一；年主营业务收入5亿元以上工业企业基本实现研发机构全覆盖；企业发明专利申请量和授权量都约占全省总量的八成左右，广东高新技术制造业的发明专利授权量占专利授权量的31.07%，远高于全省平均水平（11.14%）；科技创新企业更是如雨后春笋般涌现，仅广州市2018年就超过20万家[1]，这些企业除少数可以进入证券交易所中的各板市场融资外，大多数缺乏正常和稳定的融资渠道。另外，在上市后备梯队方面，截至2019年12月，广东已申报上市材料企业73家，落后于浙江（85家）、江苏（99家）；在IPO融资方面，2019年1月至12月，广东新增上市公司30家，IPO融资370.74亿元，优于浙江（24家，303.90亿元）和江苏（30家，234.23亿元）。此外，截至2019年12月，广东已申报上科创板材料企业30家，比江苏少1家，优于浙江的14家。虽然在预排队上市增量方面暂且优秀，但对于广东这一经济第一大省而言，这一表现并没有呈现出绝对优势，从这几年增量上市企业数量来看也是如此，这突显当前广东利用资本市场的程度无法满足创新发展大量的资金需求。

二、　创新投入强度偏低及基础研究不足

创新尤其是基础研究领域的创新需要大量资金投入。近年来广东全省（不含深圳）创新投入强度（创新投入占GDP比重，其中创新投入为R&D投入和高技术固定资产投资额之和）呈快速增长之势，从2011年的3.22%增至2018年的5.33%。但与北京、江苏、上海特别是与本省的深圳相比，明显偏低，见图3-7。

---

[1]　具体内容见 http：//finance. sina. com. cn/roll/2019 - 08 - 08/doc - ihytcitm7785339. shtml。

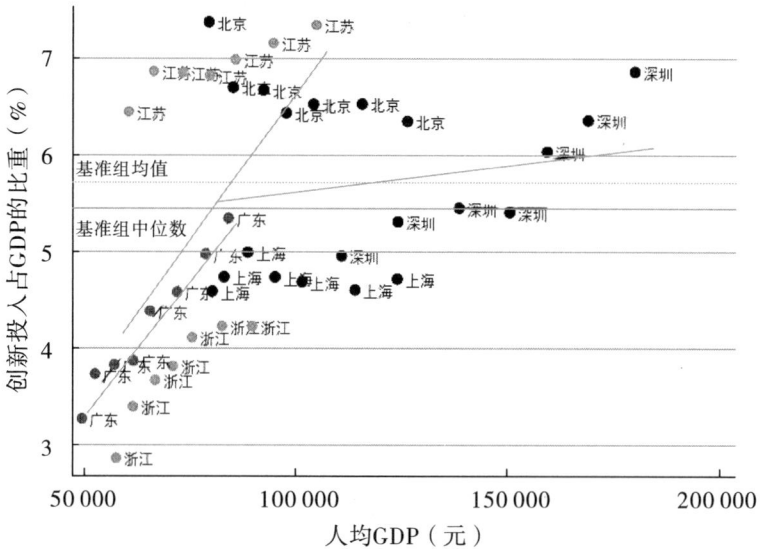

图 3-7 创新投入占 GDP 的比重的省市比较

注：广东是 2011—2018 年的统计数据，基准组和对照组选取了 2011—2017 年的统计数据；基准组为北京、上海、深圳，对照组为江苏、浙江；图中的线型均为各组的投入强度与人均 GDP 的拟合线。

数据来源：根据各个省市每年的统计公报、《中国统计年鉴 2001—2019》、《中国高技术产业统计年鉴 2001—2018》的相关数据，经 Stata 16.0 处理得出。

再从另一个反映创新投入的指标即研发人员占比看，2005 年广东每万人研发人员全时当量 33（人/年），远低于北京（111.2）和上海（35.48）。2018 年，广东这一指标提升到 51，但仍大大低于同期北京的 124.10。

此外，从研发投入自身的结构看，基础研究和应用研究应当是研发质量最高、最具自主创新内核的部分。2005 年广东基础研究占比为 2.18%，探索性研发支出占比（基础研究和应用研究之和占总的研发投入的比值）为 5.58%，远低于北京的 10.23% 和 27.96%，也低于江苏的 3.12% 和 10.76%。2017 年，广东这一指标分别提升到 3.62% 和 7.20%，但仍大大低于同期北京的 14.22% 和 35.19%（见表 3-12）。

表 3 - 12　2017 年 6 个省市研发支出占比构成

（单位:%）

省份	基础研究占比	应用研究占比	实验发展研究占比	探索性研发支出占比
北京	14.22	20.97	64.81	35.19
上海	7.47	10.45	82.07	17.93
广东	3.62	3.58	92.80	7.20
江苏	2.86	4.41	92.72	7.28
浙江	2.42	3.44	94.14	5.86
山东	2.02	2.10	95.88	4.12

数据来源：根据历年各个省市统计年鉴、《中国统计年鉴》、《中国科技统计年鉴》的相关数据，经 Stata 16.0 处理得出。

三、　风险投资规模及其结构有待优化

在资本市场推动创新中，风险投资具有举足轻重的作用。风险资本在促进创新中已发挥重要作用，但广东风险投资体系仍存在以下问题:

1. 投资规模和投资案例数量不高

本书选取 2009—2018 年北京、上海、广东、江苏、浙江、山东的风险投资事件，使用 Stata 16.0 软件对相关数据进行统计和描述，表 3 - 13 至表 3 - 15 反映了这些结果。从表 3 - 13 可见，2009—2018 年风险投资的投资总额广东远低于北京，略低于上海;从平均融资额看，广东的平均融资额也要少于北京和浙江，北京是广东的 1.28 倍，浙江是广东的 1.11 倍。

表 3 - 13　2009—2018 年 6 个省市风险投资情况

地区	投资总额/亿元	总项目数/个	平均融资额/百万元	平均融资额对比
北京	23 685.83	32 833	89.70	1.28
上海	11 052.70	20 486	65.82	0.94
广东	10 933.34	18 430	70.16	1.00
浙江	4 542.32	7 409	77.66	1.11
江苏	2 090.15	4 957	50.28	0.65
山东	397.34	979	47.82	0.68

数据来源：私募通数据库、投中数据库。

表 3-14　2018 年 6 个省市风险投资情况

地区	投资总额/亿元	总项目数/个	平均融资额/百万元	平均融资额对比
北京	547.07	1 390	64.74	1.43
上海	256.87	1 010	42.39	0.94
广东	290.63	973	45.27	1.00
浙江	200.37	699	47.94	1.06
江苏	136.58	402	48.43	1.07
山东	76.24	220	43.82	0.97

数据来源：私募通数据库、投中数据库。

表 3-15　2019 年 1—11 月 6 个省市风险投资情况

地区	投资总额/亿元	总项目数/个	平均融资额/百万元	平均融资额对比
北京	313.93	826	75.65	0.84
上海	124.37	592	45.06	0.50
广东	264.11	600	89.83	1.00
浙江	58.30	374	35.12	0.36
江苏	45.72	253	32.43	0.36
山东	10.45	36	52.23	0.58

数据来源：私募通数据库、投中数据库。

2. 风险投资对创新的前期阶段支持不足

高新技术企业的成长周期大致经过初创期、成长期、扩张期以及成熟期四个阶段，这四个阶段通常需要有风险投资介入，尤其是前三个阶段。广东企业在成长期和成熟期获得风险投资的项目数均少于北京和上海，且在初创期的平均融资额也低于北京和上海。但广东企业在扩张期获得风险投资的项目数显著多于上海；在初创期获得风险投资的项目数低于北京，略高于上海（见表 3-16）。

表 3 - 16 2009—2018 年 6 个省市各个阶段融资总计

地区	初创期			成长期		
	项目数/个	平均融资额/百万元	平均融资额对比	项目数/个	平均融资额/百万元	平均融资额对比
北京	4 106	66.44	1.92	1 160	51.71	1.18
上海	2 839	49.12	1.42	1 000	37.62	0.86
广东	3 039	34.56	1.00	942	43.98	1.00
浙江	1 303	29.74	0.86	335	66.32	1.51
江苏	992	43.13	1.25	313	31.34	0.71
山东	132	22.46	0.65	40	24.57	0.56

地区	扩张期			成熟期		
	项目数/个	平均融资额/百万元	平均融资额对比	项目数/个	平均融资额/百万元	平均融资额对比
北京	561	64.90	0.64	401	135.30	1.47
上海	427	42.60	0.42	311	65.81	0.71
广东	437	100.89	1.00	294	92.20	1.00
浙江	135	81.60	0.81	110	50.11	0.54
江苏	105	51.54	0.51	88	42.24	0.46
山东	16	97.44	0.97	10	41.75	0.45

数据来源：私募通数据库、投中数据库。

3. 风险投资退出渠道单一

从历年风险投资退出方式对比可知，广东风险投资仅在并购退出方式上多于北京和上海，其他退出方式大都低于北京和上海（见表 3 - 17 至表 3 - 19）。IPO 门槛高，数量自然不会很多，若过多集中在此，说明其他退出方式并没有很好发挥作用，这将限制风险投资市场的发展。

表 3 - 17 2009—2018 年 6 个省市风险投资退出方式情况

（单位：件）

地区	IPO	并购	回购	股权转让	清算	借壳
北京	594	381	71	154	5	29
上海	621	352	46	128	0	32
广东	553	386	46	113	0	17
浙江	173	140	14	41	0	4
江苏	201	103	14	46	0	4
山东	15	5	3	4	0	0

数据来源：私募通数据库、投中数据库。

表 3 - 18 2018 年 6 个省市风险投资退出方式情况

（单位：件）

地区	IPO	并购	回购	股权转让	清算	借壳
北京	127	64	1	23	0	15
上海	119	45	0	16	0	9
广东	93	60	2	16	0	2
浙江	21	32	1	9	0	1
江苏	34	11	0	1	0	2
山东	2	1	0	0	0	0

数据来源：私募通数据库、投中数据库。

表 3 - 19 2019 年 1—11 月 6 个省市风险投资退出方式情况

（单位：件）

地区	IPO	并购	回购	股权转让	清算	借壳
北京	233	78	0	2	0	3
上海	189	58	0	1	0	0
广东	195	49	0	1	0	0
浙江	73	28	0	1	0	0
江苏	63	17	0	2	0	4
山东	8	6	0	0	0	0

数据来源：私募通数据库、投中数据库。

四、 资本市场与创新的区域发展严重不平衡且深圳 "一股独大"

广东资本市场与创新发展的绩效体现和亮点主要集中在珠江三角洲地区，尤其是深圳和广州。2019 年，在上市企业中，深圳上市企业数（313 家）占全省（634 家）近一半，广州、珠海、汕头、佛山 4 市又占其余的近三分之二，有近半数地级市上市企业在 3 家以下，汕尾、河源两市至今仍"零上市"，整个粤西地区仅 5 家上市企业。可以说，除珠江三角洲特别是深圳和广州外，广东其他地区在利用资本市场推动创新发展方面几乎是乏善可陈。同时，在授权专利方面，深圳"一股独大"现象突出，2018 年深圳发明专利授权量达 21 309 件，占全省 40% 以上，远远超过位居第二的广州（10 797 件）。另外，广东近九成的证券、基金、期货公司都在广州、深圳注册，仅深圳就占了全省的 76%。类似的不平衡问题可谓众所周知并且已在各种研究广东问题的资料中提及，在此不再赘述。

五、 资本市场推动创新的效率有待提升

在本书中，我们基于未上市的规模以上工业企业和中国 A 股上市企业样本数据，考察广东利用资本市场推动创新的效率状况，同时为细致地刻画这一现状的动态演变和所处水平，从时间维度和横向比照进行分析。

首先，本书采用来自国家统计局 2011—2014 年的中国工业企业数据库的面板数据[①]，选取我国经济发展大省（港澳台未纳入考察范围）北京、上海、江苏、浙江、山东作为广东的横向参照组，参考鲁晓东和连玉君（2012）的研究方法，运用全要素生产率的 OP 算法，对这 6 个省市规模以上工业企业效率进行估算（详细方法及过程见附录 2），结果见表 3 –20、表3 –21 和图 3 –8。

---

① 需要指出的是在中国工业企业数据库中能获取的年份是 1997—2014 年，其中 2010 年数据残缺较为严重，但是该数据能够较好反映我国工业企业经营状况，进而展现出区域经济发展情况，不失为一个非常好的研究样本。本书考虑到时效性和有效性，故只选择 2011—2014 年的数据。

表 3 - 20 6 个省市规模以上工业企业效率估算

省份	样本量/件	平均数	标准差	中位数	最小值	最大值
广东	110 900	3.353	0.921	3.316	-7.536	9.227
北京	9 954	3.450	1.067	3.396	-3.366	7.780
上海	27 090	3.285	0.959	3.249	-3.937	9.365
江苏	135 800	3.317	0.916	3.297	-5.769	8.593
浙江	101 000	3.113	0.744	3.074	-5.074	11.030
山东	93 545	3.485	0.899	3.483	-6.800	8.299

数据来源：根据国家统计局 2011—2014 年的中国工业企业数据库，经过 Stata 16.0 处理得出。

表 3 - 21 6 个省市规模以上工业企业效率年度估算

省份	统计量	2011 年	2012 年	2013 年	2014 年
广东	平均值	3.355	3.403	3.325	3.292
	中位数	3.321	3.354	3.289	3.258
北京	平均值	3.442	3.513	3.400	3.423
	中位数	3.390	3.456	3.358	3.400
上海	平均值	3.311	3.340	3.225	3.207
	中位数	3.265	3.302	3.195	3.194
江苏	平均值	3.319	3.357	3.263	3.352
	中位数	3.291	3.327	3.244	3.373
浙江	平均值	3.150	3.145	3.062	3.032
	中位数	3.110	3.099	3.028	2.985
山东	平均值	3.473	3.523	3.445	3.582
	中位数	3.460	3.528	3.450	3.567

数据来源：根据国家统计局 2011—2014 年的中国工业企业数据库，经过 Stata 16.0 处理得出。

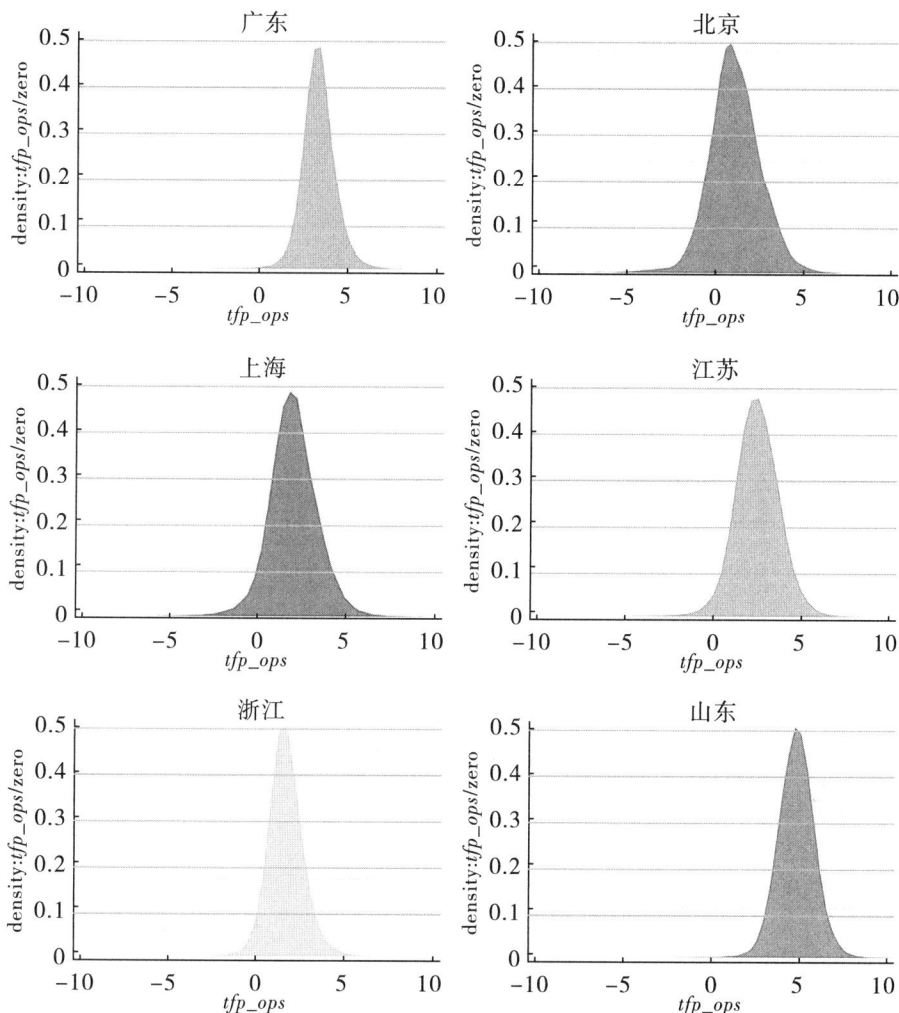

图3-8　6个省市规模以上工业企业效率值分布状况

注：核密度分布情况其实是对直方图的一个自然拓展，用于计算要素在其周围领域的密度，即如果某一个数在观察中出现次数较大，可以认为这个数的密度较多，和这个数比较近的数的密度也会比较大，而那些离这个数远的数的密度会比较小，故边界区域会出现边界效应。

数据来源：根据国家统计局2011—2014年的中国工业企业数据库，经过 Stata 16.0 处理得出。

紧接着，本书聚焦上市企业的创新效率情况，这可直观反映资本市场推动创新效率如何。我们参考鲁晓东、连玉君（2012），刘娥平、钟君煜、施燕平（2018）的研究方法，采用 OP 算法测算上市企业的全要素生产率（详细方法及过程见附录3）。表3－22是广东等6个省市上市企业效率的描述性统计情况，从中可见，北京在利用资本市场的效率方面是最高的，平均达到14.03，效率中位数达到13.94，上海次于北京；广东的效率平均数稍低于山东，为13.79，中位数为13.68，优于浙江、江苏。表3－23则反映了6个省市的上市企业效率年度估算值演变情况，其中北京、上海的上市企业效率年度估算值也高于广东。上述的差距反馈的仅是整体情况，实际上在企业分布状况中可以更加清晰地看到存在的结构性问题。但如果从样本内的标准差值来看，广东的标准差相对较大，也就意味着企业的全要素生产率分散程度较为明显，两极分化比较严重。

表3－22　6个省市上市企业效率估算

省份	样本量	平均数	标准差	中位数	最小值	最大值
广东	2 017	13.79	1.053	13.68	9.760	18.19
北京	1 132	14.03	1.111	13.94	10.520	16.81
上海	971	13.98	1.164	13.90	10.690	18.06
江苏	1 354	13.65	0.948	13.57	8.991	18.63
浙江	1 484	13.73	0.945	13.65	11.380	17.50
山东	707	13.81	1.040	13.69	10.680	18.04

数据来源：根据国泰安数据库，经过Stata 16.0处理得出。

表3－23　6个省市上市企业效率年度估算

省份	统计量	2015年	2016年	2017年	2018年
广东	平均值	13.690	13.748	13.807	13.894
	中位数	13.556	13.625	13.712	13.799
北京	平均值	13.954	13.987	14.056	14.107
	中位数	13.799	13.880	13.997	14.067
上海	平均值	13.973	13.958	13.955	14.033
	中位数	13.885	13.853	13.902	13.932
江苏	平均值	13.611	13.595	13.650	13.726
	中位数	13.557	13.498	13.569	13.616

（续上表）

省份	统计量	2015 年	2016 年	2017 年	2018 年
浙江	平均值	13.701	13.683	13.738	13.797
	中位数	13.713	13.623	13.640	13.652
山东	平均值	13.723	13.729	13.835	13.940
	中位数	13.616	13.587	13.683	13.816

数据来源：根据国泰安数据库，经过 Stata 16.0 处理得出。

在图 3-9 反映得更为直观，从中可以发现 2015—2018 年广东上市企业效率值分布状况与山东相似，但广东略微偏左。聚焦广东情况，可以发现企业效率呈现左拖尾和右拖尾都较为明显的特征，这意味着高效率、绩优的企业表现突出，但低效率的企业拖累了整体表现；相比之下，北京、上海分别在 16 分位、15 分位左右明显有次峰出现，这一点在江苏和浙江中也略有一定程度体现，尽管它们的上市企业绩效整体水平略低于广东。

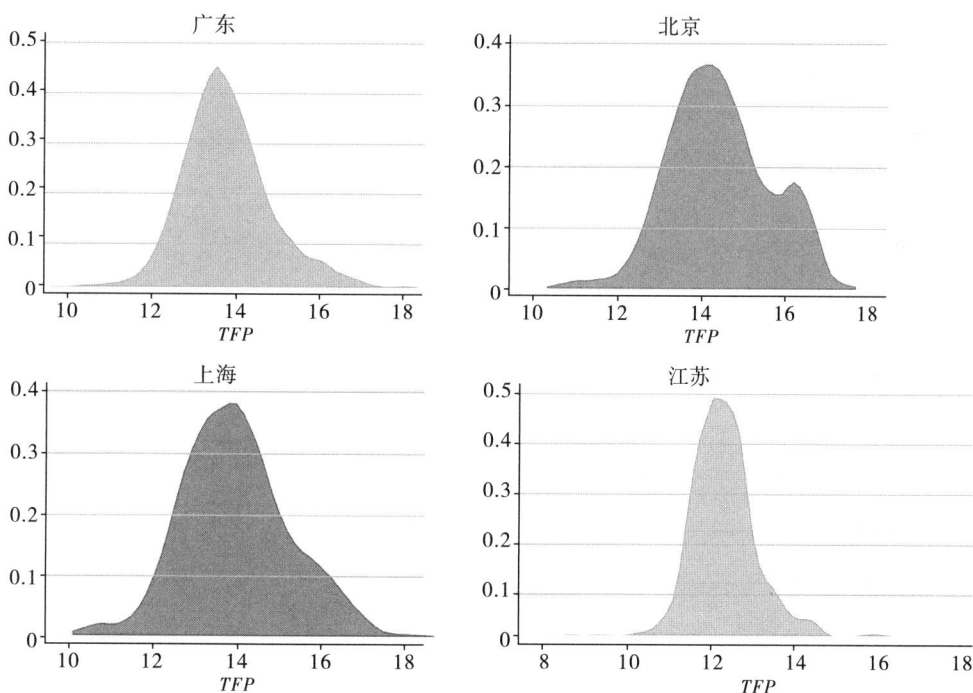

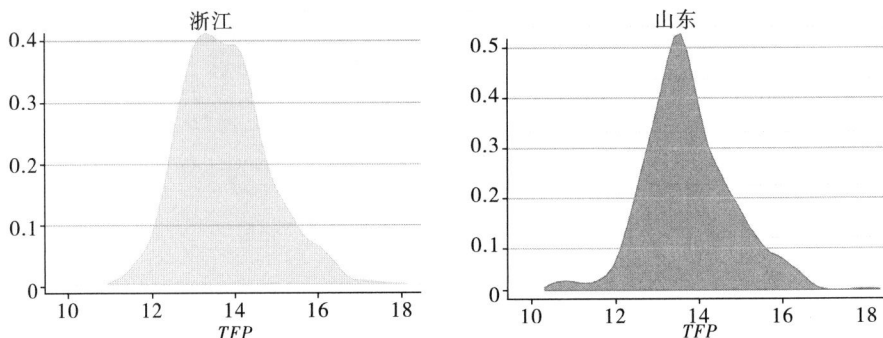

图 3 - 9　6 个省市上市企业效率值分布状况

数据来源：根据国泰安数据库，经过 Stata 16.0 处理得出。

这说明广东在利用资本市场推动创新的效率方面，尽管在整体平均水平上做得还不错，但与北京、上海等还有较大的差距，这主要是资本市场支持企业创新效率存在结构性问题，存在一定的低效率企业占用资金资源。因此，广东利用资本市场推动创新，在国内还没有做到最好，而且与最好相比差距明显，但事实上，广东有足够空间可以调整资本市场支持创新的结构性问题，缩小资本市场内资源错配问题，从而更有效提升整体创新效率。

上述主要基于 2015—2018 年 6 个省市整体情况的分析，接下来本书将通过时序方式，细致捕捉 6 个省市企业创新效率的动态演变过程。基于 2008—2018 年 6 个省市企业效率值离散状况，来对比分析在资本市场支持创新方面的资源错配问题。参照聂辉华和贾瑞雪（2011）的研究方法，衡量全要素生产率离散程度的常用指标是 90% 分位企业的全要素生产率与 10% 分位企业的全要素生产率之比（90/10），以及样本范围内全要素生产率的标准差。企业之间的全要素生产率差异越大，就表示资本市场支持创新的资源错配程度越严重。从较长的一个时序来看，广东企业生产效率的离散程度均要高于江苏、浙江以及山东（90% 分位全要素生产率与 10% 分位全要素生产率的倍数、年度样本标准差均高于上述省份），这也就意味着广东在利用资本市场推动企业创新的效率方面存在相对突出的资源配置效率损失问题，见图 3 - 10。

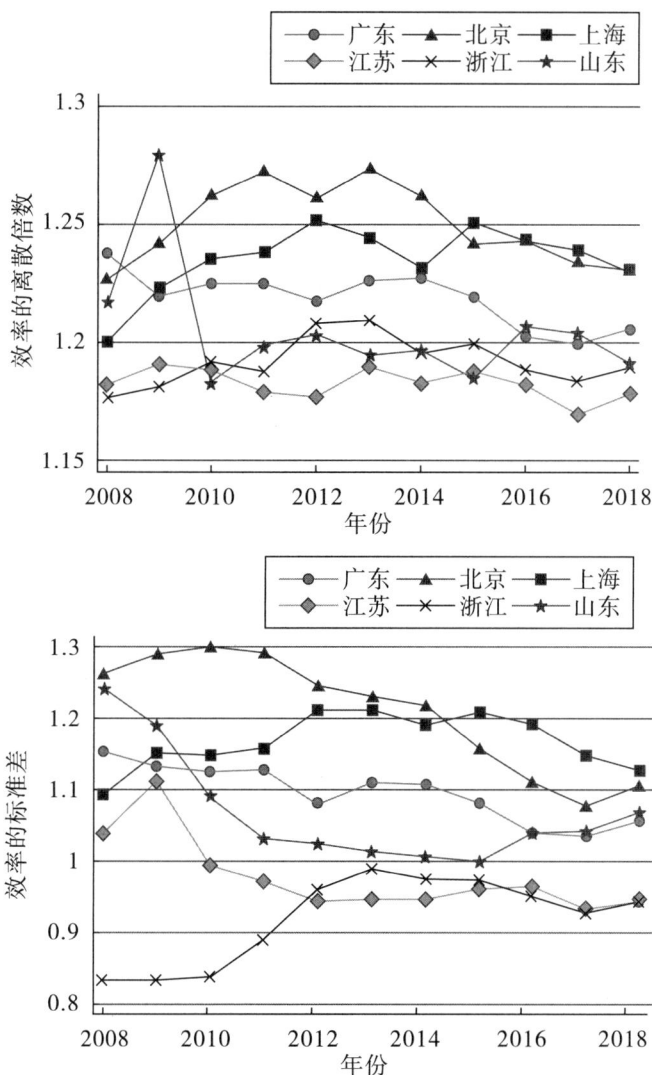

图 3 - 10　6 个省市上市企业效率值离散演变状况

数据来源：根据国泰安数据库，基于上述测算出的上市企业效率值，经过 Stata 16.0 处理得出。

进一步，我们聚焦广东 2008—2018 年企业效率值离散演变状况。从表 3 - 24 可见，2008 年广东 90% 分位全要素生产率是 10% 分位全要素生产率的 1.24 倍，按照当年企业数目，这也就意味着大约有 19 家企业的效率是另外 19 家企业的 1.24 倍，而两者居然可以在市场上"和平共处"。这是非常显著的生产率差异，也表明了非常严重的资源错配。当然从时间序列上看，这种配置效率分散应当是有所减缓的，到 2018 年，大约存在 57 家企业的效率是另外 57 家企业的 1.21 倍。不过相比北京、上海，广东企业效率值离散程度下降程度并未达到相似效果，这里面反映出资本市场支持企业创新效率的结构调整从较长的时序中，存在一定的历史积累问题。为纠偏这一问题，除了上文所提的调整资本市场总量供给不足之外，在结构上也需要做出相应调整，才可有效提升资本市场助力广东创新发展成果。

表 3 – 24　广东分年度全要素生产率离散程度

年度	90/10	标准差	均值	企业数目
2008	1.24	1.15	13.47	189
2009	1.22	1.13	13.41	231
2010	1.22	1.12	13.52	291
2011	1.22	1.13	13.53	328
2012	1.22	1.08	13.54	356
2013	1.23	1.11	13.62	363
2014	1.23	1.11	13.66	379
2015	1.22	1.08	13.69	419
2016	1.20	1.04	13.75	474
2017	1.20	1.03	13.81	557
2018	1.21	1.06	13.89	572

数据来源：根据国泰安数据库，基于上述测算出的上市企业效率值，经过 Stata 16.0 处理得出。

六、　资本市场推动创新存在资金错配问题

广东存在资本市场资金供给总量与技术创新模式不匹配问题，也存在着资本市场支持企业创新的效率有待提升问题。由此，可以看出有必要在两个方面加强资本市场支持广东创新发展：首先，有必要在金融结构上有所调整，需要加大直接融资占比；其次，在直接融资占比提高时，有必要提高资金的利用效率，这里关键所在是直接融资自身结构要与广东技术创新模式相匹配。总的来说，就是金融结构的调整，以及直接融资（或者说资本市场）内部结构的调整。那么由此引申的问题是，资本市场自身结构该怎么调整，如何使资金更加有效率地匹配到高效率的创新企业中？

　　为解答以上问题，本书聚焦广东、浙江、江苏以及广东省的深圳经验进行探讨。为此本书只讨论 2017 年或者 2018 年的状况，以下将从不同效率企业、产权性质企业、创新密集型行业的企业以及企业生命周期的视角，解读资金配置的问题。

　　首先，创新资金在不同效率企业之间存在错配。我们选取 2018 年广东、江苏、浙江以及深圳上市企业的数据样本，并根据前文测算的上市企业效率值进行十分位分组，发现分位数在第一等级的企业的平均研发投入强度接近 10%，而分位数等级为 10 的企业的平均研发投入度却不足 3%，见图 3 - 11。这表明，较低效率的企业在研发投入强度上普遍要高于较高效率企业，也说明效率较高的企业在研发投入强度上显得不足。理论上讲，生产效率高的企业更应该增加研发投入强度追求创新，社会创新资金应更多流向这些企业，但广东的情况表明创新资金存在结构性错配问题，会因此影响创新资金对创新活动的支持效率，进而影响总体创新效率。

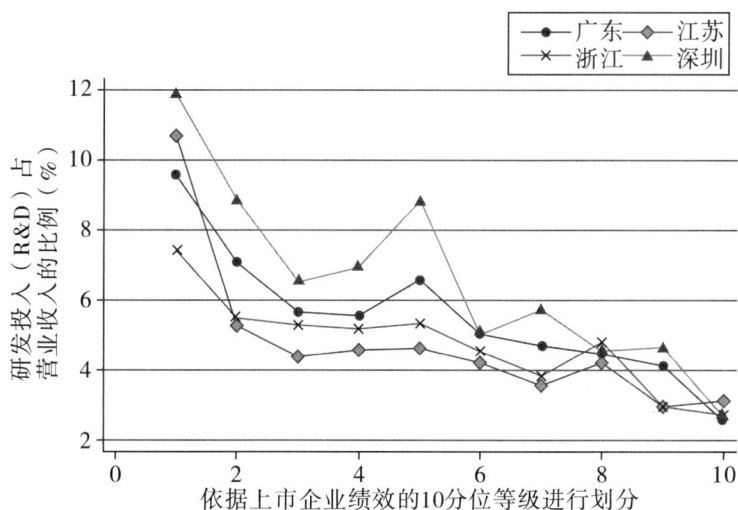

图 3 - 11　4 个省市上市企业研发投入强度（以效率值的十分位组分类）

　　注：选取的是 2018 年广东、江苏、浙江以及深圳上市企业的数据样本，并根据前文测算的广东、江苏、浙江以及深圳上市企业效率值进行十分位分组，X 轴显示的数值越大代表效率值越高。

　　数据来源：基于国泰安数据库中的广东上市企业研发投入数据，广东、江苏、浙江、深圳上市企业营业收入数据以及前文测算出来的广东、浙江、江苏、深圳上市企业效率值数据，使用 Stata 16.0 软件处理得出。

与此同时，我们对比其他地区情况，可以发现，浙江、江苏在整体研发投入水平上低于广东情况下（前文已阐述），同样也存在类似问题。但是其在 2~8 分位上，相对平缓。再对比深圳情况，深圳呈现 4 次波峰状况，在 5 分位上与其他地区相比表现突出。进一步可以发现，深圳在 5~8 分位上对整体广东研发投入占比有着较大贡献（在 6 与 8 分位上与广东拟合，而在 5 和 7 分位上远高于广东的水平）。这也就意味着如果剔除掉深圳情况，广东在该点位上的研发投入强度将会出现较为严重的下降。这从侧面论证，广东创新资金存在结构性错配问题，并且这一问题在去除深圳后表现可能更为严重。

其次，创新资金在不同产权性质企业间的错配。本书参考 Hirshleifer，Hsu，Li（2013）和虞义华、赵奇锋、鞠晓生（2018）的研究指标，定义企业创新效率指标如下：

$$InnoEfficiency = \frac{Patent_{i,t+1}}{RD_{i,t} + 0.8 \times RD_{i,t-1} + 0.6 \times RD_{i,t-2} + 0.4 \times RD_{i,t-3} + 0.2 \times RD_{i,t-4}}$$

其中，$Patent_{i,t+1}$ 表示省内上市企业 i 在第 $t+1$ 年的专利授权总量，RD 为企业研发费用，企业研发创新效率反映企业在一定的研发投入下能够产生多少专利。研发创新效率越高，说明同样的研发投入产生的授权专利越多。在此基础上，对省内上市企业进行简单算数平均，进而得出 4 个省市的平均创新效率。

本书基于 2017 年[①]广东、江苏、浙江以及深圳上市企业的数据样本分析发现，从专利授权量相对研发的弹性来说，企业每投入加权千万研发资金，民营企业可以产生 3.22 个专利授权，而国有企业仅能产生 1.74 个专利授权。民营企业在营业收入规模的 1~3 分位上的研发投资回报率要高于国有企业，并且这种差距非常显见，在中等分位（5 分位数）上也展现出较大优势。只有较大规模的国有企业的创新效率才能与民营企业相近，不过尽管如此，绝大部分国有企业创新效率仍低于民营企业，见图 3-12 和表 3-25。应当说国有企业获得了更多的政府补贴、研发投入，但是在研发投资回报率上并没有较大优势，特别是在小规模国有企业上表现非常明显。这说明研发补贴与企业的研发效率并不匹配，进而言之，广东在资本市场融资和财政对创新投入方面，在国有企业和民营企业间存在资源错配问题。

---

① 如上所述，国泰安数据库尚未公布 2018 年上市企业专利数据，因此选取 2017 年数据。

再次，创新资金在不同行业属性企业间的错配。本书基于 2017 年[①]广东、江苏、浙江以及深圳上市企业的数据样本分析发现，从专利授权量相对研发的弹性来说，广东企业每投入加权千万研发资金，创新密集型行业企业可以产生 3.36 个专利授权，而非创新密集型行业企业仅能产生 2.18 个专利授权，而且创新密集型行业企业在营业收入规模的绝大部分分位上的研发投资回报率要高于非创新密集型行业企业，并且这种差距较为明显，特别是在第 4 分位的企业属性上这种差距非常突出，见表 3 - 26。非创新密集型行业企业只在较小规模和第 6 分位上才展现出较大研发投资回报率，见图 3 - 13。应当说，非创新密集型行业（或者说那些传统行业）获得了更多的政府补贴、研发投入，但是在研发投资回报率上并没有较大优势，同时广东创新密集型行业企业也表现出较高的创新投入比，具有较高创新绩效，这进一步表明研发补贴与企业的研发效率并不匹配，进而言之，广东在资本市场融资和财政对创新投入方面，在创新密集型行业和非创新密集型行业间存在资源错配问题。

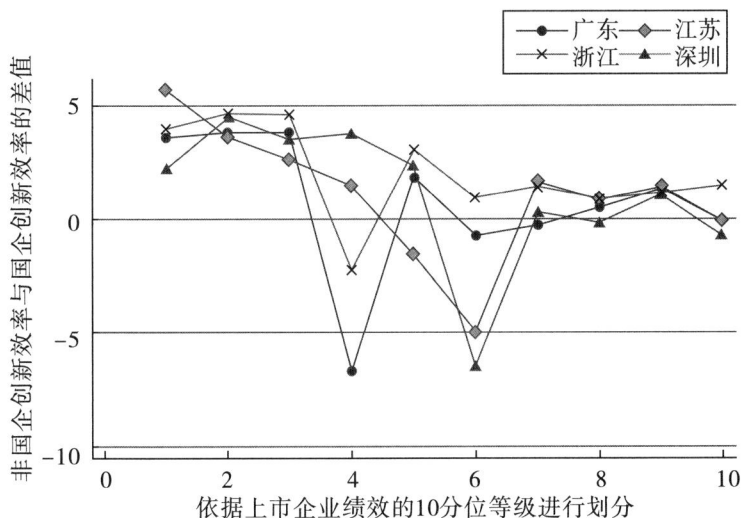

---

①　如上所述，2018 年上市企业专利数据国泰安数据库尚未公布，因此选取 2017 年数据。

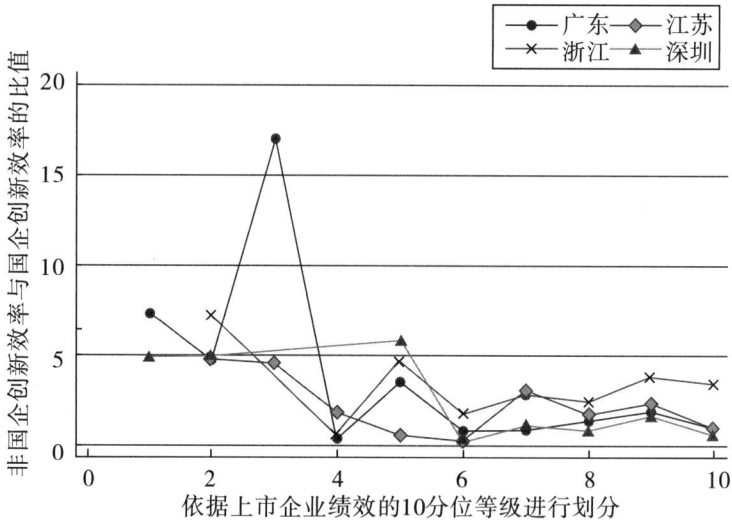

图3-12 2017年4个省市上市企业每千万R&D支出的专利授权量（以产权性质和销售规模分类）

注：上市企业按照销售规模的十分位数进行排序分类，并且在每个分位数上按控股性质将上市企业分为国有企业和民营企业；排除了有专利数据但是没有R&D支出的样本；X轴显示的数值越大代表营业收入规模越大。

数据来源：基于国泰安数据库广东、江苏、浙江、深圳上市企业研发投入、专利数据，并匹配国泰安数据库中的广东、江苏、浙江以及深圳上市企业营业收入、控股性质数据，使用Stata 16.0软件处理得出。

表3-25 2017年广东国有企业与民营企业专利效率状况对比

营业收入分位数	民营企业（A）	国有企业（B）	缺口（A－B）	比率（A/B）
1	4.16	0.57	3.59	7.30
2	4.78	1.01	3.77	4.73
3	4.02	0.24	3.78	16.75
4	3.77	10.52	－6.75	0.36
5	2.63	0.75	1.87	3.51
6	2.25	2.99	－0.74	0.75
7	2.29	2.51	－0.22	0.91
8	2.01	1.48	0.53	1.36
9	2.86	1.51	1.35	1.89
10	1.71	1.76	－0.05	0.97

注：上市企业按照销售规模的十分位数进行排序分类，并且在每个分位数上按控股性质将上市企业分为国有企业和民营企业；排除了有专利数据但是没有R&D支出的样本。

数据来源：基于国泰安数据库广东上市企业研发投入、专利数据，并匹配数据库中的广东上市企业营业收入、控股性质数据，使用Stata 16.0软件处理得出。

与此同时，我们对比其他地区情况，可以发现，浙江、江苏同样也存在类似问题。但是其突出表现在创新密集型行业研发投资回报率上较低，反之非创新密集型行业表现优越，这与广东恰好相反。一个可能的解释是，浙江、江苏过度强调对国家大力支持的创新型行业的支持力度，但企业自身缺乏较大创新能力，由此导致资金与创新的不匹配。再对比广东省的深圳情况，深圳也呈现出与广东相似的情况，创新密集型行业在绝大部分分位上展现出较好的创新效率，但区别于广东整体情况的是，创新密集型行业和非创新密集型行业的创新效率的比值与差值并不是非常大（除了在 1 分位和 2 分位营业收入规模上）。进一步可以发现，深圳在 3 ~ 4 分位上对广东整体不同属性行业创新效率比值和差值起到降低作用（在 3 与 4 分位上深圳较低，广东则较高）。这也就意味着如果剔除深圳情况，广东在该点位上的资金投入与创新效率的不匹配状况将更严重。这从侧面论证，广东创新资金存在行业间错配问题，并且这一问题在去除深圳后表现可能更为严重。

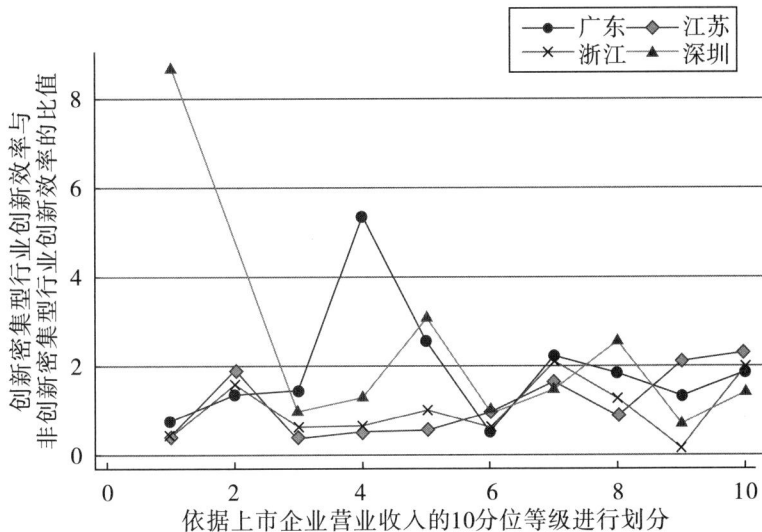

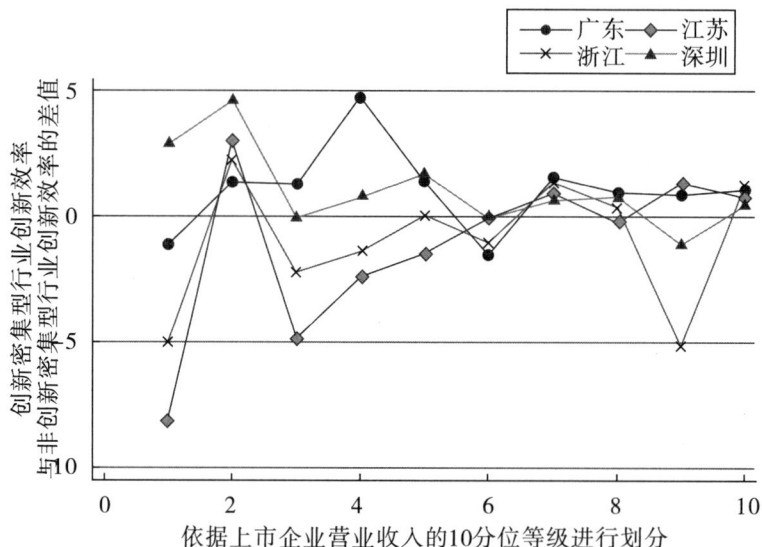

图3-13 2017年4个省市上市企业每千万R&D支出的专利授权量（以行业属性和销售规模分类）

注：上市企业按照销售规模的十分位数进行排序分类，并且在每个分位数上按行业属性将上市企业行业属性分为创新密集型和非创新密集型；排除了有专利数据但是没有R&D支出的样本；X轴显示的数值越大代表营业收入规模越大。

数据来源：基于国泰安数据库广东、江苏、浙江以及深圳上市企业研发投入、专利数据，并匹配数据库中的广东、江苏、浙江、深圳上市企业营业收入以及寇宗来、刘学悦（2017）的产业创新指数，创新密集型取产业创新指数前30%，定义为创新密集型行业，反之为非创新密集型行业，使用Stata 16.0软件处理得出。

表3-26 广东2017年创新密集型行业企业与非创新密集型行业企业专利效率状况对比

营业收入分位数	创新密集型行业企业（A）	非创新密集型行业企业（B）	缺口（A-B）	比率（A/B）
1	3.58	4.68	-1.10	0.77
2	5.12	3.75	1.37	1.36
3	4.17	2.89	1.28	1.44
4	5.83	1.09	4.74	5.35
5	2.32	0.91	1.41	2.55

（续上表）

营业收入分位数	创新密集型 行业企业（A）	非创新密集型 行业企业（B）	缺口 （A－B）	比率 （A/B）
6	1.66	3.16	－1.50	0.53
7	2.90	1.31	1.59	2.21
8	2.07	1.13	0.94	1.83
9	3.69	2.81	0.88	1.31
10	2.31	1.24	1.07	1.86

最后，创新资金在企业不同生命周期间的错配。关于生命周期变量（Life Cycle）的衡量，目前学术界关于企业生命周期的界定标准不一，但总体而言可以分为以下三类：单一变量分析方法、财务综合指标方法以及现金流量模式方法。对比三种界定方法之后，本书选用现金流量模式方法来测度企业生命周期。这主要是现金流量模式方法通过经营、投资、筹资这几类现金流净额来反映企业不同阶段的增长速度、盈利能力等诸多信息，具有实操性更强、客观性较高的优点（童锦治，刘诗源，林志帆，2018）。具体来说，现将企业生命周期分为成长期、成熟期和衰退期，具体结果详见表3－27。

表3－27 企业在不同生命周期阶段的现金流特征组合

现金流	成长期		成熟期	衰退期				
	初创期	增长期	成熟期	衰退期	衰退期	衰退期	淘汰期	淘汰期
经营现金流净额	－	＋	＋	－	＋	＋	－	－
投资现金流净额	－	－	－	＋	＋	＋	＋	＋
筹资现金流净额	＋	＋	－	－	＋	－	＋	－

基于2017年广东上市企业数据样本分析发现，从专利授权量相对研发的弹性来说，企业每投入加权千万研发资金，成长期企业可以产生3.05个专利授权，成熟期企业可以产生3.15个专利授权，而衰退期企业仅能产生2.64个专利授权。在控制企业规模后，整体上看，企业在成长期创新效率表现最佳，成熟期略低一些（但在1分位特别是4分位的企业规模上，成熟期整体表现较好），

而在衰退期表现较差。这进一步说明在不同企业生命周期期间研发补贴与企业的研发效率并不匹配，进而言之，广东在资本市场融资和财政对创新投入方面，在不同生命周期企业间存在资源错配问题（见图 3 - 14，表 3 - 28）。

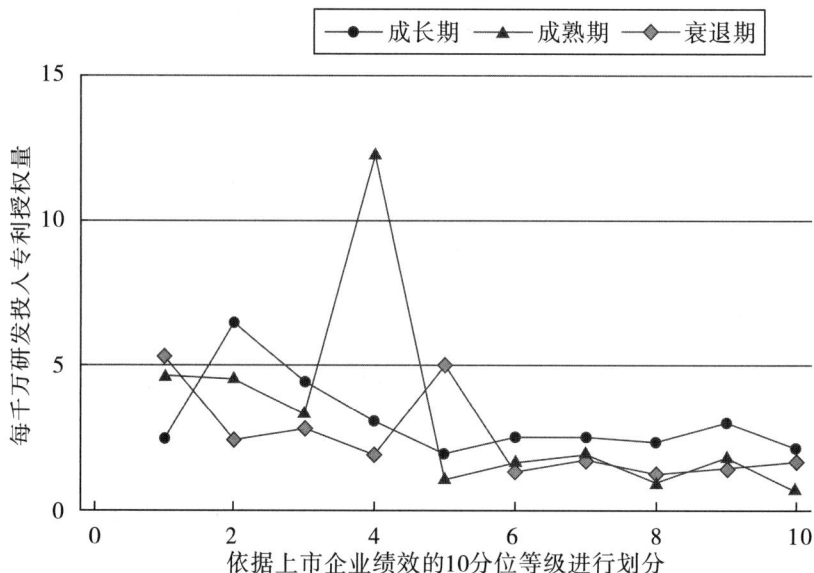

图 3 - 14 2017 年广东上市企业每千万 R&D 支出的专利授权量（以生命周期和销售规模分类）

注：上市企业按照销售规模的十分位数进行排序分类，并且在每个分位数上将上市企业生命周期分为成长期、成熟期和衰退期；排除了有专利数据但是没有 R&D 支出的样本；X 轴显示的数值越大代表营业收入规模越大。

数据来源：基于国泰安数据库广东上市企业研发投入、专利数据，并匹配数据库中的广东上市企业营业收入，使用 Stata 16.0 软件处理得出。

表 3 - 28 广东 2017 年上市企业不同生命周期的专利效率状况对比

营业收入分位数	成长期	成熟期	衰退期
1	2.47	4.65	5.33
2	6.50	4.52	2.42
3	4.48	3.31	2.83
4	3.10	12.26	1.92
5	1.95	1.07	5.00
6	2.56	1.65	1.34

（续上表）

营业收入分位数	成长期	成熟期	衰退期
7	2.51	1.91	1.74
8	2.35	0.98	1.25
9	3.03	1.78	1.47
10	2.16	0.68	1.66

七、 政府财政引导存在问题

首先，财政出资基金对创业创新初期的扶持不足，其原因在于初期投资的高失败率特点与省财政出资基金及国有投资机构对亏损失败的低容忍度相冲突。2009—2018年，广东省财政设立的政府引导基金总投资案例数为845例，投资规模约358.02亿元。其中，投资于种子期企业的案例数仅为67例，投资规模9.57亿元，仅占全部引导基金总规模的2.67%。与其他省份（直辖市）对比，广东政府引导基金的总体规模仅次于北京，但投资于种子期企业的规模比例却仅仅高于山东，显示广东对初创企业的支持远远落后。其次，广东基金杠杆放大倍数要求高，导致社会资金话语权过大，以至于财政出资基金落地效率和政策目标难以实现，如广东重大科技专项引导基金杠杆比例为1:10，远高于国家新兴产业创业投资引导基金1:2.5的杠杆比例（见表3-29）。

表3-29　2009—2018年6个省市政府引导基金投资情况

地区	总金额/亿元	总案例/例	投资于种子期金额/亿元	投资于种子期案例/个	投资于种子期的规模比例/%
北京	988.00	980	279.50	209	28.25
上海	172.82	511	11.96	6	6.92
广东	358.02	845	9.57	67	2.67
浙江	49.20	263	1.47	35	2.99
江苏	73.09	299	2.89	19	3.95
山东	19.45	40	0.09	2	0.46

数据来源：私募通数据库、投中数据库。

第四章 广东创新的金融需求和金融供给状况分析

理论分析表明，创新的金融需求将主要依赖资本市场来解决。为了探讨广东如何更好地利用资本市场推动创新，一方面必须比较准确地判断广东今后几年的创新活动是否存在对资本市场的真实需求以及它的需求量；另一方面必须了解未来几年金融体系对创新可能提供的金融供给量。为此，有必要分析广东创新中的金融需求和金融供给状况。本章拟具体测算分析2019—2025年广东创新中的金融需求和金融供给状况。由于创新的主要载体是工业企业，并且其中的高技术制造业在很大程度上可代表一个国家或地区的创新水平，因此高技术制造业的金融需求与金融供给是广东创新中金融需求与供给的重要组成部分。高技术制造业发展的主要资金来源是高技术制造业的固定资产投资和R&D投入，因此我们将从高技术制造业的固定资产投资及R&D投入两部分对创新的金融需求及金融供给进行分析。

第一节 金融需求测算

创新的金融需求主要包括高技术制造业的固定资产投资及R&D投入两部分，预测方法和步骤主要如下：

基于柯布—道格拉斯生产函数构建高技术制造业增加值增速的公式，并将高技术制造业R&D投入纳入该函数，进而拓展生产函数模型，本书采用2000—2018年广东高技术制造业增加值及其各投入要素的历史时间序列数据，使用Stata 16.0软件，求得各要素的投入产出弹性系数。在此基础上，预测得到2019—2025年高技术制造业的R&D投入和固定资产投资的数据，具体如下：

高技术制造业 R&D 投入预测：首先，以 2000 年价格为基准，基于高技术制造业不变价增加值占不变价 GDP 比重增速与高技术制造业 R&D 资本存量增速的回归方程，可预测得到高技术制造业 R&D 资本存量增速数据；其次，使用 R&D 资本存量计算公式，可倒推出高技术制造业 R&D 投入预测值；最后，基于预测核算出的高技术制造业 R&D 投入价格指数，可得到当年价的高技术制造业 R&D 投入数据。

类似地，高技术制造业固定资产投资预测：首先，以 2000 年价格为基准，基于高技术制造业不变价增加值占不变价 GDP 比重增速与高技术制造业固定资本存量增速的回归方程，可预测得到高技术制造业固定资本存量增速数据；其次，使用 R&D 资本存量计算公式，可倒推出高技术制造业固定资本形成额预测值；最后，建立高技术制造业固定资本形成额与高技术制造业固定资产投资额的方程，可倒推出高技术制造业固定资产投资预测值，并经过预测的固定资产投资价格指数转化得到当年价的高技术制造业固定资产投资数据。

在得到高技术制造业 R&D 投入和高技术制造业固定资产投资预测数据后，我们考虑的是高技术制造业发展所需要的资金需求，显然这两部分投入的资金来源并不全部需要外源资金，而外源资金中银行资金的直接供给也并非本书所考虑的范畴，因此需要剥离出内源资金和外源资金中的银行资金。有鉴于此，本书还会经过一定处理，最终得到高技术制造业发展中所需要的"净金融需求"。

一、　广东创新的增速测算

由于高技术制造业更加需要 R&D 投入，故除全要素生产率、劳动力、固定资本存量这些因素外，R&D 资本存量是影响高技术产业发展的一个重要因素。参考吴延兵（2006）、余泳泽（2009）、蔡昉（2013）、郑世林和张美晨（2019）的模型设定，本书改进了柯布—道格拉斯生产函数。本书基于 2000—2018 年广东高技术制造业增加值和各投入要素投入的数据，经过测算后，得出各要素投入情况，具体见表 4-1（具体模型及推导过程见附录 4），并根据改进后的柯布—道格拉斯生产函数，测算出各要素的弹性系数。由方程回归的参数可知，在其他因素不变的情况下，固定资本存量增速每增加 1 个单位，高技术增加值增速将会增加 0.307 个单位；R&D 资本存量增速每增加 1 个单位，高技术增加值增速将会增加 0.427 个单位；高技术劳动力增速每增加 1 个单位，高技术增加值增速将会增加 0.266（详细方法及过程见附录 4 和附录 5）。

表 4-1　广东高技术制造业不变价增加值及各投入要素情况

年份	增加值/亿元	劳动力/万人	物质资本存量/亿元	R&D 资本存量/亿元	全要素生产率增速/%
2000	688.310	81.65	329.64	66.72	
2001	795.224	87.64	414.55	87.03	2.45
2002	1 144.858	104.74	553.06	117.08	4.28
2003	1 827.424	133.43	723.26	168.23	4.78
2004	2 260.654	194.93	872.96	213.64	3.59
2005	2 897.977	222.57	1 094.53	267.16	2.21
2006	3 611.371	251.36	1 390.90	350.52	0.81
2007	3 736.157	281.17	1 645.24	415.88	0.01
2008	4 822.351	316.55	1 856.81	491.14	0.22
2009	5 219.673	313.91	1 957.09	612.16	-0.04
2010	6 616.305	356.05	2 162.35	744.01	-0.45
2011	6 502.480	362.26	2 554.81	908.66	-1.15
2012	7 604.724	371.49	3 089.25	1 101.64	-0.75
2013	9 397.060	381.79	3 555.25	1 317.26	-0.24
2014	10 117.690	388.22	3 979.13	1 535.16	-0.31
2015	10 908.390	389.01	4 551.21	1 799.70	-0.27
2016	12 264.460	389.42	5 251.87	2 086.41	0.12
2017	13 793.980	399.69	6 184.46	2 327.57	0.63
2018	14 834.380	367.95	7 186.17	2 542.52	1.13

数据来源：根据历年《中国高技术产业统计年鉴》《中国科技统计年鉴》《广东统计年鉴》和《广东工业统计年鉴》，基于拓展的生产函数模型，经 Stata 16.0 计算得出。

基于上述测算出的各投入要素以及估计的要素投入弹性系数，可以测算出 2001—2018 年广东高技术制造业不变价增加值增长率情况。通过图 4-1，可以发现高技术制造业实际不变价增加值增长率围绕着潜在增长率上下波动，并逐步向潜在增长率收敛（详细方法及过程见附录 6 和附录 7）。

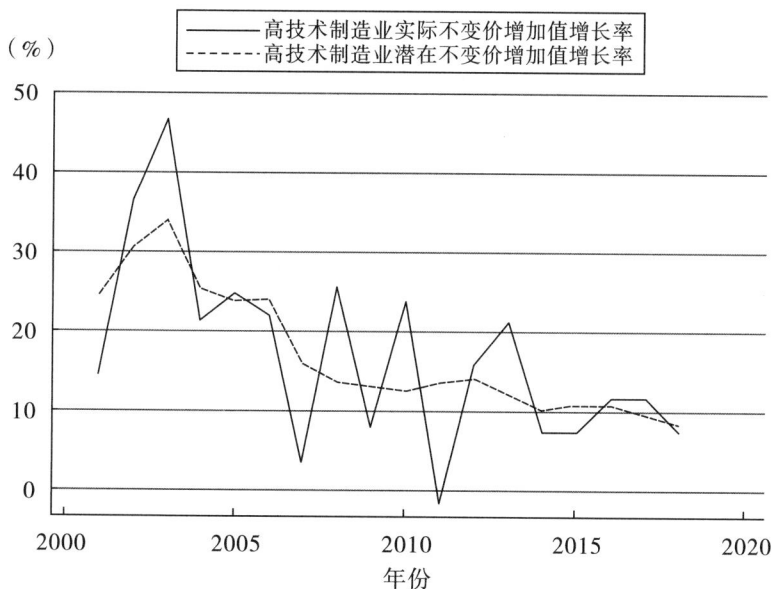

图 4-1　2001—2018 年广东高技术制造业潜在与实际的不变价增加值增长率对比

数据来源：根据历年《中国高技术产业统计年鉴》《中国科技统计年鉴》《广东统计年鉴》和《广东工业统计年鉴》，基于拓展的生产函数模型，经 Stata 16.0 计算得出。

要测算高技术制造业未来发展的资金需求，首先要测算出高技术制造业增加值增速情况。这一预期数据需要建立在过去历史数据中的潜在经济增长情况上，也需要考虑到不同生产要素对高技术制造业增加值增速的贡献程度。有鉴于此，本书得到各投入要素对高技术制造业增加值增速贡献程度，以预判未来各投入要素对高技术制造业发展的作用大小，预估需要大量资金需求的高技术制造业固定资产投资以及 R&D 投入增速，可支撑未来高技术制造业增速的实现，具体见表 4-2（需指出 2007 年和 2011 年增速急剧下滑，这与全要素生产率增速快速转负密切相关，是异常状况，故未核算这两个年度）。可以发现，在早期高技术制造业底子薄、增速快阶段中，社会可就业人口对高技术制造业发展的贡献力度较大。但是进入 2012 年以来，伴随人口红利的衰减，可就业人口贡献率逐步下滑，2018 年末高技术制造业就业人数甚至锐减 30 万人，录得 -7.9%。当然这一数据也需要考虑到该年度可能的特殊情况。不过单从 2012—2017 年的劳动力增速对高技术制造增加值增速的贡献多数徘徊在 5% 以下的情形，可以预见的是未来劳动力数量增长不是主推动力，隐含的可能是适配高技术发展的高素质人才（戴翔，刘梦，2018），这才是需要关注的指标。

表 4 - 2　2001—2018 年广东高技术制造业增加值增速及要素投入和科技进步贡献率

（单位：%）

年份	高技术制造业增加值增速（不变价）	物质资本	劳动力	科技进步	科技进步贡献率构成	
					R&D 资本	全要素生产率
2001	14.44	48.74	13.06	38.20	78.52	-40.32
2002	36.44	24.29	13.03	62.68	34.73	27.96
2003	46.76	17.62	13.79	68.60	33.07	35.53
2004	21.27	27.15	47.45	25.40	47.92	-22.52
2005	24.84	27.97	14.22	57.82	38.41	19.41
2006	22.01	33.43	14.72	51.85	52.64	-0.80
2007	3.40					
2008	25.52	14.56	12.37	73.08	27.81	45.27
2009	7.92	20.40	-2.82	82.42	118.69	-36.27
2010	23.71	12.92	14.15	72.94	35.10	37.84
2011	-1.74					
2012	15.66	37.25	4.28	58.47	52.47	6.00
2013	21.16	20.39	3.44	76.17	36.04	40.14
2014	7.39	46.81	6.02	47.17	88.39	-41.22
2015	7.52	54.82	0.72	44.47	90.14	-45.67
2016	11.72	37.52	0.24	62.24	53.82	8.41
2017	11.75	42.71	5.90	51.40	39.70	11.69
2018	7.27	63.39	-30.30	66.91	51.83	15.09

数据来源：根据历年《中国高技术产业统计年鉴》《中国科技统计年鉴》《广东统计年鉴》和《广东工业统计年鉴》，基于拓展的生产函数模型，经 Stata 16.0 计算得出。

同时可以看到，推动高技术发展的核心动力在于科技进步，而 R&D 资本存量是关键所在。不难看出，R&D 资本存量一直扮演着极为重要的角色，多数年份均维持着 30% 以上的贡献率。物质资本的推动也是重要因素，近些年来高技术制造业固定资本贡献率都在稳步提升。此外，高技术制造业也呈现出效率稳步提升态势，全要素生产率的贡献率维持着较高水平。这与广东近些年以来发布《"十三五"广东省科技创新规划（2016—2020年)》《广东省战略性新兴产业发展"十三五"规划》《广东省先进制造业发展"十三五"规划》等文件明确要求提高高技术制造业劳动生产率要求相吻合，可以说是取得较高成效的经济成果（详细方法及过程见附录6）。

首先，我们可以预判2019—2025年期间广东高技术制造业发展，主要依靠的是物质资本存量、R&D资本存量以及全要素生产率的要素投入，R&D资本存量贡献会更加突出。基于此判断，我们认为维持较高水平的高技术固定资产投资、更加注重R&D投入将是推动高技术制造业发展的重要抓手，也就是说广东应当将满足高技术制造业发展的资金需求摆在关键位置上，同时注重提升高技术制造业劳动力生产率。这些判断将有助于理解2019—2025年广东高技术制造业发展所需的金融需求演变。

其次，预测出2019—2025年广东劳动力增长率、物质资本存量增长率、R&D资本存量增长率及全要素生产率增长率，见表4-3。其中，劳动力（即高技术产业从业人员增长率）的平均增长率为-1.03%，物质资本存量的平均潜在增长率为15.00%，R&D资本存量的平均增长率为17.00%，全要素生产率的平均增长率为0.88%（详细预测的根据及推导过程见附录5）。需要指出的是，上述预测值均为基于2000年价格的不变价来预测的。

根据上述测算的高技术制造业的劳动力增长率、R&D资本存量增长率、物质资本存量增长率及全要素生产率潜在增长率的值，代入方程后，可推导出2019—2025年广东高技术制造业潜在增长率约为9.11%（具体推导过程见附录7）。

表4-3　2019—2025年广东高技术制造业不变价潜在增长率及各投入要素增长率

（单位：%）

年度	不变价物质资本存量增长率	不变价R&D资本存量增长率	劳动力增长率	全要素生产率增长率	潜在增长率
2019	12.24	16.13	-0.35	0.63	7.35
2020	14.89	16.18	-1.30	0.69	7.82
2021	15.73	17.01	-1.25	0.91	8.07

（续上表）

年度	不变价物质资本存量增长率	不变价 R&D 资本存量增长率	劳动力增长率	全要素生产率增长率	潜在增长率
2022	16. 52	17. 75	− 1. 25	0. 96	8. 28
2023	16. 22	18. 33	− 1. 25	1. 02	8. 50
2024	16. 75	17. 19	− 1. 24	1. 05	8. 20
2025	13. 97	16. 11	− 1. 24	0. 91	7. 75
2019—2025	15. 00	17. 00	− 1. 03	0. 88	9. 11

数据来源：基于拓展的生产函数模型，结合预测数据，经 Stata 16.0 计算得出。

进一步，根据此增长率预测结果，我们可以得到高技术制造业的不变价物质资本存量、R&D 资本存量以及增加值预测值。从表 4－4 可见，到 2025 年，以 2000 年为可比价格，广东高技术制造业不变价增加值将达到 26 514.73 亿元，并根据本书测算，占当年不变价 GDP 的比重有望达到 29.33%。在物质资本存量和 R&D 资本存量等核心推动力方面，将分别为 19 324.23 亿元和 7 609.89亿元。

表 4 - 4 2019—2025 广东高技术制造业不变价资本存量及增加值

（单位：亿元）

年度	不变价物质资本存量	不变价 R&D 资本存量	不变价增加值
2019	8 065.76	2 952.63	15 924.71
2020	9 266.75	3 430.36	17 170.02
2021	10 724.41	4 013.86	18 658.66
2022	12 496.08	4 726.33	20 390.19
2023	14 522.95	5 592.66	22 327.26
2024	16 955.54	6 554.04	24 381.36
2025	19 324.23	7 609.89	26 514.73

数据来源：基于资本存量和拓展的生产函数模型，结合预测数据，经 Stata 16.0 计算得出。

上述的高技术制造业增加值经过价格指数转化后，可以得到当年价的数据。从表4－5可见，以当年价衡量，广东2025年高技术制造业增加值将达到17 000亿元左右，占2025年广东GDP比重11.92%左右，2019—2025年间平均增速为7.70%。可以预见这一增速将高于期间内广东GDP增速2百分点左右，是推动经济增长的关键驱动力（具体推导过程见附录9）。

表4－5　广东高技术制造业当年价增加值及增速

年度	当年价增加值/亿元	增速/%
2019	10 869.85	6.74
2020	11 685.88	7.51
2021	12 644.44	8.20
2022	13 710.06	8.43
2023	14 937.46	8.95
2024	16 102.91	7.80
2025	17 356.06	7.78
2019—2025		7.70

数据来源：基于拓展的生产函数模型，结合预测数据，经Stata 16.0计算得出。

二、　广东创新中的金融需求测算

1.2014—2018年广东创新金融需求情况

如上所述，高技术制造业的资金需求主要由固定资产投资和R&D投入两部分构成。表4－6列出了2014—2018年这两部分数据情况（具体核算方法及步骤见附录8和附录9）。

表4－6　2014—2018年广东高技术制造业当年价固定资产投资和R&D投入

年度	固定资产投资/亿元	R&D投入/亿元
2014	1 004.85	725.62
2015	1 366.55	827.19

（续上表）

年度	固定资产投资/亿元	R&D 投入/亿元
2016	1 651.21	920.11
2017	2 106.95	983.78
2018	2 483.89	1 046.13
平均增速/%		
2014—2018	22.62	9.15

数据来源：根据历年《中国高技术产业统计年鉴》《中国科技统计年鉴》《广东统计年鉴》和《广东工业统计年鉴》，经测算得出。

在此基础上，需要剥离出高技术制造业 R&D 投入与固定资产投资可能重复计算的资本性支出，我们从两部分之和中剔除掉 R&D 投入中的资本性支出后，进而核算出高技术制造业的总资金需求。从表 4 - 7 可以发现到 2018 年广东高技术制造业的总资金需求为 3 455.14 亿元，2014—2018 年间的平均增速为 18.08%（具体核算方法及步骤见附录 10）。

表 4 - 7　广东高技术制造业的总资金需求

年度	总资金需求/亿元
2014	1 676.11
2015	2 140.71
2016	2 517.46
2017	3 020.31
2018	3 455.14
平均增速/%	
2014—2018	18.08

数据来源：根据历年《中国高技术产业统计年鉴》《中国科技统计年鉴》《广东统计年鉴》和《广东工业统计年鉴》，经测算得出。

表 4 - 8 是 2014—2018 年广东创新中的最高金融需求及构成（具体核算方法及步骤见附录 10）。

表4-8　2014—2018年广东创新中的最高金融需求及构成

年度	金融需求/亿元	占总体资金需求的比值/%	金融需求构成/亿元	
			间接融资需求	直接融资需求
2014	1 566.75	93.48	55.87	1 510.88
2015	2 017.69	94.25	100.85	1 916.84
2016	2 364.69	93.93	75.96	2 288.73
2017	2 862.39	94.77	149.80	2 712.59
2018	3 304.89	95.65	260.31	3 044.57
平均增速/%				
2014—2018	18.66		38.47	17.52

数据来源：根据历年《中国高技术产业统计年鉴》《中国科技统计年鉴》《广东统计年鉴》和《广东工业统计年鉴》，经测算得出。

　　当然，考虑到高技术制造业固定资产投资和R&D投入这两部分之和的总资金需求并不完全依赖金融部门的支撑，也有部分资金可以从政府、外资中获取，当然也有相当比例资金是属于内源资金，但是既有数据无法给出明确的内源资金，这主要体现在自筹资金和其他资金科目中，而这部分资金应当说相当部分可以由直接融资来解决。有鉴于此，我们首先考虑剥离出明显不属于非金融部门的资金部分；其次，我们假定自筹资金和其他资金均为高技术制造业需要通过直接融资渠道获得的资金，当然，这是高估，但有助于我们后面测算金融缺口时，得到一个有空间的估计值，可以明确历史数据中有多少资金是由金融部门解决的。经过核算（具体推导过程见附录10），2014—2018年广东创新中的最高金融需求分别为1 566.75亿元、2 017.69亿元、2 364.69亿元、2 862.39亿元以及3 304.89亿元，年均增速达到18.66%，各年度最高金融需求占总体资金需求的比值基本在94%左右，这也意味着有必要保证足够的金融支持，才能带动整体的高技术制造业资金规模。

　　此外，我们再来考虑一下最低金融需求，即假定自筹资金均为企业能够靠自身内源资金解决的，只有其他资金是需要资本市场解决的。那么依据此测度，2014—2018年广东创新中的最低金融需求分别为678.51亿元、841.99亿元、890.82亿元、1 073.85亿元和1 199.20亿元，年均增速达到

14.24%，各年度最低金融需求占总体资金需求的比值基本在 35% 左右，这也意味着有必要保证足够的金融支持，才能带动整体的高技术制造业资金规模（见表 4 – 9）。

表 4 – 9　2014—2018 年广东创新中的最低金融需求及构成

年度	金融需求/亿元	占总体资金需求的比值/%	金融需求构成/亿元	
			间接融资需求	直接融资需求
2014	678. 51	40.48	55. 87	622. 64
2015	841. 99	39.33	100. 85	741. 14
2016	890. 82	35.39	75. 96	814. 87
2017	1 073. 85	35.55	149. 80	924. 05
2018	1 199. 20	34.71	260. 31	938. 89
平均增速/%				
2014—2018	14. 24		38. 47	10. 26

数据来源：根据历年《中国高技术产业统计年鉴》《中国科技统计年鉴》《广东统计年鉴》和《广东工业统计年鉴》，经测算得出。

2. 2019—2025 年广东创新金融需求测算

为实现 2019—2025 年期间内近 8% 的高技术制造业发展增速，这就需要金融为其发展提供资金支撑。根据对广东高技术制造业物质资本形成总额和 R&D 资本存量形成总额的测算结果，并经过价格指数转化后，可以测算各年份所需的固定资产投资和 R&D 投入，见表 4 – 10（具体推导过程见附录 10）。从表 4 – 10 可见，高技术制造业固定资产投资将由 2019 年的 2 590. 55 亿元增长到 2025 年的 6 822. 22 亿元，平均增速为 16% 左右，R&D 投入将由 2019 年的 1 451. 52 亿元增长到 2025 年的 3 603. 64 亿元，平均增速为 15. 16%（具体推导过程见附录 10）。

表 4-10 广东高技术制造业当年价固定资产投资和 R&D 投入

年度	固定资产投资/亿元	R&D 投入/亿元
2019	2 590.55	1 451.52
2020	3 399.82	1 738.05
2021	4 173.56	2 094.53
2022	5 082.34	2 455.59
2023	5 798.30	2 850.82
2024	6 424.34	3 206.48
2025	6 822.22	3 603.64
平均增速/%		
2019—2025	16.14	15.16

数据来源：基于资本存量模型，结合预测数据，测算得出。

预测到 2025 年，高技术制造业具有 1 万多亿元的总资金需求。换句话说，代表较高创新水准的高技术制造业未来存在 1 万多亿元的总资金需求，需要从多元融资渠道进行匹配（见表 4-11）。

表 4-11 广东高技术制造业的总资金需求

年度	总资金需求/亿元
2019	3 938.18
2020	5 013.46
2021	6 118.17
2022	7 362.17
2023	8 445.07
2024	9 401.31
2025	10 167.93
平均增速/%	
2019—2025	15.81

数据来源：基于资本存量模型，结合预测数据，测算得出。

当然，高技术制造业固定资产投资和 R&D 投入这两部分之和的总资金需求的资金来源并不完全依赖金融部门的支撑，也有部分资金可以从内源资金中摄取。有鉴于此，我们剥离出非金融部门的资金部分后，经过核算（具体推导过程见附录 10），2019—2025 年广东创新最高金融需求分别为 3 703.07 亿元、4 719.50 亿元、5 760.72 亿元、6 935.19 亿元、7 953.63 亿元、8 852.63 亿元以及 9 567.90 亿元，年均增速达到 15.82%。各年度最高金融需求占总体资金需求的比值基本在 94% 左右，这也意味着有必要保证足够的金融支持，才能带动整体的高技术制造业资金规模（见表 4 – 12）。

表 4 – 12　2019—2025 年广东创新中的最高金融需求及构成

年度	金融需求/亿元	占总体资金需求的比值/%	金融需求构成/亿元	
			间接融资需求	直接融资需求
2019	3 703.07	94.03	167.35	3 535.72
2020	4 719.50	94.14	219.63	4 499.87
2021	5 760.72	94.16	269.61	5 491.11
2022	6 935.19	94.20	328.32	6 606.87
2023	7 953.63	94.18	374.57	7 579.06
2024	8 852.63	94.16	415.01	8 437.62
2025	9 567.90	94.10	440.72	9 127.19
平均增速/%				
2019—2025	15.82		16.14	15.81

数据来源：基于资本存量模型，结合预测数据，测算得出。

同时假定自筹资金可以通过内源资金进行解决，那么可以得出 2019—2025 年广东创新最低金融需求分别为 1 509.60 亿元、1 874.80 亿元、2 310.35 亿元、2 784.34 亿元、3 276.03 亿元、3 734.23 亿元以及 4 200.73 亿元，年均增速达到 17.06%。各年度最低金融需求占总体资金需求的比值稳定在 40% 左右（见表 4 – 13）。

表4-13　2019—2025年广东创新中的最低金融需求及构成

年度	金融需求/亿元	占总体资金需求的比值/%	金融需求构成/亿元	
			间接融资需求	直接融资需求
2019	1 509.60	38.33	167.35	1 342.25
2020	1 874.80	37.40	219.63	1 655.18
2021	2 310.35	37.76	269.61	2 040.74
2022	2 784.34	37.82	328.32	2 456.02
2023	3 276.03	38.79	374.57	2 901.45
2024	3 734.23	39.72	415.01	3 319.22
2025	4 200.73	41.31	440.72	3 760.01
平均增速/%				
2019—2025	17.06		16.14	17.17

数据来源：基于资本存量模型，结合预测数据，测算得出。

第二节　金融供给测算

一定时期金融体系提供的新增融资额反映了社会的金融总供给，高技术制造业的新增融资额可视为对创新的金融供给。金融供给主要由银行系统提供的间接融资和资本市场系统提供的直接融资两部分组成。本书首先对广东全社会的金融供给进行测算，然后再对金融体系提供给创新的金融供给进行测算。

一、广东全社会金融供给测算

1. 2001—2018年广东金融总供给情况

由于社会融资规模可以反映金融体系提供给社会经济活动的资金增量情况，故本书用社会融资规模代表社会的金融供给量。

由于我国分省级的年度社会融资规模统计数据的公布开始于2001年，因此选取2001—2018年的广东社会融资规模数据。表4-14反映了广东2001—

2018 年金融总供给及金融结构情况。由此可见，一是社会融资规模快速增长，年均增长率高达 16.37%；二是直接融资比重总体呈增加态势；三是直接融资占比与我国股市行情大起大落密切相关，且呈现出显著的波动性，即股市行情好时直接融资占比显著提升，反之则下降。

表 4 - 14　2001—2018 年广东金融总供给及金融结构

年度	金融总供给/亿元	直接融资/亿元	直接融资占比/%
2001	1 392.90	36.22	2.60
2002	2 681.10	13.41	0.50
2003	3 677.90	66.20	1.80
2004	2 591.10	75.14	2.90
2005	2 208.50	17.67	0.80
2006	3 484.30	411.15	11.80
2007	6 151.80	1 439.52	23.40
2008	4 856.70	859.64	17.70
2009	12 069.70	1 315.60	10.90
2010	9 463.30	2 176.56	23.00
2011	9 253.90	2 322.73	25.10
2012	10 454.60	1 986.37	19.00
2013	13 826.00	788.08	5.70
2014	13 173.00	1 650.00	12.53
2015	14 443.00	3 269.00	22.63
2016	21 154.68	6 027.85	28.49
2017	22 091.00	1 718.00	7.78
2018	22 502.00	5 435.00	24.15

数据来源：中国人民银行网站（http://www.pbc.gov.cn/diaochatongjisi/116219/inde x. html），Wind 数据库。

2. 2019—2025 年广东金融总供给测算

随着我国金融结构的优化，直接融资占比将会继续上升。借鉴郭丽虹等（2014）的相关研究，选取 2001—2018 年广东宏观经济数据为测算样本，分别建立广东当年价的国内生产总值与社会融资规模、直接融资规模的回归方程，得到 2019—2025 年广东金融总供给及相关数据的测算值，见表 4 - 15（具体测算过程见附录 11）。可以发现到 2025 年，广东金融总供给将达到 26 652.97 亿元，其中直接融资额达到 9 244.91 亿元，占 34.69%，比 2018 年提高了约 10 百分点。

表 4 - 15　2019—2025 年广东金融总供给及相关数据测算

年度	金融总供给/亿元	直接融资/亿元	直接融资占比/%	间接融资/亿元	间接融资占比/%
2019	23 958.37	6 751.74	28.18	17 206.63	71.82
2020	22 755.60	6 048.69	26.58	16 706.91	73.42
2021	24 752.55	7 615.64	30.77	17 136.91	69.23
2022	25 751.20	8 317.95	32.30	17 433.25	67.70
2023	25 893.79	8 293.24	32.03	17 600.55	67.97
2024	26 190.66	8 585.29	32.78	17 605.37	67.22
2025	26 652.97	9 244.91	34.69	17 408.06	65.31

数据来源：基于回归模型，测算得出。

二、　广东创新中的金融供给测算

目前关于创新中的金融供给数据截至 2019 年，本书首先计算过往几年金融体系对广东创新的金融供给状况，然后预测 2020—2025 年广东创新中的金融供给量。

1. 2014—2019 年广东创新的金融供给情况

表 4 - 16 是 2014—2019 年广东创新的金融供给及结构情况（以 2019 年银行贷款数据为估计值，具体核算方法及步骤见附录 12）。

表 4 – 16　2014—2019 年广东创新的金融供给及结构情况

年度	项目	间接融资	直接融资构成				直接融资	金融总供给
		银行贷款	A 股融资	新三板融资	风险投资	科创板融资		
2014	金额/亿元	55.87	313.91	7.46	22.02		343.39	399.26
	占比/%	13.99	78.62	1.87	5.52		86.01	100.00
2015	金额/亿元	100.85	570.74	53.31	8.41		632.46	733.31
	占比/%	13.75	77.83	7.27	1.15		86.25	100.00
2016	金额/亿元	75.96	868.72	68.39	31.52		968.63	1 044.59
	占比/%	7.27	83.16	6.55	3.02		92.73	100.00
2017	金额/亿元	149.80	573.18	101.58	71.09		745.85	895.65
	占比/%	16.73	64.00	11.34	7.94		83.27	100.00
2018	金额/亿元	260.31	834.88	33.10	39.74		907.72	1 168.03
	占比/%	22.29	71.48	2.83	3.40		77.71	100.00
2019	金额/亿元	167.35	261.88	64.46	16.72	126.87	469.93	637.28
	占比/%	26.26	41.09	10.11	2.62	19.91	73.74	100.00

数据来源：基于 Wind 数据库、私募通数据库，以及历年《中国高技术统计年鉴》《中国科技统计年鉴》《广东统计年鉴》整理计算得出。

从表 4 – 16 可见，银行体系、资本市场对创新的资金供给大致呈现 1.5∶8.5 的结构，2015 年和 2016 年受市场行情（股市和债市二级市场表现较好）以及全社会融资规模总量上的急剧增长影响，直接融资比例有所上升，2016年创新资金中的直接融资比例为 92.73%。实际上，测算的结果也直观验证了资本市场是创新的金融供给主体。在大力发展资本市场以推动直接融资对实体经济的支持背景下，预计银行体系对创新的金融供给支持比重将呈现稳步下降态势。从多层次资本市场安排本身来看，2014—2018 年广东创新的 A 股市场融资占比平均为 75.02%，构成创新的金融供给主要组成部分，这主要是因为上市企业 A 股上市，不仅可首发上市融资，而且可在上市的平台上通过并购、增发、配股、发债等多样融资工具摄取资金。但受限于主板市场的高门槛、上市辅导周期长等因素，实际上主板提供的资金较为有限，预计未来A 股市场对创新的资金供给占比不会有大幅提升甚至有可能下降。为解决这一痼疾，我国不断在丰富多层次资本市场上发力，2013 年开通的新三板市场可容纳足够多具有融资需求的企业，但缺陷也十分明显。由于新三板存在市场不成熟、流动性差、易受 A 股行情影响等制约因素，导致其金融供给占比上下波动大，发挥的作用还比较有限，需进一步规范发展。正因为如此，现有的可公开上市的市场体系仍难以支持实体经济，特别是创新企业的发展，为此我国于 2019 年 7 月设立科创板，短短几个月时间，科创板已为广东创新型企业提供近 130 亿元的资金支持，占整个金融供给的 19.91%。预计未来，科创板对创新的金融供给会呈现稳步抬升趋势，也将成为创新型企业融资主要平台。除了上述场内交易市场，风险投资市场（包括区域性股权交易市场）也对创新发展发挥着培育、激励等关键作用（张学勇、张叶青，2016），但这种重要作用在数据上的体现尚且不够显著，对创新的金融供给次于 A 股市场。2014—2019 年的数据显示，风险投资为创新提供的金融占比大都不足 5%。这意味着，仍然需要丰富和完善股权投资市场，激励社会资金对创新的支持力度。本书认为，多层次资本市场的场内交易市场不断完善，特别是科创板及其制度的构建，能够带动场外交易市场的活跃，必然也能够激励风险投资对创新的支持。就此，本书认为风险投资未来会发挥更为重要的作用，也就是，创新的金融供给中风险投资的比重预期呈上升态势。

银行对创新的资金供给占比很低显然不是因为广东的银行体系缺乏资金，如 2018 年末，广东的本外币各项存款余额达 20.81 万亿元（占全国的 11.6%），各项贷款余额 14.52 万亿元，贷款占存款比仅为 69.78%，远低于浙江的 90.78%、江苏的 82.82% 以及全国平均的 79.89%。这表明仅就广东区域内的金融资源而言，如何通过一定的方式和渠道将社会资金引入资本市场支持创新有很大空间。广东是金融供给侧改革的排头兵，更需要大力推进金融供给侧结构性改革，优化金融供给结构，特别是要大力利用资本市场，充分发挥资本市场在创新的金融支持体系中的主导作用（刘少波，2017）。

2. 2020—2025 年广东创新的金融供给测算

借鉴"高技术产业投融资体系问题研究"课题组（2005）的研究，根据 2014—2019 年的统计数据计算，广东创新中的直接融资占全社会直接融资比例大约为 20.55%。我们使用灰色预测的方法，测度 2020—2025 年各年度这一比例分别为 20.55%、20.51%、20.70%、21.47%、17.82% 以及 18.00%。在现行金融结构下 2020—2025 年广东创新中直接融资可分别达到 1 056.39 亿元、1 331.83 亿元、1 446.11 亿元、1 471.27 亿元、1 203.06 亿元和 1 315.74 亿元；从结构来看，2014—2018 年 A 股融资、新三板融资、风险投资这三项的占比平均分别为 75.02%、5.97% 以及 4.21%，2019 年加入科创板后，A 股融资、新三板融资、科创板融资（仅 2019 年上半年的数据）、风险投资这四项的占比平均分别为 55.73%、10.11%、3.56% 以及 30.00%。可以预计在未来，科创板和风险投资是广东创新发展的最具潜力的资本市场组成部分。按照这个发展趋势，可以测算每年直接融资中 A 股融资、新三板融资、科创板融资及风险投资，再加上银行系统的可供给资金，可得到 2020—2025 年广东创新的金融供给及结构情况，见表 4 – 17（具体的测算方法及过程见附录13）。

表 4 – 17　2020—2025 年广东创新的金融供给及结构情况

| 年度 | 项目 | 间接融资 | 直接融资构成 | | | | 直接融资 | 金融总供给 |
		银行贷款	A 股融资	新三板融资	风险投资	科创板融资		
2020	金额/亿元	219.63	502.74	113.24	68.62	371.79	1 056.39	1 276.02
	占比/%	17.21	39.40	8.87	5.38	29.14	82.79	100.00
2021	金额/亿元	269.61	612.8	126.66	94.02	498.35	1 331.83	1 601.44
	占比/%	16.84	38.27	7.91	5.87	31.12	83.16	100.00
2022	金额/亿元	328.32	716.9	111.92	86.44	530.85	1 446.11	1 774.43
	占比/%	18.50	40.40	6.31	4.87	29.92	81.50	100.00
2023	金额/亿元	374.57	698.43	95.09	141.39	536.36	1 471.27	1 845.84
	占比/%	20.29	37.84	5.15	7.66	29.06	79.71	100.00
2024	金额/亿元	415.01	585.91	73.87	97.89	445.39	1 203.06	1 618.07
	占比/%	25.65	36.21	4.57	6.05	27.53	74.35	100.00
2025	金额/亿元	440.72	626.6	53.92	93.53	541.69	1 315.74	1 756.46
	占比/%	25.09	35.67	3.07	5.32	30.84	74.91	100.00

数据来源：基于预测数据，测算得出。

第三节　广东创新中的金融缺口测算

广东创新发展中面临的金融缺口主要有三个方面：一是年度潜在金融需求与能够满足的金融需求之间的缺口；二是这种缺口在不同产权性质（国有企业和私营企业）创新型企业的具体程度；三是潜在金融需求与能够满足创新型企业在初创期、成长期、扩张期以及成熟期四个不同发展阶段中金融需求之间的缺口。

一、年度金融缺口测算

表4－18是2014—2025年各年的金融缺口情况（具体的测算方法及过程见附录14）。从中可见，2014—2025年，广东创新中的金融缺口，无论是以最低口径衡量还是以最高口径衡量，各个年度基本都有较大金融缺口，只有个别年份（2016年、2018年）缺口较小。从2020年起，如果当前金融供给依然维持历史数据的状况，那么这种缺口只会不断增大，并在2025年达到最高值，最低金融缺口值为2 095.84亿元，最高金融缺口值为7 463.01亿元。

表4－18　2014—2025年各年度金融缺口

（单位：亿元）

年度	金融需求 （纳入自筹资金，A）	金融需求 （剔除自筹资金，B）	金融供给 （C）	金融缺口1 （B－C）	金融缺口2 （A－C）
2014	1 566.75	678.51	399.26	279.25	1 167.49
2015	2 017.69	841.99	733.31	108.68	1 284.38
2016	2 364.69	890.82	1 044.59	－153.77	1 320.10
2017	2 862.39	1 073.85	895.65	178.20	1 966.74
2018	3 304.89	1 199.20	1 168.03	31.17	2 136.86
2019	3 703.07	1 509.60	637.28	872.32	3 065.79
2020	4 719.50	1 874.80	1 462.67	412.13	3 256.83
2021	5 760.72	2 310.35	1 831.35	479.00	3 929.37

（续上表）

年度	金融需求（纳入自筹资金，A）	金融需求（剔除自筹资金，B）	金融供给（C）	金融缺口1（B－C）	金融缺口2（A－C）
2022	6 935.19	2 784.34	2 050.17	734.17	4 885.02
2023	7 953.63	3 276.03	2 155.31	1 120.72	5 798.32
2024	8 852.63	3 734.23	1 944.50	1 789.73	6 908.13
2025	9 567.90	4 200.73	2 104.89	2 095.84	7 463.01

表4-19列出了2014—2025年各年的金融缺口相关比率，即高技术制造业发展所需的资金与金融部门能够提供的资金之比。从中可见，以最低金融需求口径统计，这一比率基本都大于1，进入2020年后，从1.28倍增长到2025年的2倍，这意味着以当年能提供的金融供给测算，2019—2025年这一比例应分别需要增长137%、28%、26%、36%、52%、92%和100%。如果以最高金融需求口径统计，这一比例则较高，维持在2倍数值以上，到2025年高达4.55倍。在此情景下，意味着以当年能提供的金融供给测算，2019—2025年这一比例应分别需要增长481%、223%、215%、238%、269%、355%和355%。陈锋（2019）在对江西民营企业进行调研时发现新兴产业企业合理融资需求是融资余额的5.16倍。裴蕾、谢思全（2015）就天津市民营企业融资缺口调研数据，发现这一融资缺口占能提供资金的比例为40%，即缺口值为40%。

表4-19 2014—2025年各年度金融缺口相关比率

年度	金融缺口相关比率1	金融缺口相关比率2
2014	1.70	3.92
2015	1.15	2.75
2016	0.85	2.26
2017	1.20	3.20
2018	1.03	2.83
2019	2.37	5.81
2020	1.28	3.23

（续上表）

年度	金融缺口相关比率1	金融缺口相关比率2
2021	1.26	3.15
2022	1.36	3.38
2023	1.52	3.69
2024	1.92	4.55
2025	2.00	4.55

二、 高技术制造业产权性质的金融缺口测算

在我国，所有制歧视是企业融资不可避免的问题，高技术制造业企业也会面临同样的问题。一般来说，跟国有企业相比，私营企业无论是直接融资还是间接融资都面临着更严重的上市难和融资难、融资贵的困境。因此，分析不同产权性质创新型企业的金融缺口，可以了解金融缺口的结构，有助于提出更有针对性的解决方案。

为此，本书借助2011—2014年中国工业企业数据库，节选广东地区高技术制造业企业共10 299家。从债务融资和权益融资两个方面，解构其面临的金融缺口。对于产权性质的确定，我们将国有资本占实收资本的比值大于30%的企业定义为国有企业，否则为私营企业。结合Berger和Udell（1998）、张捷和王霄（2002）、蒲祖河（2007）以及邵挺（2010）的研究方法，我们将企业的债务融资定义为负债合计扣除应收账款的额，并分为长期负债和流动负债；企业的权益融资资金分为国家资本（政府资本）、集体资本、法人资本、个人资本、港澳台资本以及外商资本，我们将集体资本、港澳台资本以及外商资本统称为其他资本并进行核算。至此，计算各类融资资金除以债务合计与股权合计之和，最终得到各类融资资金的占比。另外针对我国突出存在的金融错配现象，借鉴邵挺（2010）的研究方法，用利息支出占比扣除应收账款的负债合计来刻画这一程度。

从表4-20可见，就全部企业来看，债务融资和权益融资基本各占一半。就企业产权性质来看，相对于国有企业来说，私营企业债务占比更低，但是其债务费用率更高，这与众多研究结论一致，即私营企业在债务融资过程中

由于所有制歧视，融资难（国有企业 66.13%，私营企业 53.18%），融资成本偏高（国有企业债务费用率 1.74%，私营企业 1.93%）。而融资成本偏高产生的原因正是私营企业融资难，可能借助影子银行系统进行融资，这部分资金往往利息较高。为此，本书聚焦债务融资结构，为这一猜想提供佐证。可以发现，私营企业获得长期融资的比例也更低（3.89%，低于国有企业的 8.54%），更多压力集中在流动负债中，而流动负债既包括短期借款，也包括商业当中的信用负债。长期负债更多则是银行体系能够提供的稳定资金。由此，可以明晰私营企业的债务融资方式并无优势可言，反而提高了企业的运营成本。

表 4 - 20　广东高技术制造业企业融资结构（按企业产权性质分类）

（单位:%）

产权 性质	债务来源			权益来源					债务 费用率
	长期 负债	流动 负债	债务 合计	法人 资本	个人 资本	政府 资本	其他 资本	股权 合计	
全部企业	4.00	145.09	53.41	11.43	10.02	0.22	24.38	46.59	1.90
国有企业	8.54	130.60	66.13	1.34	1.96	26.52	4.02	33.86	1.74
私营企业	3.89	147.48	53.18	11.60	10.16	0.03	24.73	46.82	1.93

数据来源：中国统计局公布的中国工业企业数据库，并节选出 2011—2014 年广东高技术制造业企业数据，经 Stata 16.0 计算得出。

对此，私营企业需更多通过权益融资的方式进行融资。虽然资本市场能够提供一定的资金，但是仍不能解决私营企业面临的资本缺口（张捷、王霄，2002），相当比例仍然需要通过内源资金进行补充。我们可以发现，在权益资本中，私营企业的法人资本和个人资本占比为 10% 左右，其他资本为 24.73%。相比之下，国有企业则呈现较为集中的特征，政府资本的占比为 26.52%，其他权益资本占比较少。

由此，我们可以发现两个问题：其一，私营企业有更大需求通过权益融资的方式获取资料，以弥补债务融资难以满足私营企业的缺口，进而为企业经营提供足够的资金；其二，私营企业需要通过法人资本和个人资本的方式进行融资，这一部分资金除了自身内源资金外，更多需要通过资本市场获取，但是现有的资本市场提供给私营企业的资金并不能满足其融资需求。故基于以上考虑,本书认为在广东高技术制造业企业中,私营企业的缺口更为突出,资本市场的资金供给有必要往私营企业倾斜。

参考以往不同产权性质企业的融资结构并进行测算（测算过程见附录14）,本书得到2014—2025年广东不同产权性质高技术制造业企业的金融缺口值（见表4-21）。

表4-21 2014—2025年广东不同产权性质高技术制造业企业的金融缺口值

（单位：亿元）

年度	金融缺口1		金融缺口2	
	国有企业	私营企业	国有企业	私营企业
2014	117.20	162.05	489.98	677.51
2015	45.61	63.07	539.03	745.35
2016	-64.53	-89.24	554.02	766.08
2017	74.79	103.41	825.41	1 141.33
2018	13.08	18.09	896.80	1 240.06
2019	366.10	506.22	1 286.66	1 779.13
2020	172.96	239.17	1 366.84	1 889.99
2021	201.03	277.97	1 649.09	2 280.28
2022	308.12	426.05	2 050.16	2 834.86
2023	470.35	650.37	2 433.45	3 364.87
2024	751.12	1 038.61	2 899.22	4 008.91
2025	879.59	1 216.25	3 132.10	4 330.91

从表4-21可见,私营企业面临的金融缺口是最大的,从历史数据看,2014—2018年,仅有个别年份（2016年和2018年）最低金融缺口比较小,其余年份都有100亿左右的金融缺口,如果考虑最高金融缺口,则呈现逐年抬升趋势,到2018年这一数据达到1 240.06亿元。如果把时间拉长到2019—2025年,假定仍然维持这样的金融供给偏好,那么私营企业面临的金融缺口仍然十分大,到2025年,最低金融缺口为1 216.25亿元,最高金融缺口则为4 330.91亿元。由此表明,私营企业作为创新最为活跃的组织

形式，金融体系应当加大对其的支持，资本市场在这个过程中应当发挥关键作用。

三、 高技术制造业企业各成长阶段的金融缺口测算

高技术制造业企业在不同成长阶段的资金需求方式和需求量有较大差异，因此，分析不同成长阶段的金融缺口，可以了解金融缺口的结构，有助于提出更有针对性的解决方案。

借鉴 Berger 和 Udell（1998），张捷和王霄（2002），张杰和尚长风（2006），蒲祖河（2007）的研究方法，我们将企业年龄 0~2 岁定义为初创期，3~4 岁定义为成长期，5~24 岁定义为扩张期，25 岁以上定义为成熟期。金融成长周期理论表明，在企业成长的不同阶段，随着信息、资产规模等约束条件的变化，企业的融资渠道和融资结构将随之发生变化。其基本的变化规律是，越是处于早期成长阶段的企业，外部融资的约束越紧，渠道也越窄。因此，企业要顺利发展，就需要有一个多样化的金融体系来应对其不同成长阶段的融资需求。

从表 4-22 中可见，初创期的企业由于抵押品和信息透明度，外部融资渠道并不通畅，这一点在债务融资中表现更为突出。众多研究表明，初创期企业的启动资金更多需要依赖个人出资，也需要向非正规信贷渠道进行融资，企业运营当中会更多地体现商业信用行为，比如赊销等。表 4-22 也能印证这一逻辑，初创期企业的权益融资比例为 51.47%，是 4 个成长阶段中比例最高的，其中个人资本、法人资本以及其他资本融资渠道发挥关键作用，并且三者占比基本都是 4 个成长阶段中最高的。在债务融资方面，长期负债仅为 3.54%，流动负债为 195.05%。相比其他成长阶段，长期负债比例最低，流动负债比例较高。上述结论也都佐证了初创期企业债务融资比例较低，更多需要权益融资的特征。

表4-22　广东高技术制造业企业融资结构（按企业生命周期分类）

（单位:%）

年限	债务来源			权益来源					债务费用率
	长期负债	流动负债	债务合计	法人资本	个人资本	政府资本	其他资本	股权合计	
全部企业	4.00	145.09	53.41	11.43	10.02	0.22	24.38	46.59	1.90
初创期	3.54	195.05	48.53	13.06	11.62	0.09	25.76	51.47	1.20
成长期	3.65	195.68	55.37	13.83	11.61	0.12	18.34	44.63	1.87
扩张期	3.96	139.39	53.18	11.03	9.88	0.17	25.31	46.82	1.93
成熟期	7.19	95.87	60.88	14.61	7.14	2.50	11.49	39.12	2.01

数据来源：中国统计局公布的中国工业企业数据库，并节选出2011—2014年广东高技术制造业企业数据，经Stata 16.0计算得出。

伴随着企业的成长，成长期企业在信贷市场上逐步展现出优势，债务融资比重开始上升。而随着企业步入成长期，融资需求进一步扩大，企业开始考虑进一步的股权融资。总体而言，企业的权益融资呈现一种先降后升的过程，这一过程也是符合融资有序理论的。但是数据也显示出与众不同的特征，企业步入成熟期后，其债务融资比重大幅上升，特别是长期负债有较大幅度的抬升，债务费用率也是大幅抬升。这一特征与传统金融成长周期理论似乎并不相符。Berger和Udell（1998）在其经典文献中，使用美国全国小企业金融调查（NSSBF）和美国联邦独立企业调查（NFIB）的数据，检验发现从企业成长周期的融资结构看，债务融资比率在初创和成长期先上升，进入扩张期、成熟期以后再下降；权益融资比率则相反，呈现先降后升的趋势。当然本书选取的样本是规模以上企业（即主营业务收入500万元以上），并不等同于中小企业。另外一个解释是，样本中的成熟期企业不排除存在一些僵尸企业，其占据大量金融资源。尽管如此，我们认为金融成长周期理论是符合高技术制造业企业融资一般特征的，高技术制造业企业在初创期和成长期是存在较大金融缺口的，而步入扩张期和成熟期后，企业的融资难度将会下降，缺口自然就没那么突出。

参考以往企业各发展阶段的融资结构并进行测算（测算过程见附录14），得到2014—2025年广东高技术制造业企业在各发展阶段的金融缺口值（见表4-23）。

表 4 – 23 2014—2025 年广东高技术制造业企业在各发展阶段的金融缺口值

（单位：亿元）

年度	金融缺口 1				金融缺口 2			
	初创期	成长期	扩张期	成熟期	初创期	成长期	扩张期	成熟期
2014	81.75	71.26	69.03	57.22	341.77	297.90	288.60	239.22
2015	31.81	27.73	26.87	22.27	375.99	327.73	317.49	263.17
2016	-45.01	-39.24	-38.01	-31.51	386.45	336.84	326.32	270.49
2017	52.17	45.47	44.05	36.51	575.74	501.84	486.17	402.98
2018	9.12	7.95	7.71	6.39	625.54	545.25	528.22	437.84
2019	255.36	222.59	215.63	178.74	897.48	782.29	757.85	628.17
2020	120.65	105.16	101.88	84.44	953.40	831.03	805.08	667.32
2021	140.22	122.22	118.41	98.15	1 150.28	1 002.64	971.33	805.12
2022	214.92	187.34	181.48	150.43	1 430.04	1 246.49	1 207.56	1 000.93
2023	328.08	285.97	277.04	229.63	1 697.40	1 479.53	1 433.32	1 188.06
2024	523.93	456.68	442.41	366.71	2 022.29	1 762.72	1 707.66	1 415.46
2025	613.54	534.79	518.08	429.43	2 184.72	1 904.31	1 844.83	1 529.15

从表 4 – 23 可见，广东高技术制造业企业在初创期面临的金融缺口值是最大的，到 2025 年初创期企业面临 613.54 亿元的金融缺口，最高可达 2 184.72 亿元；成长期企业也面临着较大金融缺口。由此表明，今后在高技术制造业企业的融资支持方面，要重点加大对初创期和成长期的企业的支持。

四、 不同规模高技术制造业企业的金融缺口测算

不同规模的高技术制造业企业的资金需求方式和需求量有较大差异，因此，分析不同规模高技术制造业企业的金融缺口，可以了解金融缺口的结构，有助于提出更有针对性的解决方案。

中小企业金融缺口较大，是一个普遍共识。根据 Peer 等（2010）估算，全球 4.2 亿至 5.1 亿家中小企业总共面临着 3.1 万亿至 3.8 万亿美元的金融缺口。其中，发展中国家 3.65 亿至 4.45 亿家中小企业面临着 2.1 万亿至 2.5 万亿美元的金融缺口。应当说，相比于发达国家，发展中国家的中小企业面临着更为严重的金融缺口。中国作为一个新兴发展中国家，中小企业金融缺口

并不乐观。中小企业面临更严峻的信贷约束，但金融体系难以满足其金融需求（陈敏菊，2009；郭丽虹，王硕，2013）。黄孟复（2010）指出我国银行贷款主要集中在大中型企业，小型企业覆盖率不到20%，规模或限额以下企业不到5%。而根据IFC（2018）最新测算，发展中国家中小企业的总体融资需求约为8.9万亿美元，其中仅有3.7万亿美元的融资需求可以通过各种渠道予以满足，总体融资需求缺口约为5.2万亿美元。在这其中，中国境内约有5 600万家中小企业，虽然对这些中小企业的融资供给总额达到了2.48万亿美元，但仍面临着约1.89万亿美元的金融缺口，金融缺口与GDP比值约为17%。正因如此，在我国，因企业规模受到融资的歧视可能比所有制的歧视更为突出（张捷，王霄，2002）。Murray和Vidhan（2003）的经典资本调整模型指出，解决这种金融缺口，负债发行并不与其匹配，股票发行应是理性之选。我们认为解决中小企业金融缺口问题，单依靠引导银行对其进行信贷支持，是远远不足的，还需要发挥资本市场对中小企业融资的支持。

对此，考察不同规模高技术制造业企业的金融缺口状况，是呼应当下现实和理论的迫切要求。本书参考李卫兵和张凯霞（2019）的研究方法，按照企业的销售收入、职工人数或者固定资产将企业规模分为大型、中型及小微型。不同规模企业的融资结构见表4-24。从中可见，大型、中型及小微型企业呈现出债务占比逐步递减特征，权益融资占比则反之。这与Berger和Udell（1998）的研究结论基本吻合。中小微企业在融资过程中面临较大歧视，而大型企业在融资上并没有很大融资优序问题（郭丽虹，王硕，2013）。中小微企业的融资歧视主要是由信息不对称而产生的交易成本，规模大小一定程度上透露出企业信息透明度（Graham & Harvey，2001；Berger & Black，2011）。实际上，既有研究提出可以基于中小银行的功能来匹配中小企业融资（林毅夫，李永军，2001），但是也有研究指出中小银行仍然未能解决中小企业融资困局。不论结论如何，中小企业的金融缺口较大，已成为共识，需要金融体系重点为中小企业提供资金支持。

表4-24　广东高技术制造业企业融资结构（按企业规模分类）

（单位:%）

年限	债务来源			权益来源					债务费用率
	长期负债	流动负债	债务合计	法人资本	个人资本	政府资本	其他资本	股权合计	
全部企业	4.00	145.09	53.41	11.43	10.02	0.22	24.38	46.59	1.90
大型	4.86	137.89	54.75	12.53	12.35	0.02	19.62	45.25	1.58
中型	4.36	140.02	51.23	10.25	7.19	0.03	30.55	48.77	1.95
小微型	3.70	148.90	45.99	7.06	3.51	0.05	34.69	54.01	1.89

数据来源：中国统计局公布的中国工业企业数据库，并节选出2011—2014年广东高技术制造业企业数据，经Stata 16.0计算得出。

参考以往不同规模企业的融资结构并进行测算（测算过程见附录14），本书得到2014—2025年广东不同规模高技术制造业企业的金融缺口值（见表4-25）。

表4-25　2014—2025年广东不同规模高技术制造业企业的金融缺口值

（单位：亿元）

年度	金融缺口1			金融缺口2		
	大型	中型	小微型	大型	中型	小微型
2014	57.44	105.96	115.85	240.13	443.02	484.34
2015	22.35	41.24	45.09	264.17	487.37	532.84
2016	-31.63	-58.35	-63.79	271.52	500.93	547.65
2017	36.65	67.62	73.93	404.52	746.30	815.92
2018	6.41	11.83	12.93	439.51	810.85	886.49
2019	179.42	331.01	361.89	630.58	1 163.35	1 271.87
2020	84.77	156.39	170.98	669.87	1 235.84	1 351.12
2021	98.52	181.76	198.72	808.20	1 491.04	1 630.13
2022	151.01	278.59	304.58	1 004.76	1 853.67	2 026.59
2023	230.51	425.27	464.94	1 192.61	2 200.23	2 405.48
2024	368.11	679.13	742.48	1 420.87	2 621.36	2 865.90
2025	431.08	795.29	869.48	1 535.00	2 831.92	3 096.09

从表 4 – 25 可见，广东小微型高技术制造业企业金融缺口值是最大的，到 2025 年小微型高技术制造业企业面临至少 869.48 亿元的金融缺口，最高可达 3 096.09 亿元；中型企业也面临着较大金融缺口。由此表明，今后在高技术制造业企业的融资支持方面，要重点加大对中型和小微型企业的支持。

第四节　测算结果归纳

一、　广东创新金融需求测算结果

本书推导出 2019—2025 年广东潜在的高技术制造业增加值增速，并对该增速进行价格指数平减处理，其间有望达到 7.7% 的增速水平，高于同期 GDP 增速 2 百分点左右，2025 年高技术制造业增加值为 17 000 亿元左右，约占 2025 年广东 GDP 比重 11.92%。根据这一潜在目标，求导出 2019—2025 年广东潜在的高技术制造业固定资产投资，将其与测算的 2019—2025 年高技术制造业 R&D 投入相加，并剔除非金融部门资金后，得出 2019—2025 年广东创新最低金融需求分别为 1 509.60 亿元、1 874.80 亿元、2 310.35 亿元、2 784.34 亿元、3 276.03 亿元、3 734.23 亿元以及 4 200.73 亿元，年均增速达到 17.06%；最高金融需求分别为 3 703.07 亿元、4 719.50 亿元、5 760.72 亿元、6 935.19 亿元、7 953.63 亿元、8 852.63 亿元以及 9 567.90 亿元，年均增速达到 15.82%。

二、　广东创新金融供给测算结果

2019—2025 年广东创新中的金融供给预计将分别为 637.28 亿元、1 276.02 亿元、1 601.44 亿元、1 774.43 亿元、1 845.84 亿元、1 618.07 亿元以及 1 756.46 亿元，其中直接融资额分别为 469.93 亿元、1 056.39 亿元、1 331.83 亿元、1 446.11 亿元、1 471.27 亿元、1 203.06 亿元以及 1 315.74 亿元。这个金融供给是指在现行银行主导的金融供给结构下，按正常发展情形可为广东创新提供的资金供给。

三、 广东创新中的金融供需不匹配导致的缺口测算结果

（1）分年度状况。2019—2025 年广东创新中的最低金融缺口分别为 872.32 亿元、412.13 亿元、479.00 亿元、734.17 亿元、1 120.72 亿元、1 789.73 亿元以及 2 095.84 亿元，最高金融缺口分别为 3 065.79 亿元、3 256.83 亿元、3 929.37 亿元、4 885.02 亿元、5 798.32 亿元、6 908.13 亿元以及 7 463.01 亿元。这意味着，如果以当年能提供的金融供给测算，以最低金融需求口径统计，2019—2025 年这一比例应分别需要增长 137%、28%、26%、36%、52%、92% 和 100%；如果以最高金融需求口径统计，这一比例应分别需要增长 481%、223%、215%、238%、269%、355% 和 355%。这个缺口意味着在现行银行主导的金融供给结构下，无法满足资金需求；同时意味着要解决这个缺口必须改变现行的金融结构，使现存于银行系统的资金更多流向资本市场，或者说使社会资金的更大份额通过资本市场进行配置。

（2）不同产权性质高技术制造业企业的金融缺口。2019—2025 年，私营企业的金融缺口大约是国有企业的 1.38 倍。

（3）不同生命周期高技术制造业企业的金融缺口。2019—2025 年，初创期、成长期、扩张期和成熟期企业存在不同的金融缺口，缺口的大小依次为这四个阶段的正向次序。

（4）不同规模高技术制造业企业的金融缺口。2019—2025 年，小微型、中型和大型的高技术制造业企业存在不同的金融缺口，缺口的大小依次为这三种类型的正向次序。

需要特别说明的是，由于测算方法和某些数据的局限，本书的上述测算结果只具有近似意义。

第五章 广州建设风投创投中心研究

前面第二章的文献梳理和理论分析表明，资本市场促进创新很大程度上有赖于风险投资机制。因此，要更好地利用资本市场推动广东创新发展，必须大力发展风投创投市场。2017 年 5 月公布的《广东省加快促进创业投资持续健康发展的实施方案》，明确提出广东要打造成为华南风投创投中心。广州应当在其中发挥"领头羊"的带动作用。基于此，本书设专门一章讨论广州如何建设风投创投中心。

改革开放以来，广州率先在全国推进以市场经济为目标导向的经济体制改革和以积极参与全球资源配置为取向的对外开放，经济社会发展取得了骄人的成就，与此同时也不断面临原有发展动能弱化因而迫切需要培育发展新动能的问题。为此必须实施创新驱动发展战略，大力推进科技创新和制度创新，以创新构建经济发展新动能，进而实现经济转型升级和高质量发展。基于此，近些年广州形成了越来越清晰的创新驱动发展战略思路及实施路径，提出诸如"着力推动创新驱动发展，聚焦国家自主创新示范区和全面创新改革试验核心区，……提升国际航运、航空和科技创新三大战略枢纽功能"，"高水平建设国际航运中心、物流中心、贸易中心、现代金融服务体系和国家创新中心城市，强化枢纽型网络城市功能，提高全球资源配置能力"等。在粤港澳大湾区发展规划中，广州被赋予充分发挥国家中心城市和综合性门户城市引领作用的使命，要在建设广深港澳科技创新走廊中扮演重要角色；同时，广州正在大力推进"创新四核十三节点"建设，打造粤港澳大湾区知识创造示范区、科学城制度创新先行区、生物岛生命科学合作区、黄埔港现代服务创新区，建设大湾区青年创新创业基地，打造粤港澳科技成果转化基地等。

建设具有全国乃至国际影响力的风投创投中心，将有力支撑广州的上述重大发展战略，有利于广州充分发挥国家中心城市和综合性门户城市引领作用，也是广州建设国家自主创新示范区和国家创新中心城市，以及国际科技创新枢纽的有机组成部分。改革开放四十多年来，广州的科技创新步伐从未停止过，其风险投资、创业投资也从无到有逐步发展，迄今已经形成一定规模和达到一定发展程度，从一些指标来看甚至可以说广州已经是一定意义上的风投创投中心，为进一步建设具有全国乃至国际影响力的风投创投中心奠定了良好的基础。与此同时也应看到广州与真正具有全国乃至国际影响力的风投创投中心相比的差距以及今后面临的挑战。本章旨在深入分析广州实际的基础上，为广州建设具有全国乃至国际影响力的风投创投中心提供依据和对策建议。

第一节　对风投创投中心内在规定的规范分析

根据经济合作与发展组织（OECD）的定义，风险投资是以高科技和知识为基础，生产与经营技术密集型的创新产品或服务的投资；是专门购买在新思想和新技术方面独具特色的中小企业股份，并促进这些中小企业形成和创立的投资。风险投资与天使投资、创业投资共同构成资本市场资金供给的新来源[1]。特别是在高新技术中小企业难以在自由竞争市场中融资的情况下，风投创投为企业提供资金来源，参与企业的运营和管理，并提供增值服务。风投创投通过促进研究成果的工程化和商业化、促进高新技术产业的发展，为经济的可持续发展提供创新动力。

以今天的视角来解释一个有影响力的风投创投中心，即它应当是一个能有效支持和促进各种创新活动的股权投融资集聚和服务中心。据此，我们提出风投创投中心的基本内涵，即由四个支点和三个维度构成，见图 5-1。

---

① 本书将天使投资、风险投资和创业投资合称为风投创投。

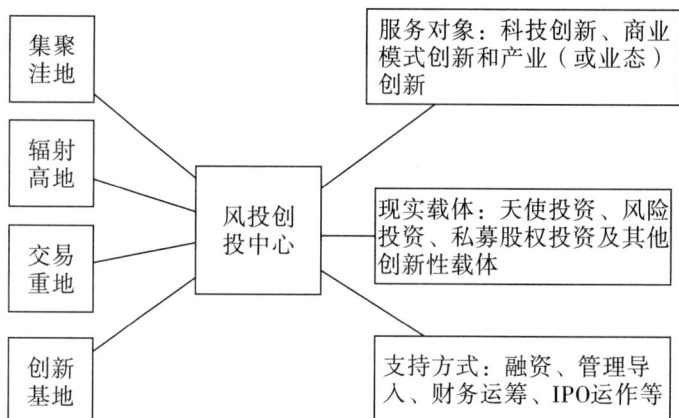

图 5-1　建设风投创投中心的四个支点和三个维度

一、　建设风投创投中心的四个支点

1. 风投创投中心是各种股权融资方式、融资工具、投融资机构以及相关高端人才的集聚洼地

《国务院关于促进创业投资持续健康发展的若干意见》指出，创业投资是实现技术、资本、人才、管理等创新要素与创业企业有效结合的投融资方式。创建风投创投中心，即将上述创新要素集聚，形成风投创投产业链的有机整体。从风投创投的募集、管理、投资和退出四个主要方面来看，资金的募集和投资离不开除银行以外的金融市场的支持，包括各类股权融资方式、融资工具和投融资机构；资金的运营管理需要相关行业高端人才的储备和各类金融中介机构的支持；投资的退出需要多层次的资本市场体系，以畅通创业投资市场化退出渠道。因此，建设风投创投中心离不开各种资源要素的集聚。

2. 风投创投中心是以金融手段和金融机制支持与推动创新的辐射高地

在中国经济"新常态"下，经济发展的动力正从要素驱动、投资驱动转向创新驱动。风投创投中心通过金融手段和金融机制推动大众创业、万众创新，促进科技成果转化，实现创新驱动发展，培育发展新动能。风投创投中心在推动创新发展中，不应仅局限于集聚创新要素，更要在区域和产业间协同发展，展示示范溢出效应，发挥辐射功能。在区域间，风投创投中心通过支持创新产生知识外溢、资本外溢、技术外溢、人才外溢，体现示范效应。在产业间，风投创投中心通过促进高技术产业创新，驱动中低技术产业增长，提高中低技术产业的自主创新能力和协同创新能力（王伟光等，2015）。风投创投中心通过多层次、全方位的协同发展和示范溢出，成为推动创新的辐射高地。

3. 风投创投中心是以相应的股权交易平台为依托的区域股权交易重地

创新型科技企业的普遍特点是规模较小、风险性较大，难以通过主板市场进行融资。以股权交易平台为依托的区域股权交易中心是多层次资本市场体系的重要组成部分，对提高风投创投资金的使用效率、推动科技创新和激活民间资本起到积极作用。风投创投中心利用区域股权交易平台，满足资本市场上资金供求双方多层次要求，优化准入标准和丰富退出机制，活跃创新型企业股权交易，深入实施创新驱动发展战略。

4. 风投创投中心本身又是服务于创新的金融（或类金融）创新基地

金融（或类金融）在服务创新发展的同时，其自身也需要不断创新。一方面，出于规避监管、实现利润最大化和适应外部环境变化等内因和外因（尹龙，2005），金融创新不断演变；另一方面，科技进步反过来也促进金融创新（Hannon & McDowell，1984）。从风投创投的角度出发，风投创投中心是支持和推动各种创新活动的前沿阵地，为匹配日新月异的创新发展需要，金融（或类金融）的创新推动金融与科技的深度融合。实际上，企业融资不仅取决于企业自身的融资需求，还取决于金融市场的供给面因素（Faulkender & Petersen，2006），只有金融（或类金融）自身不断创新，才能匹配创新的发展，提供高效的、恰当的资源供给，满足创新企业融资需求。因此，风投创投中心本身应该是金融（或类金融）创新基地。

二、 建设风投创投中心的三个维度

1. 风投创投中心的支持服务对象除科技创新外，还应包括商业模式创新和产业（或业态）创新等

创新是驱动可持续发展的核心，应该被理解为经济体系的全面创新。除科技创新以外，创新还应包括产业创新和商业模式创新等。科技创新包括知识创新和技术创新，两者结合将实现科学发现转化为新技术应用，在全面创新中起到引领作用（洪银兴，2016）。商业模式创新指对资源的优化重组，以

创新的逻辑实现企业价值的提升（张越，赵树宽，2014）。在企业中，科技创新需要通过商业模式转化为生产力，即商业模式是科技创新转化为生产力的桥梁。当商业模式不能有效地对科技创新进行转化时，就需要对商业模式进行创新。产业（或业态）创新是经济发展过程中的另一不可或缺的核心目标，正如洪银兴（2016）指出，国家的竞争力表现为产业创新与升级，创新的目的是实现产业创新。建设风投创投中心的目的是促进经济可持续发展，因此它支持的创新应该是包括科技创新、商业模式创新和产业（或业态）创新在内的全面的、整体的创新。

2. 风投创投中心的现实载体除天使投资、风险投资、私募股权投资外，还应包括其他创新性载体

根据被投资对象所属的阶段不同，传统的风投创投载体包括天使投资、风险投资和创业投资，这些载体通常由风险投资公司或具有较强专业水平的个人构成。随着科学技术发展，"互联网＋"时代为风投创投提供了创新性投资载体，例如股权众筹、金融科技（Fintech）等。风投创投中心应吸收兼容金融市场各种创新，发挥各种创新性载体的优势，消除因金融创新不足带来的金融抑制。创新性载体相对于传统创投载体的优势体现在以下四个方面：一是补充企业融资渠道。创新性载体如众筹使投资人不再局限于风险投资公司和具有专业水平的个人，同时融资项目通过创新性载体让更多投资人了解。创新性载体解决了融资不足与投资渠道匮乏的两难困境。二是降低融资成本，正如岳中刚等（2016）阐述，众筹融资可以使创新项目以低成本、高效率、灵活多样的方式得到资金，具有"创新孵化"机制。三是降低融资风险。创新载体通过建立信用评级机制、信息披露机制和使用大数据、云计算等方式，减少信息不对称，以达到降低道德风险和逆向选择的目的。四是降低投资门槛。较高的投资门槛阻碍了个人投资者的进入，而风险投资与私募股权投资的门槛为合格投资者投资于单只私募基金的金额不低于 100 万元且个人投资者金融资产不低于 300 万元或者最近三年个人年均收入不低于 50 万元。[①] 创新载体能够在合规情况下，让更多的投资者参与风投创投，为国民参与创新驱动发展提供渠道。

---

① 此规定来源于《私募投资基金监督管理暂行办法》对非法人合格投资者的规定。

3. 风投创投中心的支持方式除融资外，还应包括管理导入、财务运筹、IPO 运作等

风投创投不仅给高新技术企业提供资金，还应提供包括管理导入、财务运筹和 IPO 运作在内的一系列增值服务。从风投创投自身的性质来说，它具有提供增值服务的动力。风险投资"高风险高回报"的特性会促使风险资本家成为积极的投资者，他们会深入参与企业的经营管理，更加关注企业的长期收益（Bottazzi，et al.，2008）。另外，实践表明，风投创投持股的企业在管理、监管等方面都优于其他所有制的企业（Lerner，1995；Hochberg，2012；Bloom，et al.，2015）。因此，不管是从风投创投本身的利益要求，还是从促进被投资企业的发展来说，风投创投中心都应该提供除融资以外的全面增值服务。

第二节　广州建设风投创投中心 SWOT 分析

从一定意义上讲，广州已经是一个风投创投中心，同时也面临良好的发展机遇。但是广州仍算不上有全国影响力的风投创投中心，还有诸多短板和制约因素，同时也面临严峻的挑战。本书运用 SWOT 分析方法和对标研究，分析广州建设风投创投中心的客观状况，为现实决策提供依据。

SWOT 分析和对标分析是常用的分析方法，但这类分析基本上都是原始统计数据的简单比较，因而得出的多为一些浅层次的结论。本书的分析并不局限于原始统计数据的简单比较，而是期望通过构建相关指标体系进行测算（具体方法及过程将列于文后），并在此基础上做深度分析。因此，本书首次对广州发展风投创投业的现实状况做出比较全面和深入的分析，具有比较显著的创新性；同时，本书首次使用一些深度分析指标进行分析，因而更具有说服力。

一、　优势分析（Strengths）

1. 综合实力雄厚

广州作为两千多年的古城和千年商都，有深厚的历史积淀。改革开放以来，广州得改革开放风气之先，经济社会快速发展，综合经济实力跃居全国

主要城市前列。在全球最权威的世界城市研究机构之一GaWC（全球化与世界级城市研究小组与网络组织）发布的2018年世界级城市名册排名中，广州位居全球入选城市第27位，跃升为全球一线城市。根据我们对国内若干中心城市相关指标体系的测算（见表5-1，详细计算方法及过程见附录15），广州经济持续力指标得分为0.043 9，仅次于北京和上海；经济实力指标得分为0.020 2，排名第四，属于第一梯队；经济结构指标得分为0.023 7，排名第一。整体经济发展可持续力居全国第三。

表5-1　国内若干中心城市经济持续力得分及排序

城市	三级指标		二级指标	整体经济发展可持续力排序
	经济实力	经济结构	经济持续力	
北京	0.024 3	0.021 0	0.045 4	1
上海	0.023 5	0.021 8	0.045 3	2
广州	0.020 2	0.023 7	0.043 9	3
深圳	0.023 3	0.020 0	0.043 3	4
杭州	0.019 5	0.020 7	0.040 3	5
武汉	0.020 2	0.019 1	0.039 3	6
成都	0.017 0	0.021 1	0.038 1	7

可见，广州综合经济实力位居全国前列。经济兴，金融兴；经济强，金融强。雄厚的经济实力，为广州金融业和风投创投业发展提供了强有力的基础。

2. 基础设施配套完备

广州城市基础条件优越。根据我们对中心城市指标体系的测算（见表5-2），广州基础设施支持力指标得分为0.047 3，仅次于北京（0.057 1）。具体表现在：①区位交通便利。广州是门户枢纽，区位交通指标得分为0.009 5，位居国内中心城市第四位。②生态环境优良。全市森林覆盖率达42.32%、人均公园绿地面积17.06平方米、城镇生活垃圾无害化处理率为96.5%。广州生态环境指标得分为0.011 5，位居中心城市第二位。③文化底蕴丰厚。广州拥有两千多年建城史，是岭南文化的代表地，历史悠久，根据测算，广州文化支持指标得分为0.011 6，与北京并列中心城市第一位。

表5-2　城市基础设施支持力得分及排序

城市	三级指标				二级指标	基础设施支持力排序
	区位交通	科技实力	生态环境	文化支持	基础设施支持力	
北京	0.013 4	0.021 1	0.011 0	0.011 6	0.057 1	1
广州	0.009 5	0.014 8	0.011 5	0.011 6	0.047 3	2
深圳	0.007 8	0.016 1	0.012 7	0.009 8	0.046 4	3
武汉	0.009 9	0.013 7	0.010 2	0.009 9	0.043 6	4
成都	0.010 9	0.011 5	0.010 4	0.010 0	0.043 2	5
上海	0.008 0	0.014 7	0.008 9	0.011 5	0.043 1	6
杭州	0.008 0	0.012 5	0.010 3	0.009 5	0.040 4	7

完备的基础设施条件，有利于风投创投机构和人才的集聚，为广州建设风投创投中心准备了优良的基础环境。

3. 高新技术产业呈快速发展之势

近年来广州创新创业态势已经强势展开，一方面在企业数量方面，根据高企认定的公布数据统计，2017年广州高新技术企业数量净增4 823家，约是2016年净增数3 253家的1.5倍；2018年广州高新技术企业数量净增3 852家，位列全国第三。另一方面，涌现了一批成长性好、跳跃度高的高新技术企业。2017年广州市科技创新委员会公布的《广州"独角兽"创新企业入选榜单》显示，广州现有27家"独角兽"创新企业入选，其中包括20家"未来独角兽企业"；科技部火炬中心与长城战略咨询联合发布的《国家高新区瞪羚企业发展报告2017》显示，2016年广州高新区拥有111家瞪羚企业，在全国147个高新区中名列前茅，占总数的4.31%。此外，广州已形成较完善的创新创业服务体系，在广东省科学技术厅公布的《2017年度广东省众创空间试点单位 国家级科技企业孵化器培育单位名单》中，广州分别以27家众创空间和14家国家级孵化器远超其他城市，位居全省第一。在科技部火炬中心开展的2014年度国家级科技企业孵化器考核评价结果中，广州有7家企业被评为优秀（A类），成为全国国家级孵化器优秀数量最多的城市。高新产业的发展推动了广州经济增长模式转型升级，全要素生产率2017年达到0.45，位居7个城市之首（具体核算方法见附录16）。

创新创业的蓬勃发展会带来丰富多元的创新创业主体及其对风投创投服

务的大量需求，由此形成风投创投机构、资金、人才等各种要素的集聚，而风投创投聚集的中心又会进一步吸引创新创业主体的膨胀式发展，形成风投创投可持续发展的长久动力基础，表现出空间经济学中的循环累积因果效应，最终形成风投创投中心。

4. 高校和研究机构众多、高端人才云集

广州聚集了广东省近70%的普通高校、科技人才，97%的国家重点学科和全部国家重点实验室；2018 年，全省拥有 84 所高校，在校大学生 106.73 万人，科研机构 152 家。截至 2017 年 10 月底，在穗工作的诺贝尔奖获得者 6 人、两院院士 77 人（全职 35 人）；国家"千人计划"专家 281 人、"万人计划"专家 95 人，分别占全省的 53.2%、79.2%。2017 年，广州地区有 5 位创业人才入选第 14 批国家"千人计划"创业人才项目，入选人数与上海并列全国第一。广州还拥有大学城、国际生物岛、科学城等一批创新创业基地，科技创新人才集中，产学研平台载体众多。

广州重视做好金融人才建设工作，修订了《广州市高层次金融人才支持项目实施办法》，并实施"331 金融人才工程"，优化了金融人才的激励政策、加大了对金融人才的扶持力度，增强对高端金融人才的吸引力，形成了各层次金融人才聚集的高地。

众多高校和科研院所以及庞大的人才队伍，是创新发展的重要引擎和资源，其产生的创新知识外溢效应，将吸引大量风投创投资本。国际经验表明，风投创投一般集中在区域内最核心和科教创新资源最丰富的城市。

二、 劣势分析 （Weaknesses）

1. 风投创投业影响力较低

（1）缺乏在全国有影响力的龙头风投创投机构。从风投创投机构规模来看，在全国排名前十的风投创投机构中，北京占据 5 席，深圳占据 3 席，上海占据 1 席，其中深圳风投创投不论是在投资案例个数还是在投资金额上都排名榜首。

（2）广州风险资本的有效投资水平偏低。由表 5 - 3 可知，广州 2016 年基金有效投资水平达到最高，但也仅仅超过 50%，风险资本的投资效率不高。

表 5 - 3　广州风投创投投资水平

年份	基金有效投资水平	投资金额/百万美元
2016	0.51	2 342.82
2015	0.23	2 114.30
2014	0.45	642.34

（3）缺乏高质量的风投创投信息发布及交流平台。众创空间可视为风投创投信息发布及交流平台，作为一个囊括众多创新创业资源的开放式平台，其核心发展理念是为创客们提供思想碰撞、创意交流、经验分享的空间和机会。在 2016 年 9 月 12 日国家科技部公布的第三批众创空间名单中，广州新增国家级众创空间数排名第 7 位，数量优势并不明显；而且，广州缺乏类似北京中关村"创业咖啡"这样有特色且具有全国影响力的众创空间。

（4）与深圳存在同质竞争。广州与深圳在地理空间上可以说只有咫尺之遥，因而两地风投创投的辐射圈存在显著重叠。就目前来说，深圳的风投创投发展水平优于广州，这对广州建设具有全国影响力的风投创投中心将形成明显掣肘。

2. 研发投入强度低

研发投入强度是衡量科研创新发展水平的一个重要指标。比较而言，广州市的研发投入强度显著偏低。2017 年广州全社会研发投入占 GDP 比值约为 2.5%，远低于北京（5.7%）、深圳（4.13%）、上海（3.78%），也明显低于武汉（3.2%）、杭州（3.15%），甚至低于广东全省的平均水平（2.65%）。

研发投入不足，将制约广州的创新水平，弱化创新氛围，难以形成创新中心，直接影响广州建设有影响力的风投创投中心。

3. 政策支持力度不足

广州在政策支持方面存在以下问题：①政府行政能力和效率有待提升。根据中国城市竞争力研究会发布的 2016 年和 2017 年中国十佳高效政府排行榜①，深圳两年均高居榜首，武汉位居前五，而广州两年均未进入十佳榜单。

---

① 《中国高效政府评价指标体系》由包括政府规范指数、政府效率指数、公务员素质指数、政府行政口碑指数在内的 4 项一级指标、15 项二级指标、64 项三级指标组成。

这表明需要在政府行政能力上下功夫，着力提高行政部门的办事效率、服务质量以及专业化水平。②风投政策支持力度偏弱。由于风投创投行业的特殊性，其机构注册地址及实际办公地址分离的情况很常见，导致风投创投机构趋向于注册在政策优势明显的区域。与国内主要城市比较可见（见表5-4），广州在落户奖励、企业所得税优惠和个人所得税优惠及隐性的行政审批效率等具体优惠政策方面，总体并不占据优势，对风投创投机构的吸引力不足。

表5-4　国内部分城市风投创投奖励政策

落户奖励	
北京中关村	注册资本10亿元以上补助1 000万元；5亿元以上补助800万元；1亿元以上补助500万元
深圳前海	公司制企业注册资本5亿元奖励500万元；15亿元奖励1 000万元；30亿元奖励1 500万元。合伙制企业募资10亿元奖励500万元；30亿元奖励1 000万元；50亿元奖励1 500万元
广州	公司制企业实收资本达5亿元奖励500万元；15亿元奖励1 000万元；30亿元奖励1 500万元。合伙制企业募资达10亿元奖励500万元；30亿元奖励1 000万元；50亿元奖励1 500万元
企业所得税优惠	
北京中关村	获利年度起所得税地方留成部分两年减免，之后3年减半；合伙制企业以无形资产、不动产入股，免征营业税
深圳前海、广州	股权投资基金投资于未上市中小高新技术企业2年以上，按投资额的70%抵扣企业的应纳税所得额
个人所得税优惠	
北京中关村	合伙制基金中个人合伙人取得的收益，按照"利息、红利所得"或者"财产转让所得"项目征收个人所得税，税率为20%
深圳前海	自然人GP的收益适用5%~35%的五级超额累进税率；自然人LP的收益按20%的税率；高端人才按照个人所得税已缴纳额超过应缴纳额的15%部分进行补偿
广州	暂无

政策支持是一种导向，也是推动一项事业发展的前提。政策支持力度不足，意味着政府的导向不清晰及引导强度不够，这无疑会直接影响广州建设具有全国影响力的风投创投中心。

4. 金融中心地位逐渐边缘化

广州曾经是国内有较大影响力的区域金融中心，但随着其他一些城市金融影响力的崛起，如深圳、天津、杭州等，近些年广州的区域金融中心地位逐渐边缘化。根据我们对中心城市金融竞争力指标体系的测算，广州在中心城市中整体排名位居第四，但从金融发展水平二级指标来看，广州金融发展的情况不容乐观。一方面与北京、上海、深圳的差距越来越明显；另一方面杭州、武汉及成都的追赶步伐越来越快。究其主要原因在于，广州缺乏全国性金融市场交易平台、金融市场体系现代化程度不足、金融创新不够等。金融中心地位的弱化意味着金融集聚和辐射能力的弱化，不利于广州建设具有全国影响力的风投创投中心。

三、 机遇分析 （Opportunities）

1. 前所未有的创新驱动发展大环境

从全球范围看，以人工智能、清洁能源、机器人技术、量子信息技术、虚拟现实以及生物技术为主的全新技术革命引发的第四次工业革命正在展开。从中国看，建设创新型国家是当前及今后相当长时期我国的国家战略。从广州看，近年来大力实施创新驱动发展战略，出台了一系列规划和方案。这些规划和方案的一个集中指向就是将广州打造成为一个有重要影响力的创新中心。

创新驱动发展过程需要风投创投等金融资本的强力支持，同时又为风投创投行业发展提供了前所未有的机遇，对广州建设有全国影响力的风投创投中心无疑也是难得的机遇。

2. 粤港澳大湾区打造全球创新中心

粤港澳大湾区建设已成为国家重大战略。推进"广州—深圳—香港—澳门"科技创新走廊建设，建设国际科技创新中心，是粤港澳大湾区建设的重要内容和目标。广州是粤港澳大湾区重要核心城市和极点城市，同时又是华南的地理和科教中心，在把粤港澳大湾区建设成为国际重要创新中心中发挥不可替代的作用。

伴随粤港澳大湾区打造全球创新中心、国际一流湾区和世界级城市群，广州有条件、有必要尽快形成具有集聚创新、示范外溢和发挥辐射功能的风投创投中心，依靠优势资源和湾区利好条件，建成有全国乃至国际影响力的风投创投中心。

3. 金融供给侧结构性改革助推风投创投发展

纵观金融创新的历史，每一次科技、产业革命和时代变革都会带动金融创新，融合孕育出新的产物（洪银兴，2011）。随着中国创新驱动发展和转型升级战略的推进，银行主导型的金融体系和金融结构越来越不适应创新发展中的金融需求，金融供给侧结构性改革势在必行。因此，中国需要大力推进适应并能有效服务于创新驱动发展和经济转型升级的金融创新，这种意义上的金融创新的主要指向和展开领域必然是包括风投创投在内的资本市场体系的创新与发展。

广东是金融大省，广州是传统意义上的金融中心，有必要也有条件在全国率先探索能有效服务于创新驱动发展和经济转型升级的金融创新，大力推进金融供给侧结构性改革，以大力发展风投创投业为突破口，积极推进资本市场体系的创新和发展，并在这个过程中加快建设风投创投中心。

四、 挑战分析 （Threats）

1. 政府治理能力不匹配

政府治理及其治理能力是一个很复杂的概念[①]，在经济学中，新古典经济学派认为政府应在市场失灵时发挥修正市场偏差的作用，因此政府治理能力可认为是政府干预解决市场自发配置资源无效率问题的能力。

在创新发展过程中，由于存在很大不确定性，市场失灵问题更为突出。一般而言，从创新链到创新创业链到产业链中间通常可以分为四个阶段：创新知识发现阶段—创新成果转化阶段—产生新技术阶段—技术产业化阶段。在创新知识发现和成果转化阶段，知识作为一种公共产品，其产出可以给整个社会带来效益，这就很容易产生"搭便车"的行为，加之成果转化时间长和之后产生的外溢效应，使得私人资本往往不具备投入激励，因此这是最容易产生市场失灵的阶段。因而这也是更需要政府治理介入的阶段，即需要"有为政府"的阶段。但总体而言，政府在推动创新方面的"有为"状况与

---

　　① 狭义理解政府治理能力是指政府在市场经济条件下对公共事务的治理水平，广义上，政府治理能力的含义宽泛，在不同的角度下表现内容不同。依据治理性质划分，政府治理能力包含权利能力、政策能力、权威能力、组织能力（李文彬，陈晓运，2015）；利用全球化视野划分，政府治理能力包括系统思考能力、制度创新能力、公共服务能力、电子治理能力、沟通协调能力和危机应对能力（郭蕊，麻宝斌，2009）。

这方面因市场失灵而需要的政府治理能力并不匹配，这将是广州建设有全国影响力的风投创投中心的一个重要挑战。

2. 文化与传统观念的制约

文化及观念对风险投资的影响表现为复杂、动态的因果关系。风投创投决策主体的行为与其本身所处的文化背景联系密切，决策主体的每个决策过程都是对其所处文化背景的潜在体现。积极的创新文化、勇于冒险的创业文化、良好的契约文化与产权文化、诚信合作的道德文化以及活跃的投资文化是风险投资的发展需要（熊季霞，黄腾飞，2010）。大多数研究认为风投创投的高风险性要求开放、创新、冒险、包容的文化与之配合，国际上成功的风投创投例子，如美国硅谷等都验证了这一点。

广州是岭南文化的发源地和兴盛地，具有深厚的人文底蕴。在近代广州曾是中国唯一的对外通商口岸，开放和包容一直是广州这座城市的基本品格，但也会在地域文化中积淀诸如"因循"和"自满"的元素。改革开放以来，广州体现了敢为人先的精神，在很多领域率先进行改革探索并创造了许多全国"第一"。但随着时间的推移，传统文化中的一些负面基因不时影响着人们的行为。比如对于机会成本更高的广州人，他们对预期收益、回报时间不确定的经济活动的参与度往往不够活跃。钟杏云和吴金瑢（2014）的一项研究比较了广州和深圳的情况，结果显示，在广深两市之间，广州的创业文化在鼓励创新冒险、鼓励个人努力取得成功等多个方面劣于深圳的创业文化。

3. 同等级城市抢占经济腹地

区域经济学的传统理论认为空间存在克里斯塔勒结构，即空间以中心—腹地的城市等级体系结构发展，功能完善的中心区域向为其提供基本要素的腹地区域提供产品和服务，发挥溢出效应。由于区位条件差异产生强势专业的分化，使得当前的区域发展往往表现为某一区域以多个城市为中心的复合中心—腹地结构（王铮等，2014）。根据中心—腹地理论，这就导致同等级的中心城市间产生重叠与竞争，纷纷争取覆盖更大的腹地范围以成为更具影响范围的区域中心。

建设有影响力的风投创投中心需要相应经济金融腹地的支撑。在这方面广州面临的一个重大挑战就是与深圳存在明显的腹地竞争。本书借鉴白雪和孔育甲（2014）的方法计算广州经济腹地的断裂点公式，从《2017 年广东省统计年鉴》获取 2016 年大湾区内相关城市的金融业增加值数据，分别以广州和深圳为中心计算金融腹地范围，并利用 ArcGIS 软件绘图表示（见图 5-2）。由图 5-2（a）看出，广州在广东省内的金融腹地范围分别在东莞市和佛山市存在明显收敛，东南方向收敛位置断裂点在东莞市西侧，收敛原因考虑是综合实力强势发展的深圳与之产生腹地范围的竞争；图 5-2（b）所示的深圳金融腹地向西北方向有明显延伸。

可见，深圳已经和广州在金融腹地范围上产生大面积的重叠 [见图 5-2（c）]，共同争夺区内相关资源，一定程度上挤占了广州建设风投创投中心所需的经济金融腹地资源。这将在相当程度上制约广州建设一个有影响力的风投创投中心。

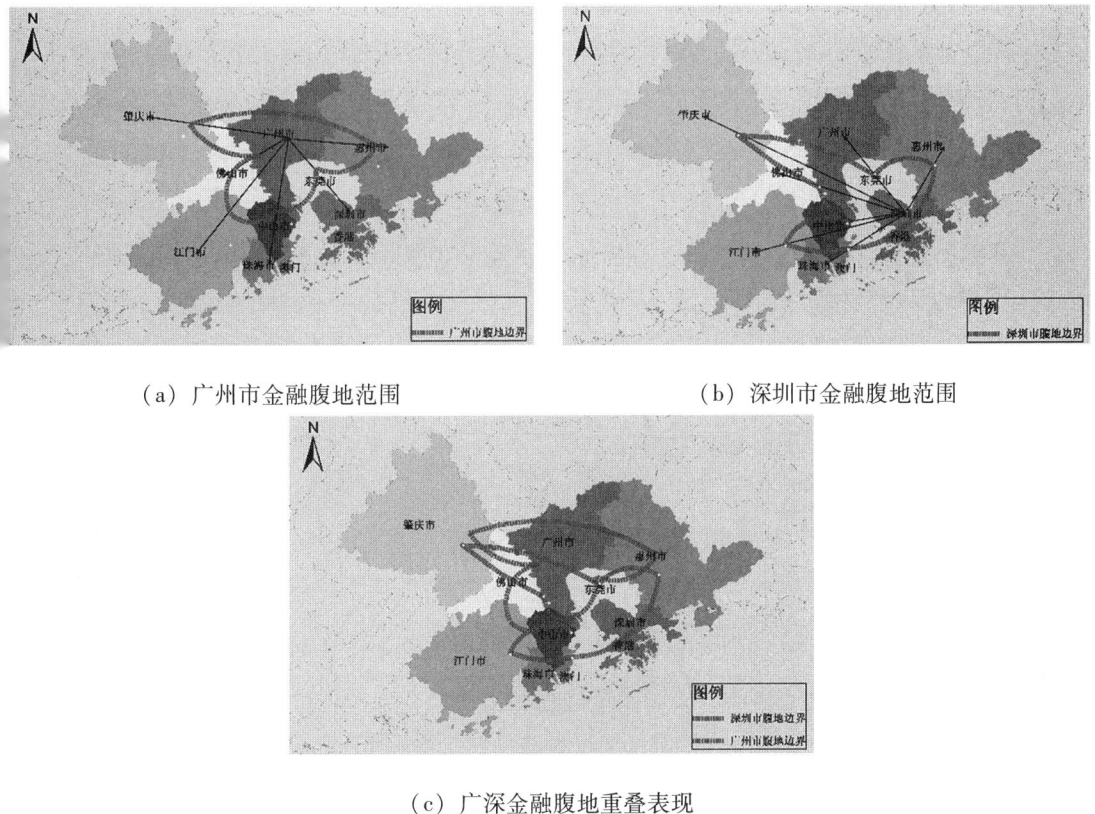

（a）广州市金融腹地范围　　　　　　　（b）深圳市金融腹地范围

（c）广深金融腹地重叠表现

图 5-2　2016 年广州和深圳的金融腹地范围

五、 小结

广州建设风投创投中心具有良好的基础，表现为综合实力雄厚、区位优势明显、高新产业快速发展、研究力量和人才资源丰富等。同时，随着国家创新驱动发展战略的推进、粤港澳大湾区建设国际科技创新中心和建设"广州—深圳—香港—澳门"科技创新走廊，以及金融供给侧结构性改革的推进，广州正面临前所未有的机遇。但是，广州也存在一些明显的短板，如风投创投集聚程度和水平还不高、全社会研发投入显著偏低、区域金融中心地位弱化等，同时广州也面临严峻挑战。

第三节 广州与若干城市风投创投发展比较分析

本节拟将广州与国内若干中心城市进行对标分析。本书选择的对标城市为近年来风投创投发展较好的北京、上海、深圳、武汉和成都5市。我们从城市竞争力的角度切入并进行分析。城市竞争力的测度有两种主流方法：单一指标法和复合指标法。就单一指标法而言，常用区位熵来衡量产业集聚程度和专门化程度。复合指标法即构建指标体系来衡量城市竞争力的高低，更有利于城市间的对比分析。本书拟同时采用这两种方法，以期更全面和深入揭示广州建设有全国影响力的风投创投中心的当下状况和未来态势。

一、 风投创投业集聚与金融深化状况比较分析

（一）城市聚集区位熵分析

区位熵用于衡量某产业的区域集聚程度，也是测量产业布局规模效益与产业专业化水平的一种方法。区位熵指数的值越接近于1，说明产业的集聚化水平比较低；越大于1，则说明集聚化水平越高。区位熵指数之所以能够用来衡量城市相关产业集聚发展程度，是基于以下逻辑：如果一个城市的产业集聚程度较高，那么相对于其他城市以及该城市的其他产业而言，集聚化发展的产业规模应该较大，在全国相关产业中占有较大的比例，而且其规模也要大于该地区的

其他产业。因而，集聚化程度高的风投创投也表现出较高的地方专业化程度。

本书通过分别计算金融业集聚、风投规模集聚、风投机构集聚以及政府引导基金集聚区位熵，判断广州风投创投的集聚水平以及其在全国主要城市中的地位。本书使用2017年数据，分别计算得到6个城市各个区位熵。如图5-3（a）所示，6个城市的区位熵均大于1，说明所选择的城市的金融业集聚程度较高。其中，北京、上海和深圳的金融业集聚程度显著高于其他城市，处于第一梯队，而广州、武汉和成都则处于第二梯队。广州排名第5，仅高于武汉。图5-3（b）和图5-3（c）衡量了风投规模和风投机构的集聚程度。与金融业集聚区位熵相比较，两个梯队的划分更为明显，表明风投更集中在少数发达城市，区域间的差距比金融业集聚水平更大。在风投规模和风投机构的集聚方面，广州均排名第4，高于武汉和成都。图5-3（d）所表示的政府引导基金集聚程度则有所差异。北京、广州和武汉位居前列，高于成都、上海和深圳。

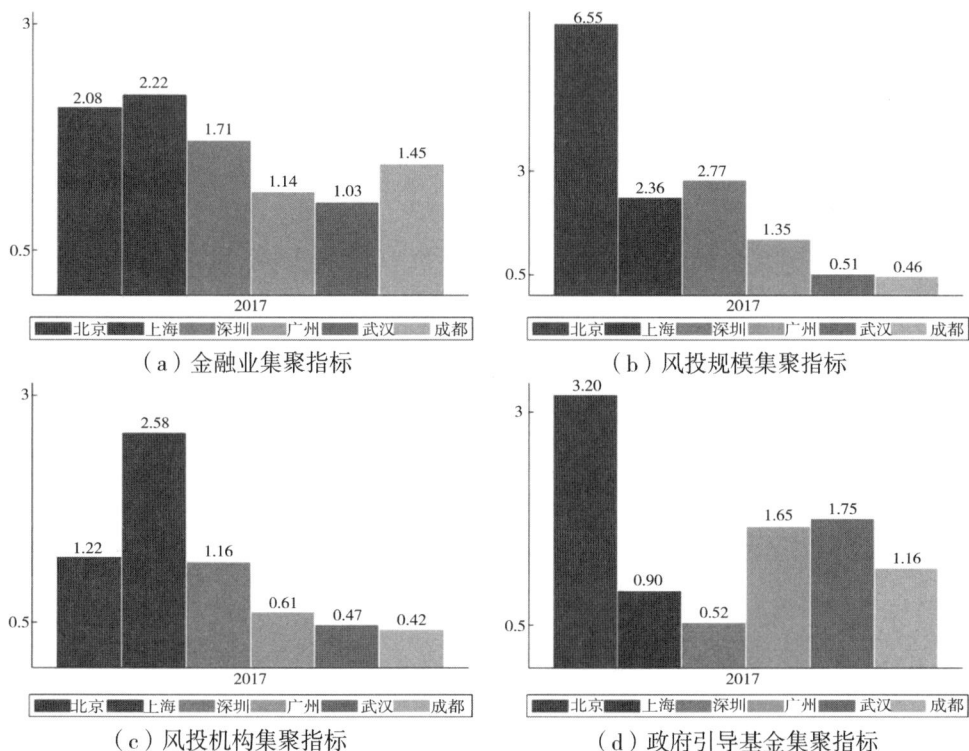

（a）金融业集聚指标

（b）风投规模集聚指标

（c）风投机构集聚指标

（d）政府引导基金集聚指标

图5-3　2017年6个城市风投创投集聚水平比较

数据来源：GDP、金融业增加值和财政支出来源于全国及各城市统计年鉴，风投规模集聚、风投机构集聚和政府引导基金集聚来源于投中集团数据库及清科私募通数据库。

区位熵的计算结果显示广州在建设具有全国影响力的风投创投中心方面存在的不足。一是金融业集聚程度有待提升。在金融业集聚区位熵中，广州不仅落后于第一梯队，且尽管金融业增加值的绝对额高于成都，但集聚程度有所不及，表明广州仍需进一步提升金融业发展水平。二是风投规模和风投机构的集聚能力仍然处于较低水平。三是尽管广州在政府引导基金集聚水平上体现出一定优势，但也侧面反映出广州市场化风投水平的欠缺。

区位熵作为单一指标方法，只能评价城市风投创投发展的某一方面。本书通过构建风投创投城市竞争力评价指标体系，从系统的、全面的角度分析不同城市风投创投的综合竞争力。

（二）金融相关比率评价

在金融发展理论方面，一些经济学家，如 Gurley 和 Shaw（1955），Mckinnon 等（1973），将金融市场作为经济活动的中心。根据他们的观点，金融服务的数量和质量可以部分解释经济增长率。Goldsmith（1969）创造性提出金融相关比率（FIR），并以此来衡量金融发展的深度或者说经济金融化的程度，其结论为：在一国的经济发展进程中，金融上层结构的增长比国民总收入及国民财富所表示的经济基础结构的增长更为迅速。因而，金融相关比率有提高的趋势，但达到一定程度该比率将趋于稳定。

金融相关比率为金融资产总量与经济总量之比，前者常以 M2 替代。由于一个地区的 M2 数据难以获得，我们首先从各地区的统计年鉴中得到不同年份的金融机构各项存款余额，再对应加上该值与全国各年份 M0、M2 的乘积，近似代替各地区的 M2。

如表 5 - 5 所示，2008—2017 年 6 个城市的金融相关比率总体呈上升趋势，其中居首位的是北京，广州却不到 2.5，在 6 个城市中位居第 5，仅高于武汉。就此而论，广州的金融相关比率仍有待提升。

表5-5 6个城市金融相关比率

（单位:%）

年份	北京	上海	深圳	成都	广州	武汉
2008	4.14	2.79	1.79	2.29	2.21	1.76
2009	4.61	3.15	2.19	2.93	2.44	2.01
2010	4.67	3.23	2.24	2.92	2.37	2.08
2011	4.56	3.21	2.10	2.64	2.20	1.81
2012	4.60	3.13	2.11	2.64	2.26	1.73
2013	4.52	3.38	2.17	2.74	2.31	1.74
2014	4.45	3.29	2.13	2.80	2.23	1.69
2015	5.55	4.32	2.85	2.85	2.47	1.86
2016	5.40	3.82	3.19	2.70	2.45	1.91
2017	5.36	3.24	3.89	2.58	2.49	1.90

注：根据金融相关比率的公式计算得到比率值，再固定年份横向对比得到城市排名。

数据来源：城市金融机构各项存款余额数据来自各城市统计年鉴，全国M0、M2来自国家统计局，以上数据经过 Stata 14.0 处理得出。

金融发展理论认为金融深化程度可以部分解释经济增长率。而在关于何种金融模式更有利于促进创新，乃至于促进经济增长的争论中，资本市场促进经济增长的积极作用已得到诸多文献的支持（Levine，1991）。由此自然而然地引出了一个问题：在金融深化的过程中，金融资源是否更多地向资本市场（以风投创投为代表）倾斜？换言之，金融相关比率的高低与区位熵之间存在怎样的关系？

图5-4描述了6个城市金融相关比率与区位熵的关系。总体上，金融相关比率越高，区位熵越大，说明随着各城市金融深化程度的加深，资本市场（风投创投）集聚水平越高。就广州而言，其金融深化程度对资本市场（风投创投）集聚水平的促进效用显著，但由于金融深化程度本身较低，拖累了风投创投的集聚。因此，加快广州金融深化程度是促进风投创投集聚的关键因素。

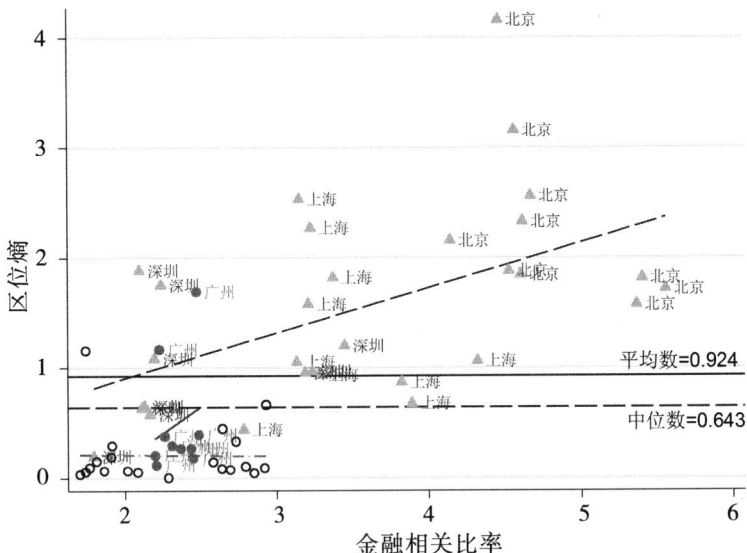

图 5-4 6 个城市金融相关比率与区位熵的线性关系

注：基于前文部分测算的区位熵、金融相关比率指标数据，经过 Stata 14.0 软件测算得出。

二、 风投创投业综合竞争力比较

本书构建包括经济基础、金融环境、风投发展、产业能力在内的一套指标体系，试图对广州风投创投的发展水平及发展条件做出量化评价，特别是通过与国内若干城市的比较，具体判明广州在其中的地位及存在的问题（指标体系和计算方法详见附录 17）。

本书首先对竞争力综合得分进行分析，评价各城市风投创投业的整体竞争力。然后重点分析风投发展这一核心指标。由于存在数据的可得性和可比性等技术问题，本书在模型建构与数据处理中做了必要的修正。

（一）竞争力综合得分评价

现有文献中关于风投创投中心竞争力综合评价的研究极为鲜见。本书借鉴国际竞争力理论，评价风投创投中心城市竞争力。国际竞争力理论阐述了一国或地区国际竞争能力的指标体系量化分析方法。瑞士洛桑国际管理发展学院（IMD）提出了影响国家竞争力的八大要素：综合经济实力、国际化程度、政府影响力、金融产业实力、基础设施状况、企业管理能力、科技研发实力、人力资源储备，并以此为框架构建了评价模型，来对世界各国或地区的竞争力进行分析。本书借鉴上述思路，构建包括经济基础、金融环境、科技实力和风投发展四个方面的竞争力指标，通过指标比较得出各城市竞争力排名。

表5-6是2008—2017年6个城市在经济基础、金融环境、科技实力、风投发展四个方面的具体得分情况。从表5-6可见，广州的经济基础指标在2017年之前均位居第三位；金融环境指标均排在第四位；科技实力指标2015和2016两年居第二位，但多数年份居第三位或第四位；风投发展指标在多数年份位于第四，但在2013年和2015年居末位。总体看，广州的综合得分排名位居第四，落后于上海、北京、深圳，领先于成都和武汉。本书后面会对风投发展得分进行进一步评价。

表5-6　6个城市竞争力得分

年份	指标	北京	上海	深圳	广州	成都	武汉
2008	经济基础	0.183（2）	0.227（1）	0.158（4）	0.179（3）	0.125（6）	0.128（5）
	金融环境	0.226（1）	0.204（2）	0.167（3）	0.143（4）	0.132（5）	0.128（6）
	科技实力	0.192（1）	0.179（3）	0.184（2）	0.158（4）	0.139（6）	0.149（5）
	风投发展	0.219（1）	0.191（3）	0.198（2）	0.133（4）	0.130（5）	0.129（6）
	综合得分	0.199（1）	0.190（2）	0.177（3）	0.153（4）	0.140（5）	0.140（6）
2009	经济基础	0.185（2）	0.228（1）	0.153（4）	0.171（3）	0.139（5）	0.124（6）
	金融环境	0.225（1）	0.205（2）	0.168（3）	0.141（4）	0.135（5）	0.127（6）
	科技实力	0.188（1）	0.178（2）	0.173（3）	0.158（5）	0.142（6）	0.161（4）
	风投发展	0.212（1）	0.211（2）	0.186（3）	0.144（4）	0.125（5）	0.124（6）
	综合得分	0.212（1）	0.211（2）	0.173（3）	0.150（4）	0.124（6）	0.130（5）
2010	经济基础	0.183（2）	0.230（1）	0.152（4）	0.174（3）	0.136（5）	0.126（6）
	金融环境	0.227（1）	0.199（2）	0.172（3）	0.141（4）	0.134（5）	0.127（6）
	科技实力	0.181（1）	0.180（2）	0.175（3）	0.166（4）	0.144（6）	0.153（5）
	风投发展	0.201（2）	0.198（3）	0.201（1）	0.147（4）	0.131（5）	0.122（6）
	综合得分	0.206（2）	0.210（1）	0.180（3）	0.156（4）	0.124（5）	0.123（6）
2011	经济基础	0.188（2）	0.227（1）	0.151（4）	0.172（3）	0.140（5）	0.124（6）
	金融环境	0.226（1）	0.201（2）	0.171（3）	0.140（4）	0.135（5）	0.127（6）
	科技实力	0.189（1）	0.174（3）	0.177（2）	0.168（4）	0.146（5）	0.146（6）
	风投发展	0.214（1）	0.202（2）	0.190（3）	0.138（4）	0.122（6）	0.133（5）
	综合得分	0.214（1）	0.206（2）	0.176（3）	0.154（4）	0.127（5）	0.123（6）

（续上表）

年份	指标	北京	上海	深圳	广州	成都	武汉
2012	经济基础	0.189（2）	0.220（1）	0.153（4）	0.175（3）	0.143（5）	0.120（6）
	金融环境	0.229（1）	0.197（2）	0.171（3）	0.142（4）	0.136（5）	0.125（6）
	科技实力	0.190（1）	0.168（4）	0.180（2）	0.170（3）	0.146（5）	0.146（6）
	风投发展	0.217（1）	0.208（2）	0.179（3）	0.137（4）	0.137（5）	0.122（6）
	综合得分	0.216（1）	0.201（2）	0.175（3）	0.157（4）	0.132（5）	0.119（6）
2013	经济基础	0.191（2）	0.211（1）	0.156（4）	0.188（3）	0.131（5）	0.123（6）
	金融环境	0.224（1）	0.201（2）	0.173（3）	0.142（4）	0.136（5）	0.124（6）
	科技实力	0.197（1）	0.160（4）	0.176（2）	0.171（3）	0.147（6）	0.149（5）
	风投发展	0.210（1）	0.201（2）	0.193（3）	0.126（6）	0.134（5）	0.136（4）
	综合得分	0.217（1）	0.194（2）	0.177（3）	0.158（4）	0.128（5）	0.125（6）
2014	经济基础	0.192（2）	0.221（1）	0.150（4）	0.170（3）	0.132（6）	0.135（5）
	金融环境	0.226（1）	0.200（2）	0.172（3）	0.141（4）	0.137（5）	0.124（6）
	科技实力	0.204（1）	0.153（4）	0.173（2）	0.170（3）	0.148（6）	0.153（5）
	风投发展	0.214（1）	0.185（3）	0.203（2）	0.136（4）	0.132（5）	0.130（6）
	综合得分	0.221（1）	0.190（2）	0.176（3）	0.154（4）	0.130（5）	0.129（6）
2015	经济基础	0.191（2）	0.216（1）	0.158（4）	0.182（3）	0.121（6）	0.132（5）
	金融环境	0.223（1）	0.200（2）	0.175（3）	0.152（4）	0.130（5）	0.120（6）
	科技实力	0.204（1）	0.156（4）	0.167（3）	0.181（2）	0.147（5）	0.145（6）
	风投发展	0.205（1）	0.199（3）	0.202（2）	0.126（6）	0.140（4）	0.129（5）
	综合得分	0.216（1）	0.194（2）	0.176（3）	0.162（4）	0.128（5）	0.124（6）
2016	经济基础	0.186（2）	0.216（1）	0.164（4）	0.181（3）	0.131（5）	0.120（6）
	金融环境	0.225（1）	0.198（2）	0.180（3）	0.140（4）	0.132（5）	0.124（6）
	科技实力	0.203（1）	0.147（5）	0.173（3）	0.174（2）	0.147（6）	0.156（4）
	风投发展	0.199（2）	0.196（3）	0.203（1）	0.147（4）	0.113（6）	0.143（5）
	综合得分	0.213（1）	0.186（2）	0.183（3）	0.162（4）	0.123（6）	0.130（5）
2017	经济基础	0.199（2）	0.221（1）	0.168（3）	0.148（4）	0.140（5）	0.124（6）
	金融环境	0.225（1）	0.196（2）	0.183（3）	0.142（4）	0.131（5）	0.124（6）
	科技实力	0.200（1）	0.149（4）	0.184（2）	0.175（3）	0.147（5）	0.144（6）
	风投发展	0.186（2）	0.181（3）	0.215（1）	0.155（4）	0.118（6）	0.144（5）
	综合得分	0.211（1）	0.186（3）	0.194（2）	0.155（4）	0.126（6）	0.127（5）

　　注：本书先使用熵值法得到第四级指标的数值，然后使用最优脱层法加以分析解决。最优脱层法是指在得到了第 k 层综合指标之后，将其作为新的数据，再次利用熵值法得到第 $k-1$ 层综合指标。这样依次进行，逐步得到各层级指标，并最终获得目标层的综合得分（具体方法见本书的附录17）。括号内为城市排名。

数据来源：经济基础、金融环境、科技实力三个指标基础数据来自各城市统计公报、统计年鉴、国泰安数据库、EPS 数据平台，另有从各城市科技局、科学委员会网站统计得到，风投发展指标的基础数据来自私募通、中国研究数据服务平台（CNRDS）、Wind 数据库、国泰安数据库，该表结果经 Stata 14.0 处理。

图 5 − 5 是 6 个城市竞争力综合得分演变情况，从图 5 − 4 可见广州排名第四，与前三名城市有较明显差距。

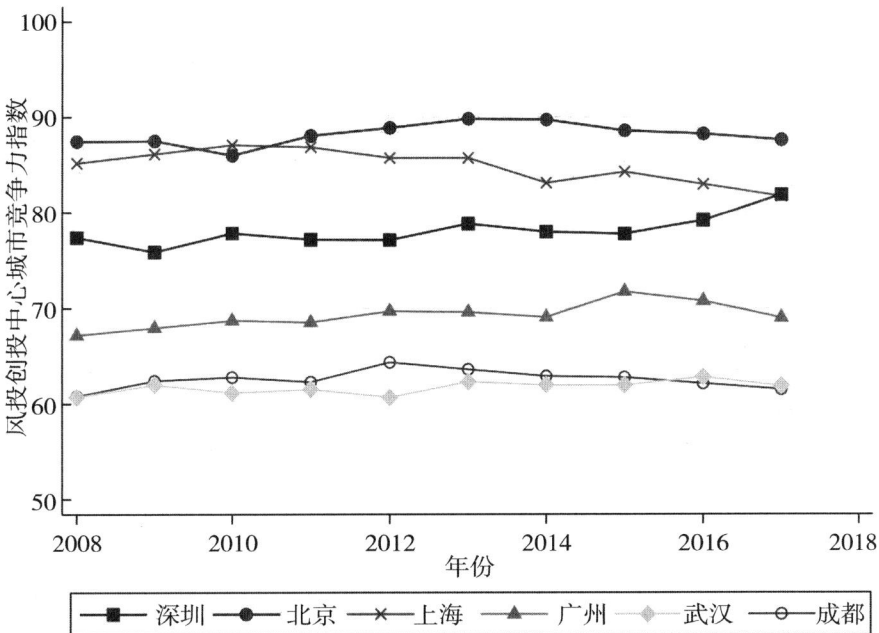

图 5 − 5　6 个城市竞争力综合得分演变情况

注：本书先使用熵值法得到第四级指标的数值，并对指标进行 100 分数值的调整，然后使用最优脱层法加以分析解决。最优脱层法是指在得到了第 k 层综合指标之后，将其作为新的数据，再次利用熵值法得到第 $k-1$ 层综合指标，并依次经 100 分数值进行调整。这样依次进行，逐步得到各层级指数，并最终获得目标层的综合指数（具体方法见本书的附录 17）。

数据来源：经济基础、金融环境、科技实力三个指标基础数据来自各城市统计公报、统计年鉴、国泰安数据库、EPS 数据平台，另有从各城市科技局、科学委员会网站统计得到，风投发展指标的基础数据来自私募通、中国研究数据服务平台（CNRDS）、Wind 数据库、国泰安数据库，该表结果经 Stata 14.0 处理。

（二）风投发展指标得分评价

1. 广州风投发展指标变化态势分析

本书将风投发展指标具体划分为风投集聚、风投辐射、风投交易、风投创新 4 个三级指标①，其变化趋势如图 5 – 6 所示。

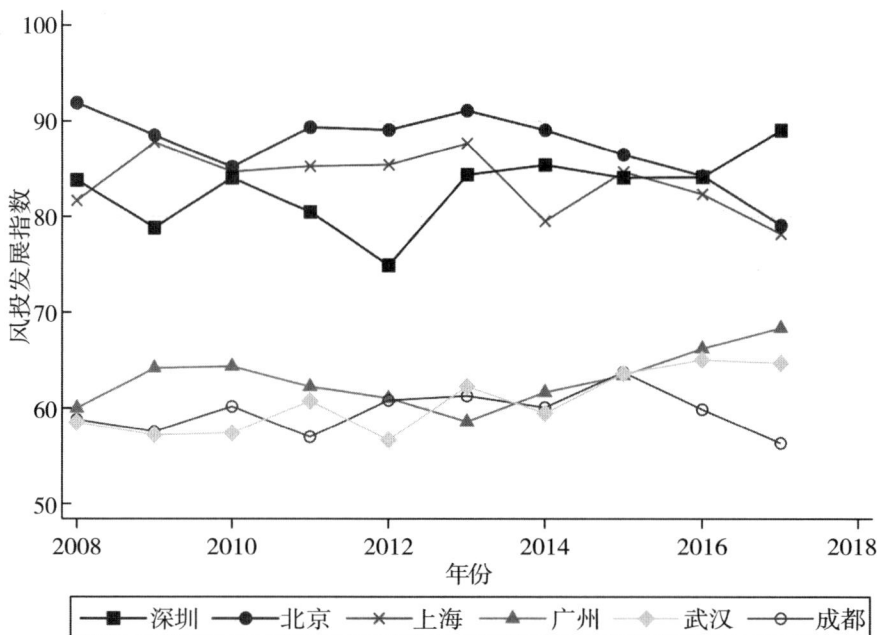

图 5 – 6　6 个城市风投发展指标变化情况

注：根据上文测算出城市风投发展指标数据，评分通过 100 分数值进行调整。

数据来源：基于清科私募通数据库、Wind 数据库，使用 Stata 14.0 软件处理得出。

从图 5 – 6 可见，广州风投发展状况与北上深有较明显的差距，如果说北上深属于第一梯队的话，广州与武汉、成都只能算第二梯队。而且，近十年广州风投发展指标的波动很大，大致可以分为三个阶段：2008—2010 年以及 2013—2017 年这两个阶段呈显著递增趋势，但 2010—2013 年则呈显著下降之势。这虽然有各方面的影响因素，但说明广州的风投创投业发展还不太稳定，

---

① 出于数据可得性，风投创新仅使用 2017 年数据。

而作为一个风投创投中心其内在构成要素在量和质上都必须相对稳定并可持续发展。

图 5 - 7 是 6 个城市 2008—2017 年风投集聚指数、风投辐射指数和风投交易指数的变化情况。从中可见，在风投集聚指数方面，广州表现出平稳增长态势，虽然在 2016 年出现回调，但上升趋势没有发生根本性改变。然而，在风投辐射和风投交易指数方面，广州的发展态势不容乐观。在风投辐射指数方面，广州在 2008—2017 年中整体出现下降趋势，2017 年降幅最为明显。在风投交易指数方面，广州在 2008—2017 年呈现较大的波动性，2017 年出现明显降幅。相比上海、深圳和北京，广州缺乏全国性的交易平台，在风投交易方面有着天然的劣势。

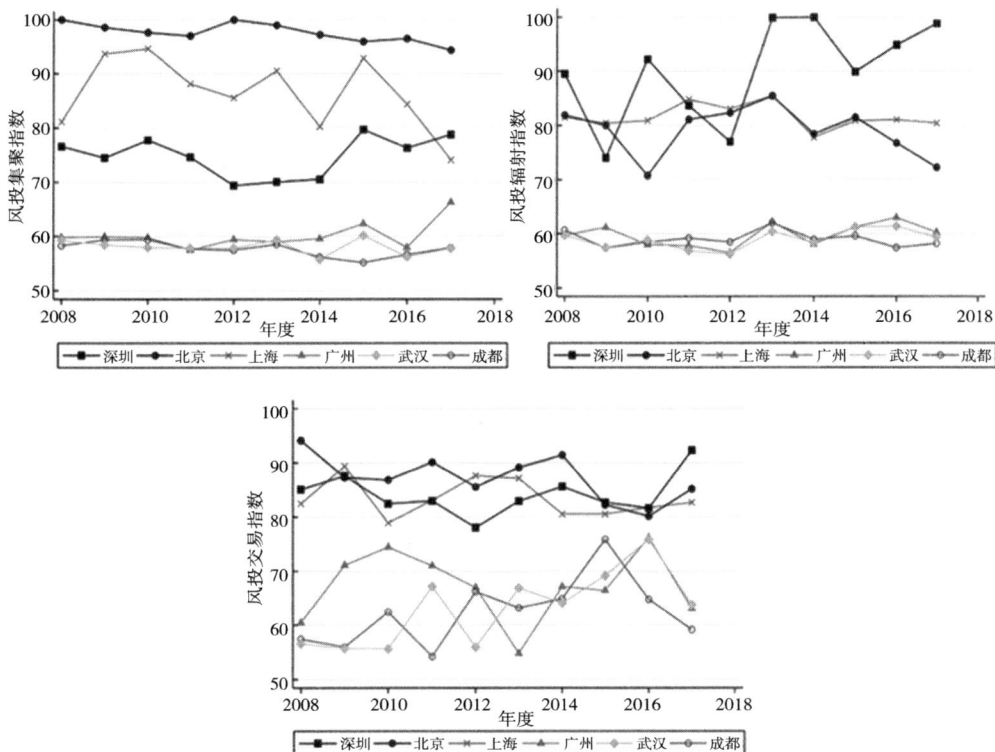

图 5 - 7　2008—2017 年 6 个城市风投发展细分指标变化情况

注：根据上文测算出城市风投发展各个三级指标数据，评分通过 100 分数值进行调整。

数据来源：基于清科私募通数据库、Wind 数据库，使用 Stata 14.0 软件处理得出。

2. 广州风投发展与其他城市竞争力比较分析

为进一步分析广州风投发展在全国的地位，本书抛开时间维度的影响，利用 2017 年 6 个城市风投发展数据进行对比分析（如表 5 - 7 和图 5 - 8 所示）。2017 年风投发展城市排名依次为深圳、北京、上海、广州、武汉和成都。在细分指标中，深圳在风投辐射、风投交易和风投创新方面排名第一，北京在风投集聚方面位居首位。广州在风投集聚、风投辐射等方面均排名第四，且各个指标均与北京、上海和深圳有较大差距，其中差距最大的是风投交易，指标差值为 29%，其他依次为风投辐射和风投集聚。但广州在风投创新方面显示出较强的实力，位居第二。具体而言，广州孵化器个数 2017 年较 2011 年增长 9 倍，这表明广州重视风投创新的发展，孵化器和Fintech 的建设已经取得了初步成效，呈现不断优化产业综合配套和不断创新建设运营模式的发展态势。

表 5 - 7　2017 年 6 个城市风投发展指标状况

城市	风投集聚	风投辐射	风投交易	风投创新	风投发展	综合排名
深圳	78.811	98.836	92.341	86.608	89.048	1
北京	94.401	72.270	85.153	65.877	79.108	2
上海	74.132	80.441	82.644	75.776	78.196	3
广州	66.280	60.263	63.074	82.167	68.366	4
武汉	57.781	59.344	63.801	76.373	64.698	5
成都	57.925	58.189	59.173	50.635	56.320	6

注：本书先使用熵值法得到第四级指标的数值，并对指标进行 100 分数值的调整，然后使用最优脱层法加以分析解决。最优脱层法是指在得到了第 k 层综合指标之后，将其作为新的数据，再次利用熵值法得到第 $k-1$ 层综合指标，并依次经 100 分数值进行调整。这样依次进行，逐步得到各层级指数，并最终获得风投发展指数（具体方法见本书的附录17）。

数据来源：基于清科私募通数据库、Wind 数据库，使用 Stata 14.0 软件处理得出。

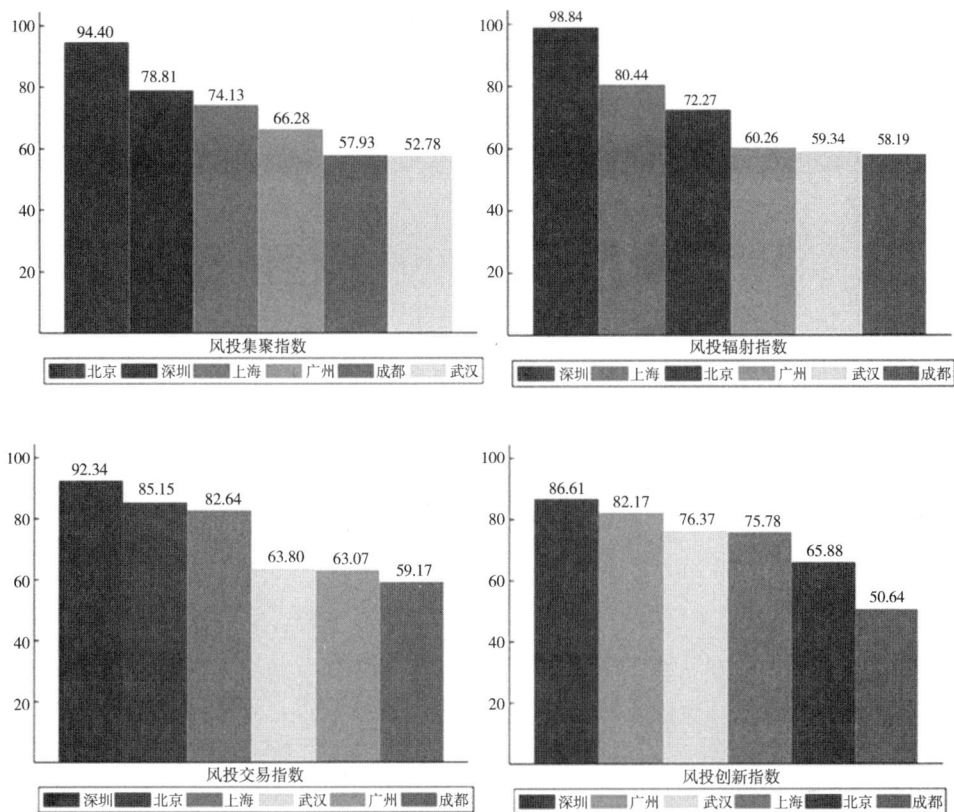

图 5 - 8　2017 年 6 个城市风投发展指标状况

注：选取 2017 年 6 大城市风投发展四个维度指标，根据上文测算出的城市风投发展指标数据，评分经 100 分数值调整后，使用 Stata 14.0 软件处理得出。

3. 广州风投投资的上市企业情况与其他城市竞争力比较分析

（1）风投创投投资案例概况。考虑到我国 2007 年以来资本市场快速发展，本书使用 2007—2017 年为样本期间。表 5 - 8 是 6 个城市的风险投资的企业成功在 A 股中小板和创业板上市数量对比。从中可见，深圳风投创投机构投资案例数最多，为 174 家，其中 101 个为联合投资，占总案例数的 58%，这表明其具有较强的交易和辐射能力；上海和北京分居第二、三位。广州虽然位居第四，但与前三位城市相比差距很大，即便与第三位的北京相比，也只及其 57%，与深圳比则只相当于其 28%。但与成都、武汉相比，广州则优势明显。再细分看，其中联合投资案例数广州仅为 12 家，且其中有 7 家是同深圳进行的联合投资。这说明广州风投辐射能力还比较弱。再看 IPO 当日持股市值，深圳在样本期间内总计达 471 亿元，平均单位案例持股市值达 2.71 亿元，广州则分别为 116 亿元和 2.37 亿元。这说明无论是总量还是平均单位案例持股市值水平，广州风投创投在交易能力上都较低。

表 5 - 8　2007—2017 年 6 个城市风投创投 A 股上市企业概况

指标	北京	上海	广州	深圳	成都	武汉
案例数/家	86	104	49	174	15	12
其中：联合投资案例数/家	36	43	12	101	5	9
持股市值/亿元（IPO 当日）	297	253	116	471	41.02	34.51

数据来源：基于国泰安数据库的前十大股东特色数据库，手工整理了所有具有风险投资背景的企业，并且锁定风险投资注册地，运用 Stata 14.0 数据处理得到。

（2）投资案例的绩效。风投创投机构的财富效应最终还是体现为被投企业的资本市场股票表现。本书借鉴周芳和张维（2011）、邹斌等（2011）的研究方法，核算 6 个城市风投创投机构投资的共计 370 家企业在 IPO 日的后 12 个月、24 个月、36 个月窗口期内累计股票超额收益率（详细方法及过程见附录18）。表 5 - 9 是 6 个城市风投创投机构投资的上市企业分窗口期平均累计股票超额收益率统计情况。从中可见，成都与武汉表现最好，但由于案例较少，不具有特别强的代表性。相比北京、上海，广州表现略差，但与深圳相比优势明显。从纵向看，广州 49 家企业累计股票超额收益率在三个窗口期内整体上移。

表 5 - 9　6 个城市风投创投机构投资的上市企业平均累计股票超额收益率

窗口期	北京	上海	广州	深圳	成都	武汉
12 个月	0.976	0.920	0.805	0.723	1.068	0.968
24 个月	0.982	0.910	0.811	0.722	1.162	1.193
36 个月	0.954	0.910	0.847	0.779	1.112	1.185

数据来源：国泰安数据库、Wind 数据库，运用 Stata 14.0 核算得到。

使用 Kernel 密度估计分析样本考察期内这一分布的动态演进，图 5 - 9 将这种情况反映得更为直观。如图 5 - 9（a）所示，可以看出：第一，6 个城市风投创投机构投资的企业股票超额收益率整体向右移，说明整体水平逐渐在提高。第二，波峰高度整体分布越来越扁平，宽度分布也越来越宽，说明被投企业在资本市场上的表现差距也在逐渐扩大。另外，在考察期内，平均累计股票超额收益率左拖尾显著拉长，变得越来越发散。第三，两极分化明显，波峰由最初右偏主峰和侧峰组成，演进到第三个窗口期后，变成了由一个偏左的侧峰和一个偏右的主峰组成，这说明风投创投机构投资的较优质企业市场表现越来越好，导致差距变得越来越大。

具体到广州，如图 5-9（b）所示，从中可以看到广州在 0.5~1.5 分位，以及 3~4 分位之间形成两个波峰，最大值接近 4，最小值不足 -1。与整体相比，广州的表现是较为优异的。但也需承认广州呈现的多极化现象，广州在 1.5~3 分位上分布企业过少，表明优异的企业整体逊于北京、上海。

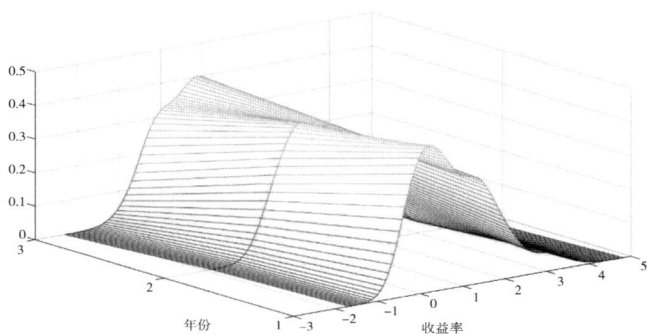

（a）6 个城市风投创投机构投资的上市企业平均累计股票超额收益率的演进

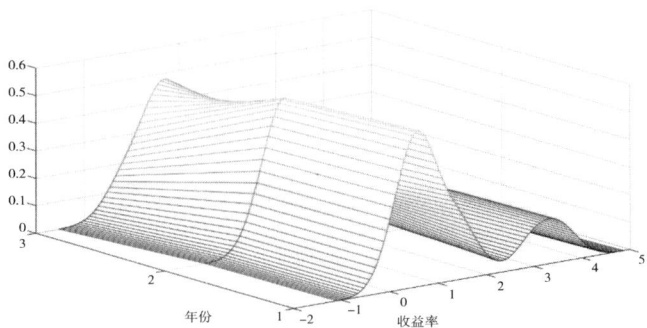

（b）广州风投创投机构投资的上市企业累计股票超额收益率的演进

图 5-9　2016 年风投创投机构投资的上市企业平均累计股票超额收益率的演进

注：窗口期选择标准为企业 IPO 日后 12 个月、24 个月以及 36 个月。

数据来源：国泰安数据库、Wind 数据库，数据经 Stata 14.0、Matlab 2016 处理得来。

本书使用 Stata 14.0 软件，根据柯布—道格拉斯生产函数，使用 OP 的测算方法，核算 6 个城市风投创投机构投资的上市企业在上市后 3 个年度面板数据，并进行效率估算（详细方法及过程见附录 19）。表 5-10 反映了 6 个城市风投创投机构投资的上市企业年度平均 TFP。可以直观发现，广州并不具有优势，投资后第 3 个年度的 TFP 仅为 5.696，与北京（5.816）相比有较大差距。图 5-10 则可以更加直观体现这一情况。从中可见，一方面，广州风投创投机构投资的企业效率整体偏右，集中在 5.7~5.8 分位区间内。但另一方面，又呈现出多极化，甚至左拖尾较长，在 5.4~5.5 分位区间内集中了较多企业。与北京、上海、深圳相比，广州风投创投机构投资的企业效率表现并不优秀。例如，北京在 5.9 分位上方集中了大部分企业，上海在 5.8 分位上方有不少企业，深圳也在 5.8~5.9 分位区间内分布较多企业，特别是这 3 个城市并没有在 5.5 分位以下分布企业。

表 5-10　6 个城市风投创投机构投资的上市企业平均 TFP

年度	北京	上海	武汉	深圳	广州	成都
1	5.847	5.782	5.790	5.826	5.734	6.011
2	5.832	5.769	5.814	5.769	5.697	5.863
3	5.816	5.733	5.725	5.724	5.696	5.558

数据来源：Wind 数据库、国泰安数据库，使用 OP 生产函数，经 Stata 14.0 核算得出。

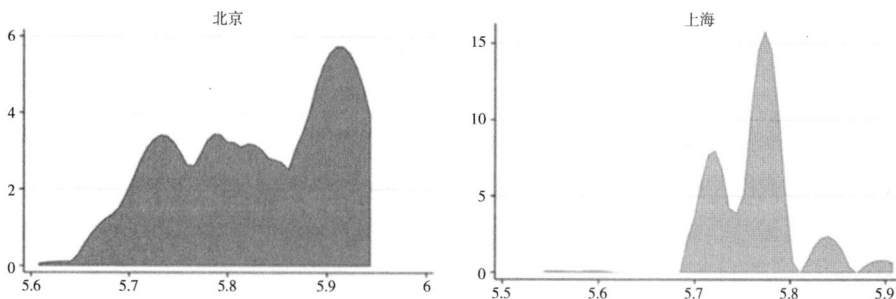

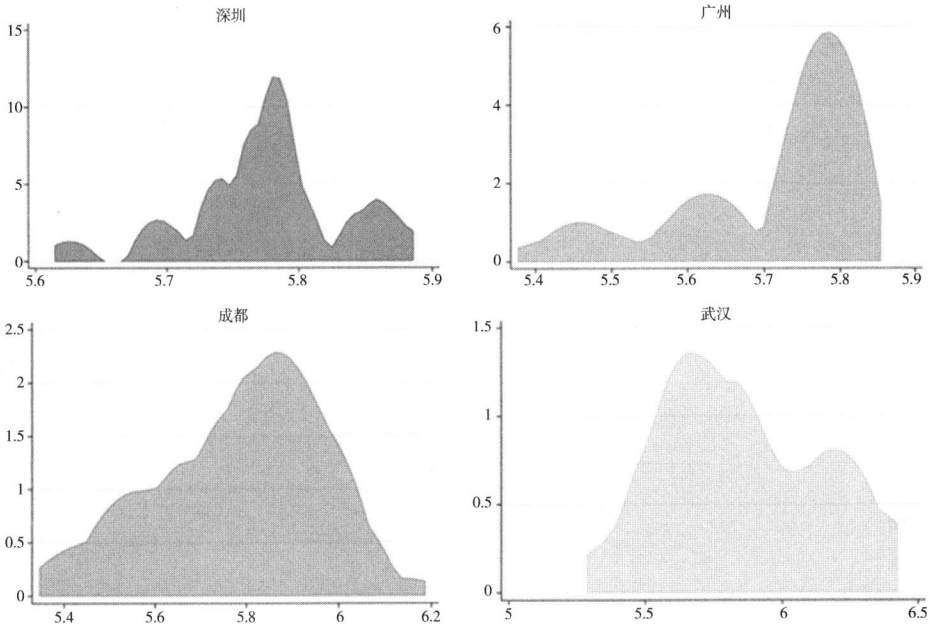

图 5 - 10　6 个城市风险投资机构投资的上市企业 TFP 核密度图

注：本书根据柯布—道格拉斯生产函数，使用 OP 生产函数的测算方法，得到各个企业生产效率。图例中柱体是效率值密度，折线为效率值的核密度。核密度分布情况其实是对直方图的一个自然拓展，用于计算要素在其周围领域的密度，即如果某一个数在观察中出现次数较大，可以认为这个数的密度较大，和这个数比较近的数的密度也会比较大，而那些离这个数远的数的密度会比较小，故边界区域会出现边界效应。

数据来源：Wind 数据库、国泰安数据库，数据经过 Stata 14.0 处理得出。

上市企业技术效率可以反映其创新能力，进而在一定程度上体现企业的质量。风投创投机构投资质量较优的企业，从侧面反映了风投创投机构的声誉和行业内的地位，并能够为其树立标杆。经验证据显示，广州风投创投机构所投企业在创新效率方面，与北京、上海、深圳相比存在差距，与北京相比差距明显。这表明广州风投创投机构甄选的项目质量有待提高。

（三）基本结论

广州的风投创投发展状况及水平虽然高于其他一些风投创投发展不错的城市，因而具有建设一个有影响力的风投创投中心的条件，但是，与北京、深圳、上海相比，广州在风投发展、集聚能力、辐射能力等方面均存在明显差距。总体上讲，如果北上深为第一梯队，则广州只能算第二梯队。如果将北上深定义为具有全国影响力的风投创投中心的话，则广州要建设这样的风投创投中心仍需要从各方面做大量工作。特别地，所谓有影响力的风投创投中心本身也是一个动态概念，因此如果北上深今后以更快速度发展，则广州就需要付出更艰巨的努力方有可能显著增强自身影响力。

第四节　广州风投创投中心发展定位与政策建议

一、　广州风投创投中心发展定位探讨

本章前面对风投创投中心的基本内涵和标准进行了界定，我们将其概括为"四个支点和三个维度"。这种界定是一种规范分析，试图回答一个风投创投中心应该是什么样的。这种分析很必要，它是一种设计，如同一座大厦在建筑之前必须设计蓝图；这种分析也很重要，它将成为推动现实发展的抓手。但是，这种分析具有普适性，具体到广州风投创投中心建设，我们认为，一方面应当体现风投创投中心的基本内涵，即"共性"；另一方面也是更重要的方面，即必须切合广州自身的实际，有利于扬长避短，形成广州的特色和重点。

基于此，我们认为广州建设风投创投中心应当摈弃与深圳进行全面竞争甚至一定要超越深圳的思维，要力争实现与深圳错位发展，力争做出广州自身特色。因为要在区区两百公里之内生成两个有全国乃至国际影响力的风投创投中心，如果不是各具特色、优势互补的话，则既无必要也不太现实更不经济。在深圳已经基本形成或正在快速成长为有重要影响力的风投创投中心的情况下（前面的比较分析表明，在风投创投发展方面深圳属于第一梯队，而广州只能算第二梯队），广州大可不必一定要急起直追并与深圳一争高下。因此，有必要首先讨论广州风投创投中心的发展定位问题。但这个定位不是指其"影响力"要达到的程度及覆盖的范围，而是要明确广州的发展重点和特点。

根据上面的分析，广州建设风投创投中心可谓优势与劣势并存、机遇与挑战共生。既然如此，发展定位的基本原则应是把握机遇，发挥优势，扬长避短。具体而言，广州要充分发挥作为经济中心、科技中心、研发中心、文化中心、人才中心，以及知识产权保护较完善、营商环境优良等优势，在风投创投中心建设中重点在三个方面着力：一是大力发展早期金融服务，着力打造创新型企业早期融资服务中心；二是着力打造服务风投创投业发展的金融（或类金融）创新基地；三是着力打造风投创投发展的中介服务体系。

（一）着力打造创新型企业早期融资服务中心

一般而言，一个创新型企业的发展大致经历种子期、初创期、发展期、扩展期、成熟期等阶段，这个过程的融资阶段可分为早期融资、中期融资和后期融资三个阶段。风投创投机构对企业的投资或企业进行融资按先后顺序大致分为种子轮、天使轮、A轮、B轮、C轮投资、IPO，其中种子轮、天使轮、A轮融资通常属于早期融资。

广州风投创投中心之所以应以早期融资服务为发展重点，理由是：首先，上面的分析表明广州是高校、科研机构和科技人才云集之地，是广东乃至全国的科教中心、研发中心和人才中心，《粤港澳大湾区发展规划纲要》要求广州进一步培育提升科技教育文化中心功能。因此，广州存在庞大的创新群体，他们的创新性想法需要形成实现场景，有大量的发明专利等创新性研究成果需要转化为经济应用，有大量处于种子期和初创期的项目或企业需要孵化和成长。这些都需要相应的金融服务，比如当创新创业者有一个很好的想法但又缺乏自有资金时，便需要他人的钱来验证其想法是否能变成现实，需要他人为其创新"故事"买单，此阶段可称为种子轮融资；当创新性想法通过验证即成为可做项目，此时便需要更多资金投入以启动项目，此阶段可称为天使轮融资；当项目启动并全面展开特别是在产品出来以后，需要继续往下推进的时候，就要去找更多的投资，此阶段习惯称为A轮融资。可见，广州风投创投中心以早期融资服务为发展重点，是从广州的现实需求引致的一个结论。其次，广州有充足的资金供给和管理人才供给。《2018胡润财富报告》显示，广州拥有600万元资产的"富裕家庭"数量16万户，千万元资产高净值家庭6.93万户，亿元资产超高净值家庭4 450户，均居全国（含香港）第五位。大量高净值人群为创新型企业的前期融资特别是种子轮和天使轮融资提供了资金供给保障。同时，天使轮投资一般都会介入所投企业的管理和监督，而广州拥有相对丰富的管理人才储备，可以满足这方面需求。

（二）着力打造服务风投创投业发展的金融（或类金融）创新基地

一方面，根据前面的分析，一个有影响力的风投创投中心本身应当是服务于创新的金融（或类金融）创新基地，只有不断提供满足企业创新所需的金融产品和金融服务，风投创投中心才能持续发展，才能越来越有影响力。

另一方面，前面的比较分析表明，广州在风投创投发展水平、集聚能力、辐射能力等方面与北京、深圳、上海相比均存在明显差距，总体来讲属于第二梯队。因此，广州要建设第一梯队意义上的风投创投中心，应在创新上下功夫。除了体制机制等方面的创新外，重点要创新金融产品和服务，使广州成为服务风投创投业发展和创新型企业快速发展的金融（或类金融）创新基地。通过金融产品和服务的创新显著增强广州风投创投中心的集聚力与辐射力，进而提升其全国影响力。

（三）着力打造风投创投发展的中介服务体系

风投创投中心的建设和发展除了需要技术、资本、人才、风投创投机构的集聚外，还有赖于形成完善的专业化服务体系和完善的孵化功能。中介服务体系不仅是企业技术创新体系的一部分，而且在整合各种创新要素、提高技术创新能力等方面起着重要作用。完善的中介服务机构主要包括人力资源、技术转让、会计税务、法律、咨询、安保等机构以及猎头公司和物业管理公司。

广州区位优势明显，将进一步发挥国家中心城市和综合性门户城市引领作用，进一步增强国际综合交通枢纽功能，建设国际信息枢纽。同时，广州营商环境优良，正在创建国家级营商环境改革创新实验区和科技型民营中小企业发展先行示范区，营造国际一流营商环境，打造现代化国际化营商环境"广州样板"。此外，广州的知识产权保护体系比较完善，并将建立最严格的知识产权保护制度，深化国家知识产权运用和保护综合改革试验，创建"对标国际、引领全国、服务湾区"的知识产权强市。所有这些表明广州已具有比较完善的能有效支持创新发展的现代服务体系，有条件在这方面做优做强并实现与深圳的差异化发展。因此，广州今后应在此基础上，将打造能更好支持创新发展及建设风投创投中心的中介服务体系作为一个重点。必须指出的是，广州建设强有力的风投创投中介服务体系并非仅仅服务于广州本身，而是要服务深圳和整个粤港澳大湾区乃至辐射全国。这将是提升广州风投创投中心影响力的一个重要路径和突破领域。

当然，广州风投创投中心建设以上面三个方面为发展重点和着力点，并不意味着就只是局限于建设这几个方面。作为一个具有全国影响力的风投创投中心，当然必须具有"中心"的基本形态和必要构件，就此而论，广州风投创投中心必须是一个功能完善和强大的中心，因而必须全方位发展。但是，广州风投创投中心同时又必须是一个有广州特色的风投创投中心，并且必须通过做出特色来做大做强和做出影响力，因而必须重点突破。可见，重点突破与全面发展并不矛盾，而是相辅相成、相互促进的。因此，广州在重点推进三个领域发展时，也要兼顾其他领域的相应发展。

二、　广州建设风投创投中心的对策建议

（一）率先探索加快推进金融供给侧结构性改革

风投创投中心建设必须服务于现实的创新活动，包括科技创新、商业模式创新和产业（或业态）创新等，否则毫无意义。但是，任何创新都具有很大不确定性，因而具有很大风险，因此，金融系统中的银行体系很难解决创新的融资需求，必须更多依靠资本市场。而我国目前金融市场的供给特征是银行主导型供给，显然不适应创新的需求，这就要求金融供给侧必须改革。

广州创新驱动发展和产业转型升级已经全面展开并呈加快推进之势，但由于种种原因金融供给侧的改革进展缓慢，金融供给结构不适应创新驱动发展内含的金融需求结构，已成为制约创新发展的一个非常关键的因素。从这个意义上讲，广州建设风投创投中心的过程同时必须是金融供给侧结构性改革的推进过程。通过金融供给侧结构性改革，发展和完善多层次资本市场，改善和优化金融供给结构，建立与创新发展的金融需求相匹配的金融供给结构。

虽然金融改革事权主要集中在中央政府层级，但习近平总书记对广东的批示要求广东为全国推进供给侧结构性改革提供支撑，同时广东自贸区建设

特别是粤港澳大湾区建设，在许多金融领域赋予了广东和广州进行先行探索的职责。因此，广州应积极探索金融供给侧结构性改革，围绕创新驱动发展对金融的需求，大力发展多层次资本市场，特别是发展种子轮、天使轮、A轮融资等早期融资市场。

（二）大力培育和引进风投创投机构和相关中介机构

在机构集聚方面，关键在于发展龙头投资机构，通过这类机构的带动作用吸引其他中小型风投创投机构的集聚。

龙头投资机构拥有强大的资源集聚吸附功能，不仅自身集聚大量高质量的技术、资本和人才，也发挥引领和带动扩散效应，对其他投资机构、产业链上各类合作伙伴、客户、各类广州中介服务机构和其他利益相关主体起到引领作用。按照管理资金规模，广州在全国排名前十的风投创投机构中无一席之地，缺乏行业的话语权和领导力。因此，要着力培育和扶持龙头投资机构，提高对其他风投创投机构的吸引力和辐射力。从政府角度而言，应专门针对龙头投资机构出台相关政策。在此过程中，既要有效识别一批有潜力的风投创投机构，给予政策倾斜，从而催生龙头投资机构，又要促进龙头投资机构与其他机构的合作，充分发挥龙头投资机构的引领作用和辐射效应，构建网状风投创投生态系统。

（三）强化风投创投资本集聚

1. 激励和引导更多高净值家庭成为风投创投发展中的"天使"，使越来越多的潜在资金进入风投创投早期融资过程

（1）政府设立引导基金，并形成与"天使投资"的有效联动或联合投资。

（2）大力培育创新创业文化，鼓励创新冒险，通过宣传、教育等多样化的形式，提高高净值人群对风投创投业的认知程度，引导他们积极参与风险投资。

（3）加强信息汇集和披露，畅通投资者与融资者之间的信息渠道，降低投融资过程中的交易成本和风险。借鉴旧金山湾区大学路和硅谷沙丘路风投创投发展"咖啡文化"的理念，组建具有广州特色的（如"早茶文化"）的

风投创投一条街，以灵活多变的方式促进资本对接投资项目。

2. 大力吸引异地资本

纵观北上深风投创投资本来源的构成，外来资本是重要的组成部分。前面的分析显示，广州风投创投联合投资的案例数很少，而且大部分联合投资的对象集中在深圳，表明广州风投创投机构缺乏与外界的沟通联系，引入外资的能力不强。引入新增资本首先要建立完善的风投创投联动机制：

（1）财税扶持。对引入外来资本的基金管理人员给予财政奖励和税收优惠。

（2）平台搭建。首先，既要参考北京"科创汇"、上海"牵翼网"，搭建项目和资本对接平台，也要通过搭建自己的平台，撮合资本与资本、管理人与资本的结合。其次，引入新增资本需要培育一批明星天使投资机构，通过市场声望和专业水平吸引外来资本，发挥集聚和带动效应。再次，规范利用创新型载体的融资方式，如"互联网＋"时代的股权众筹、金融科技等。

（四）促进高端专业人才的集聚

1. 构建多元化的风投创投人才培养模式

风投创投人才来源不外乎高校应届毕业生、原金融从业人员、风险投资研究的学者、职业经理人以及"海归派"人士。针对风投创投人才的不同来源，应构建因人而异的人才培养模式：一是依托广州地区高校培养风投创投专业的人才，同时构建产学研结合模式，培训风投创投机构从业人员。二是搭建平台育才、导师助才机制，充分发挥企业在风投创投人才培养中的主体作用，鼓励建立岗位学习平台和交流平台，激活存量风投创投人员。开展风投创投从业人员选调工作，选派一批风投创投从业人员到政府部门、高校帮扶具备金融知识储备的人才，提供"一对一"专业化服务，打造多维知识人才培训体系，从而建立事业单位—风投创投机构双向的人才互动闭环。三是筹建高端人才训练营，在本地风投创投人才中遴选和培养一批具有国际领先水平的投资家。拓宽用人渠道，在全社会范围内聘请一批有丰富管理经验的人才。

2. 实行更具竞争力的人才吸引策略

进入 2018 年，我国各地区都开始大力度实施人才引进政策。广州作为全国一线城市，具备天然制高点优势。广州在人才引进方面，不应仅仅局限于国内，更应着眼于国际。从这个角度出发，应该做到以下四方面：一是稳步推进人力资源市场对外开放。鼓励有条件的人力资源服务机构走出去与国外人力资源服务机构开展合作，在境外设立分支机构，积极参与国际人才竞争与合作。二是充分利用中英科技桥、中新知识论坛、"智汇广州"等品牌活动，构建常态化的人才引进渠道。三是针对项目的实际需求，灵活利用"落户式""候鸟式""遥控式""风筝式"等人才引进方式，细化不同引进方式的政策，重视人才引进的实质性作用。四是加强与粤港澳大湾区内风投创投人才的交流。据前文，广州处于大湾区核心地带，可以充分调动大湾区资源，利用好深圳、香港风险投资机构带来的溢出效应也是今后重要的工作。除这些人才引进政策外，还应当做到有差别的人才引进计划，有必要提高对"明星型"风投创投人物的支持，为其提供优质服务，这将有利于提高广州风投创投机构的知名度，树立典范。

3. 提升激励机制和优化人才服务

在培养人才抑或是吸引人才的同时，也应该增加人才的黏合度，避免人才流失。从这一角度出发，提升激励机制和优化人才服务至关重要。

在提升激励机制方面，一是完善人才评价体系。应重视第三方专业机构和用人单位评价人才的方式，建立政策扶持与考核结构挂钩的动态调整机制。二是进一步完善人才奖励。完善《广州市高层次金融人才支持项目实施办法（试行）》，在执行人才引进的激励政策的同时，实施与绩效挂钩的激励措施，保证激励机制的持续性。

在优化人才服务方面，政府一定要下大决心、花大力气将广州的软环境提升到新的高度。系统规划好创新创业示范基地，建设有集聚效应和强大信息交流能力的平台。比如，合理借鉴硅谷经验，强化创客空间和孵化器等风险投资人才交流平台建设，争取更多具有国际影响力的关于创新创业、风险投资等金融中介主题的会议或者竞赛，充分发挥互联网信息媒介作用，营造广州风投创投浓厚氛围和提升广州国际影响力。

4. 营造包容开放、敢于冒险的城市文化氛围

正如前文所述，广州具有悠久历史但同时也因此背负较大历史包袱。广州要在风投创投建设中有更大建树，势必要打破陈规，将包容开放、敢于冒

险的城市名片向更大范围传播。除了"树一个英雄、立一个典范"的传统方式，更当将以"创新创业"为核心的硅谷精神作为导向。创新创业精神也不是一蹴而就的，而是在实践中生成和培育起来的良性循环。广州建立风投创投中心，就要有世界的眼光、多元的意识、包容的格局、冒险创新的精神，培育拥抱新经济、新业态的包容城市文化，不断引导和培育这样的文化生态系统。

（五）大力进行平台建设

1. 完善股权退出平台体系

第一，积极利用沪港多层次资本市场实现退出。广州市科技创新委员会已发布《加快推进创新企业在上海证券交易所科创板和香港交易所上市行动方案（征求意见稿）》（以下简称《上市行动方案》），对重点支持产业、后备资源和筛选机制、财税支持政策做出了初步规划。推进赴沪港上市，一方面要抢占资本市场先机，理顺风投创投机构的退出方式：进一步细化《上市行动方案》，构建绿色通道，实行"专人对接、专项审核"，给予"一事一议"的灵活机制；另一方面，科创板和香港的上市制度与内地主板存在差异，既要加大对企业上市前后的辅导，更要与科创板和香港交易所构建常态化的联系机制，设立专门联络小组。

第二，优化广州股权交易中心的各项机制，加大力度发展青创板。一是应深化股权交易环节的政策，从资金供给、资源整合、产品提供等方面给予支持，提高区域股权市场交易活跃度。应完善挂牌后续服务，针对不同规模和性质的企业设计差异化的金融产品，提供综合金融服务，实现投融资对接。二是加强服务会员单位的管理和引导。细化会员信息档案管理制度，定期对会员机构进行培训和引导，建立服务评价体系。三是开展双向引导机制。一方面，进一步完善孵化培育机制，建立完善的财务制度和信息披露制度，提升创新企业的规范化管理水平；另一方面，进一步加强投资者教育，培育以长期投资为主、追求投资回报持续性和稳定性的民间资本。

2. 推动风投创投平台建设

第一，构建产学研结合平台。一要鼓励孵化器＋风投创投模式。孵化器应加强与天使投资机构的合作，可以共同出资组建投资基金。二要支持企业风险投资（CVC）模式。企业风险投资是指有明确主营业务的非金融企业在其内部和外部进行的风险投资活动。企业不仅拥有雄厚的资本，同时会为创新企业的研发、各种商业活动提供多样化的支持。三要推动高校参与风投创投活动。前面的 SWOT 分析表明，广州占据了省内绝大多数的教育资源，然而 R&D 强度却不超过 2.5。应充分利用高校资源集中优势，借力青创板，推动高校参与企业孵化和风投创投活动。

第二，打造风投创投交流平台。推动四类平台的构建：财政资金与民营资本的合作平台、项目与资金的对接平台、管理人与资金的联系平台、管理人与管理人的互助平台，提高广州风投创投的集聚能力和辐射能力。

第三，完善创新型载体的建设。一是打造两三个新型风投创投知名品牌平台，提高知名品牌平台的示范效应和集聚效应。二是制定鼓励众筹资金投资产业导向目录，引导众筹资金投向 IAB（新一代信息技术、人工智能、生物医药）和 NEM（新能源、新材料）产业。三是完善征信体系，开放信息共享平台，构建云金融信息系统，提高信息透明度。

3. 加快搭建综合推荐平台

近几年广州承办了包括十九届中国风险投资论坛、《财富》全球论坛在内的多个重量级论坛，打响了广州的城市品牌。建设具有全国影响力的风投创投中心需要平台建设的常态化和专业化。因此，一方面应继续积极承办国际化论坛，同时通过省外或海外推荐会实现"走出去"战略，提升资本和项目的双向流通性。另一方面，应打响属于广州自己的平台。进一步利用中国广州国际投资年会等本土平台，建立风险资本—项目对接的常态化机制，提升广州风投创投的影响力。

（六）建立和完善三个机制

1. 完善政府引导与服务机制，做"有为政府"

广州建设风投创投中心需要政府引导和服务，以解决市场失灵等问题。政府引导和服务包括：第一，运用财政政策，包括利用财政资金设立各类引导基金、税收优惠等。第二，运用产业政策，制定产业投向目录，引导资金向 IAB 和 NEM 等具有广州特色的产业投入。第三，严格知识产权保护，确保创新能获得超额利润。第四，优化风投创投发展营商环境，特别是信息环境。

第五，向中央和广东省争取更多的政策资源。第六，建立与证券监管部门以及证券交易所等机构的常态化联络机制，畅通风投退出渠道。

2. 发挥市场主导机制，实现"有效市场"

广州建设风投创投中心，必须以市场机制为主导，充分发挥市场在金融资源配置中的决定性作用。发挥市场的决定性作用关键在于完全由市场根据供求关系定价，即政府不应干预各种定价，也不存在垄断。具体来讲，风投创投机构的集聚和做强做大、风投创投资本的流入流出以及人才流动，主要由市场决定，特别是要发挥市场在风投创投各种资源如资本、技术、专利、人才定价中的决定性作用，要充分发挥创新型企业在并购中的市场定价机制，通过正确定价引导资源在动态中优化配置。只有这样，建设起来的风投创投中心，才具有可持续性，才能真正做强做大。

3. 坚持民间主推机制，动员和依靠社会力量

广州建设风投创投中心，离不开政府的引导、服务和支持，但必须避免基于"政绩""形象工程"以及与别的城市的"竞标"等动机而由政府强力主推，必须构建民间主推机制，大力动员和依靠社会力量，实行民间主推式发展模式。第一，大力发展民营风投创投机构和其他中介机构，鼓励和支持本地民营风投创投机构做强做大，积极吸引区外风投创投机构进入广州。通过大量民营风投创投机构及其中介机构的催生和发展，形成风投创投机构云集的强大氛围和态势。第二，加快推进广州国有风投创投机构混合所有制改革，大力吸收民营资本和外资进入，进一步优化股权结构和公司治理结构，大力提升投资效率。第三，激发和推动民间资本进入风投创投行业，使民间资本成为风投创投的主力军。第四，推进风投创投业的进一步对外开放，大力吸引境外风投创投机构和风投创投资本进入广州，壮大区内风投创投资本规模，同时也吸收和借鉴发达国家风投创投的先进经验。第五，支持发展以民间资本为主体的民间投资者与国有风险投资公司共同出资组建的风险投资基金；发展中资与外资联合组建的中外合资科技风险投资基金；鼓励组建"民投国营"以及 CVC 的双向投资模式，组建"民投国营"的风险投资公司，鼓励民营资本参投政府引导资金。

第六章　资本市场促进创新——国内外经验提炼

第一节　美国硅谷和以色列经验借鉴

一、硅谷经验借鉴

（一）硅谷风险投资发展概况

2017 年硅谷和旧金山风险投资总额为 249 亿美元（分别占加州和全美风险投资总额的 78.3% 和 38.9%），其中硅谷占 140 亿美元（见图 6-1）。投向硅谷的风投资金中有 37% 投向了互联网公司，29% 投向了医疗保健公司。投向硅谷医疗保健公司的风投资金在 2017 年达到了 27 亿美元，相较于 2016 年的 14 亿美元几乎翻了一倍。2017 年在硅谷共发生了 22 宗超过 1 亿美元的风投交易，而 2016 年只有 5 宗。

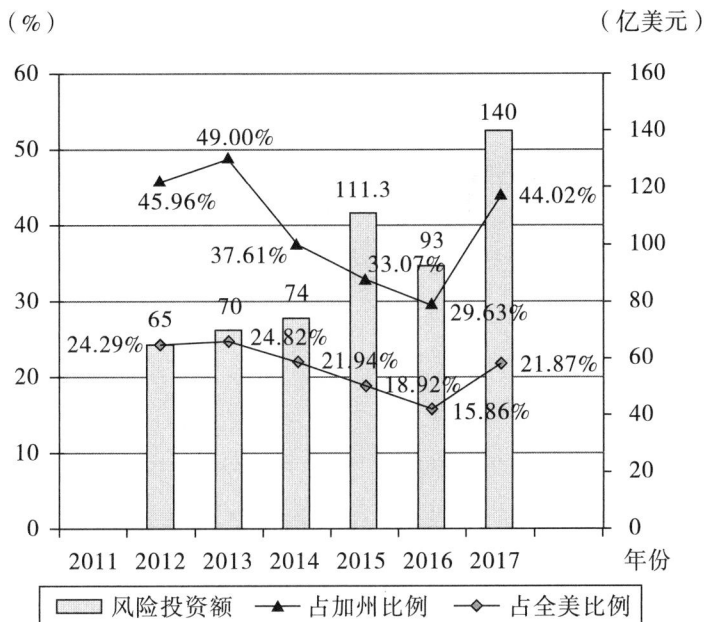

图 6 - 1　硅谷历年风险投资额

数据来源：历年《硅谷指数》。

（二）硅谷的基本举措与经验

1. 广泛吸纳各类人才，构建全球高端人才集聚高地

人才，尤其是高科技人才，是推动科技创新的关键力量。纵观硅谷的人文环境，在世界前十所顶尖研究型大学中，位于加州的至少有三所。在硅谷有斯坦福大学、加州大学伯克利分校、圣克拉拉大学、圣何塞州立大学等研究型大学和 9 所专科院校，以及 33 所技工学校和 100 多所私立专业学校，这些高校和科研机构为硅谷发展不断输送高水平人才，为硅谷的科技创新提供了强大的可持续的人才支撑和智力支持。

硅谷的人才除了来自周边高校和科研机构外，还有大量高端人才来自美国其他高校。此外，广泛吸引世界各地的精英，也成为硅谷重要的人才来源方式之一。根据美国国际协会公布的数据，每年全球的留学生中有 72 万多人在美国学习，占全球留学生的 48%。这成为美国留住全世界各地的高素质人才的第一步。同时，美国有 720 多个联邦研究和开发实验室，招募或引进许多著名的外国科学家。此外，硅谷的大量企业也通过自身的平台大量引进其所需的对口人才。美国政府还通过实施短期签证计划，给予高技术人才及其家属移民政策优待，向有突出贡献的高科技人才提供优厚的物质条件。《2017年硅谷指数》显示，第一代移民占硅谷高技术领域从业人员的67%。可见硅谷的成功离不开大量的高素质移民人才。

除了技术创新人才外，硅谷还有成千上万游走的企业家，他们目光独到，不错过任何优秀的技术成就，这些企业家可以最快的速度将科研与生产相结合，在最短的时间内占领市场。同时，在硅谷起着关键作用的是一批风险资本家，他们既懂产品又了解市场，既了解科创又熟悉风投。这批"领头羊"实现了硅谷的高新技术产业的集聚与发展。

可见，硅谷的发展过程就是科学家、企业家、风险投资家以及其他各类高端人才集聚于此，使其成为全球人才高地的过程。

2. 成熟的风险投资机制和完善的中介服务体系

尽管硅谷的成功是诸多因素综合作用的结果，但其中风险投资起着关键作用。硅谷中80%以上的高科技企业都在不同阶段获得风险投资的支持。风险投资为硅谷科技成果转化和产业化提供资金，为企业提供管理等增值服务，对硅谷高技术产业的发展起到重要的推动作用。美国风险资本规模已占全球风险资本的一半以上，而硅谷地区吸引了全美约35%的风险资本，美国大约50%的风险基金都设在硅谷，这些风险投资公司加速了科技成果向生产力的转化，推动了高科技企业从小到大，带动了整个高技术产业快速发展。硅谷早期的IBM公司和苹果公司等，后期的英特尔、雅虎、莲花、康柏等都是风险投资的杰作。探究硅谷风险投资成功的原因，主要总结为以下三点：

其一，成熟的高新技术股票和证券市场。著名的纳斯达克就是美国为风险投资量身定做的证券交易市场。纳斯达克为硅谷创业公司提供了上市融资的便利条件，为风险资本增值后的退出提供了一个安全出口。纳斯达克的IPO对硅谷经济至关重要，它通常为企业家、风险资本家及有限合伙人提供丰厚的回报，这反过来使他们增加对硅谷的更多投资。

其二，专业化服务体系和完善的孵化功能。中介服务体系不仅是企业技术创新体系的一部分，而且在整合各种创新要素、提高技术创新能力等方面起着重要作用。硅谷的中介服务机构主要包括人力资源、技术转让、会计税务、法律、咨询、安保等，以及猎头公司和物业管理公司。在硅谷，高科技产品的市场化过程使得形形色色的专业化服务企业应运而生，进而构成了硅谷的"孵化器区域"。目前，硅谷有 3 万～4 万个天使投资人，大多为兼职、业余的投资人，2017 年发生在硅谷和旧金山的天使投资总计 3.55 亿美元，占整个加州天使投资的 75%，其中硅谷占 39%。金融服务类孵化器通过项目路演以及创业投资软件化管理等一系列机制，帮助这些兼职投资人更专业、透明、统一地去投资、管理项目。

其三，成熟的风险投资机制。硅谷的风险投资不仅为高科技企业提供资金支持，还帮助企业进行流动资金的融资运作，向企业推荐人才，帮助组织和改造企业的管理团队与治理结构，为企业的经营提供咨询服务和指导，为企业的 IPO 运作提供支持和帮助，这些可能比资金支持更有价值。

3. 硅谷文化——独特且具有竞争力的软实力

硅谷最独特的地方不在于先进的技术，而在于其发展过程中逐步形成的区域文化。世界上许多国家的高科技开发区的发展都借鉴硅谷的经验，但大多都只模仿了其硬件条件，而没有学到软实力——硅谷文化，因此难以复制硅谷的成功。硅谷文化的核心主要在于以下四点：

（1）崇尚创新、鼓励冒险、宽容失败的硅谷精神。创新，是硅谷的灵魂所在，而且硅谷的创新不仅限于技术创新，还包括企业体制创新、经济环境创新等。硅谷正是以源源不断的新科技成果推动世界科技发展，确定其世界创新中心的地位，引领着世界科技新潮流，大量具有广阔市场前景的高科技项目吸引着全世界的风险资本向硅谷集聚。高科技和创意不断转化为产品并形成产业，这为风险投资家提供了更多选择，也为提高投资质量、效率创造了机会。在硅谷人的价值观中，生命的意义就在于创新和冒险，因循守旧、抄袭模仿、保守垄断注定会遭到淘汰，这些观念能够极大地激发人们的创新创业热情，为硅谷企业注入强大的活力和创造力。

（2）硅谷的创业文化。这种创业文化主要表现为硅谷公司生产结构的开放性。加州法律环境较为宽松，硅谷人才流动频繁，跳槽的情况常有发生，这种开放性的生产结构有利于快速革新：这既表现在硅谷人对创业失败的宽容上，人们不会认为失败是一件丢脸的事，硅谷对失败的宽容气氛极大地调动了人们的创业积极性，还表现在硅谷人的工作热情上，硅谷人是"活着为了工作",工作本身是乐趣,创业本身是目标。硅谷人喜欢形容硅谷是创业公司的"栖息地"。硅谷的创业也很有特色。这里创业"门槛低",登记注册一家公司十分便利。硅谷的公司有生有灭,成功者由小到大,发展过程迅速。这不只是一种经济制度,而是成了一种文化,是当地生活的一部分。

(3)硅谷的企业文化。从现代企业制度的角度来说,硅谷可能显得很"叛逆",即在企业中,人是核心,领导和员工之间不再是领导拥有员工的关系。硅谷企业中的等级制度不太明显,员工更忠于技术,更专注于如何将技术创造出更大的市场价值。小企业集群的发展模式使企业间的互动交流和资源共享更为灵活方便,扁平化的企业制度赋予了企业创新活力,提高了创新效率。另外,同业跳槽在世界很多地方是不认可的,但硅谷接受这种"叛逆"行为,硅谷一代代的公司,实际上很多都是在前人的基础上不断重组整合从而获得成功。

(4)硅谷开放包容的多元文化。开放包容是硅谷作为全球科技创新中心的关键文化特征,如今硅谷人中大概37%是非美国出生的;在硅谷工作的人中,有65%来自美国以外。硅谷的工程师和企业家来自五湖四海,在当地缺乏家族联系,这种处境使他们在激烈的竞争环境下互相学习,不断提升自我,精诚团结,平等相待,彼此信息共享,互助发展,形成了高度联系的社会网络。能抓住机遇并甘冒失败的风险,做出突出的业绩,是在硅谷得到承认的最佳发展途径。

4. 政府为硅谷创新系统提供财政支持及规制保障

硅谷法律制度环境的建设具有历史的延续性,并且是建立在发达的基础设施之上。政府提供财政支持、平台服务、规制保障等对硅谷创新系统进行全面的保护和完善。

(1)联邦政府投入大量资金扶持大学在国防、航天、通信、信息以及材料领域进行大规模的基础研究,由此源源不断地产生世界一流的技术和发明,培养世界一流的科技人才,催生出从国家实验室走向硅谷进而扩展至全球的商业成功模式。冷战时期,联邦政府向斯坦福大学和加州大学伯克利分校进行大笔拨款,全力发展高科技,政府对大学的大量科研投入使得大学能专注于基础研究,从而为科技创新提供持续发展的动力源泉。联邦政府通过财政资金支援硅谷发展前景广阔的高科技中小企业,使得社会对于该类中小企业的信任度大大提升,从而帮助硅谷的中小企业向成熟大企业蜕变,实现良性循环。此外，政府大量采购硅谷的技术产品。硅谷地区的高科技发展是一个离不开政府支持的典型例子。硅谷带来的每一次的高科技浪潮都离不开包括美国国防部高级研究计划局、美国自然科学基金会在内的政府机构的支持。

（2）政府积极与第三方机构合作，为硅谷企业的成长保驾护航。中小企业通过市场化的运作将自我创新成果化，政府则通过与第三方机构合作，助力中小企业的成长。例如政府与商业协会合作，为新成立的企业免费（或者优惠收费）提供所需场地，为管理者提供免费的培训指导，为高校、科研机构、企业以及其他机构申请知识产权开通绿色通道。同时政府还与人力资源服务机构合作。

（3）政府通过出台不同政策以鼓励硅谷的创新活动，并为创新的持续发展提供法律保障。一方面，美国联邦政府建立了一套完善的知识产权保护体系。1790年，美国通过了《专利商标法》，这标志着美国保护知识产权制度的建立。1890年，美国联邦政府通过了《谢尔曼法》（美国历史上第一部反垄断法），为高科技企业的发展提供了公平的环境。

另一方面，各级政府采取不同的政策鼓励硅谷的创新活动，为创新的持续发展提供保障。例如，美国联邦政府促进技术创新的政策主要包括：建立风险投资基金；直接提供研发经费；加大教育投入，培养更多高素质的科技人才；通过税收制度鼓励对研发活动的投资；保护某些行业免受外国公司的不公平竞争，直到它们在技术上自力更生；放宽反垄断政策，使企业能够充分利用它们的创新成果。早在1958年，美国就颁布了《中小企业投资法》，从而促进了大量中小企业的建立。政府还在税收、融资和贴息贷款方面提供优惠待遇。1974年《雇员退休收入保障法案》、1981年《经济复兴税法》和1997年《投资所得税减免法》使得投资所得税税率进一步降低。1982年，美国国会通过了《小企业创新与发展法》，该法案鼓励中小企业提高技术水平，加大创新力度，推动技术创新成果转化。以《小企业创新与发展法》为核心，美国联邦政府又先后出台了一系列为保障硅谷健康发展的法律法规，如《史蒂文森—怀特勒创新法》《国家竞争技术转让法》《联邦技术转让法》《专利法》《知识产权法》《商标法》《反垄断法》等。多元化、多角度的法律体系保障了硅谷风险投资企业的健康发展。

总之，美国联邦及州政府通过各种直接或间接的方式为硅谷地区的创新发展提供包括资金、法律法规、政策等方面的支持，为硅谷地区营造和培育了良好的创新环境。

二、 以色列经验借鉴

（一） 以色列风险投资发展概况

以色列在高科技和风险投资产业方面取得的赶超成就和惊人发展速度令世界瞩目。在联合国世界知识产权组织和美国康奈尔大学等机构联合发布的 2018 年全球创新指数排行榜中，以色列排名第 11 位。以色列的国土面积相当于 3 个广州大，人口为广州人口的 60%，2017 年人均 GDP 为 3.99 万美元，世界排名第 22 位。以色列的科技创新和经济增长在很大程度上得益于该国风险投资产业的蓬勃发展。图 6 - 2 反映了以色列历年风投创投筹资额。

（百万美元）

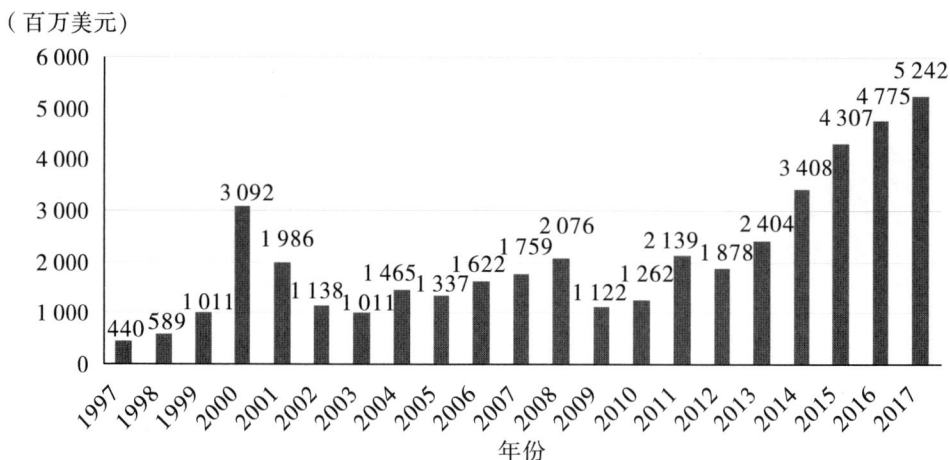

图 6 - 2　以色列历年风投创投筹资额

数据来源：以色列风险投资研究中心（IVC）。

2017 年第三季度，以色列的 144 家高科技公司共募集资金约 14.4 亿美元，相比于上一季度增长了 14%，同比于上一年度增长了 54%，平均融资额近 1 000 万美元，达到五年以来的高点。图 6 - 3 反映了以色列自 2013 年第一季度至 2017 年第三季度高科技公司的融资交易笔数和募资情况，图 6 - 4 反映了以色列高科技公司在此期间的平均融资额变化情况。

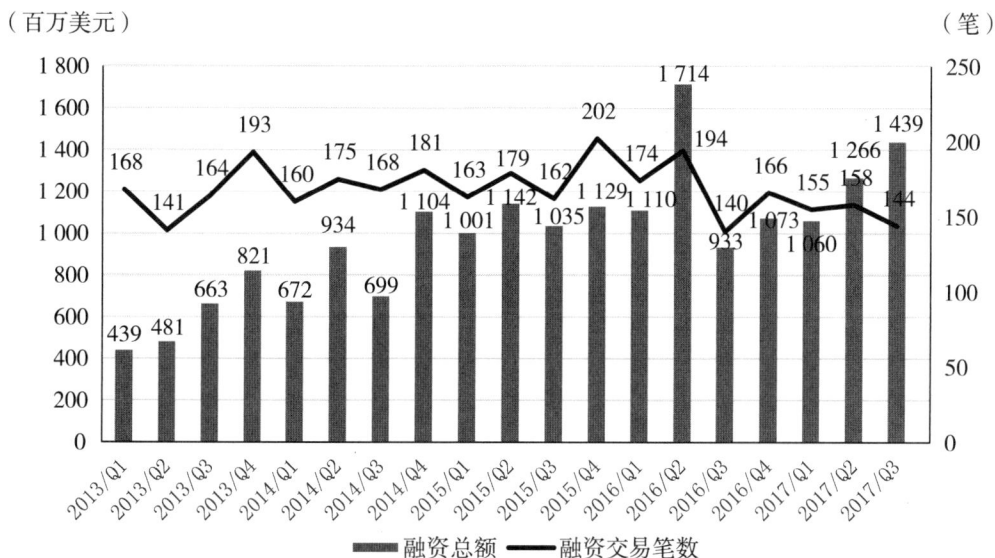

（百万美元）　　　　　　　　　　　　　　　　　　　　　　　　（笔）

图 6 - 3　以色列高科技公司的融资交易笔数和募资情况

数据来源：IVC – ZAG HT Survey Q3/2017。

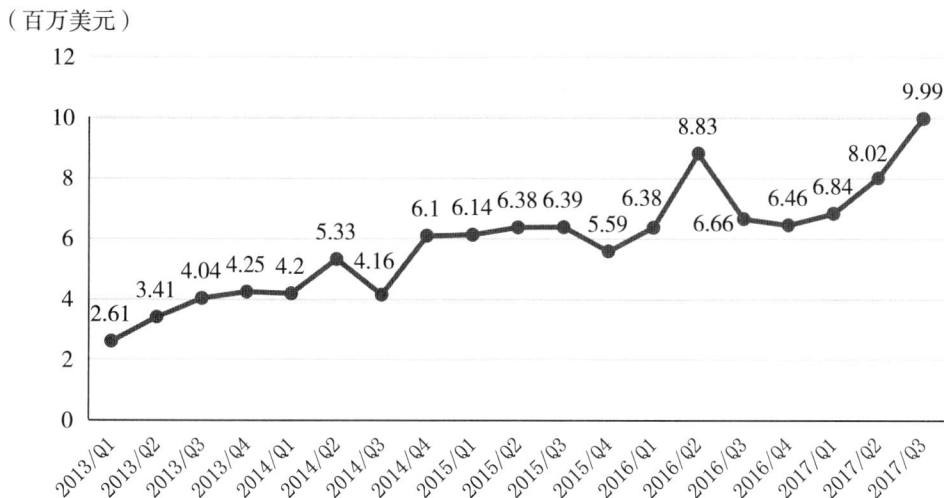

（百万美元）

图 6 - 4　以色列高科技公司平均融资额变化情况

数据来源：IVC – ZAG HT Survey Q3/2017。

以色列在 2017 年第三季度共发生 144 笔风投支持的交易，共募集资金约 14 亿美元，尽管在交易笔数上比过去五年的季度均值低 9%，但在募集资金上比上一季度增长了 13.6%，相较于 2016 年同比增长 54.2%；风投支持的投资占总投资的份额在 2017 年前三个季度也呈现稳步攀升的趋势，尤其是在第三季度达到了 84% 的比例，相比于去年同一季度份额增加了 17%；从风投支持的融资轮角度来看，2017 年第三季度的每轮融资的均值相较于上一季度的 900 万美元和去年同季度的 800 万美元达到了 1 370 万美元的峰值。

（百万美元）

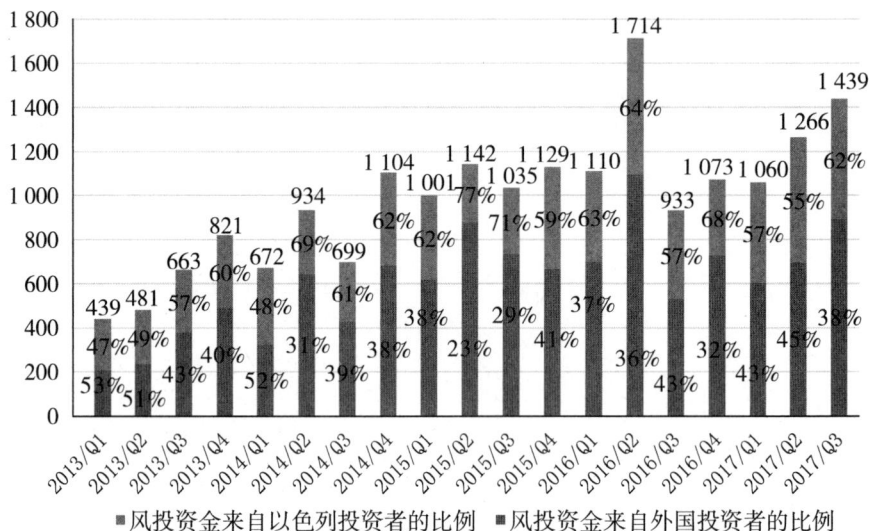

图 6 - 5　以色列风投资金来源情况

数据来源：IVC - ZAG HT Survey Q3/2017。

2017 年第三季度在以色列发生的种子轮、A 轮、B 轮、C 轮和后期轮的融资表现不尽相同。总的来看，种子轮和 A 轮在融资轮次上相比于过去两年来的季度均值均有所下降，分别减少 23% 和 28%，而且 A 轮融资额低于过去两年的季度均值 27%；B 轮融资在本季度融资 4.33 亿美元，超过了过去三年季度均值的 75%，在所有融资轮次中位居第二，和上一季度一致；C 轮融资额在本季度进一步下降，与上一季度的疲软保持一致，相较于过去两年的季度均值下降了 19%；后期轮尽管在交易数量上与过去三年的平均水平持平，保持在 40 次，但融资额取得了显著的提高，达到了 6.38 亿美元，具体情况如图 6-6 所示。

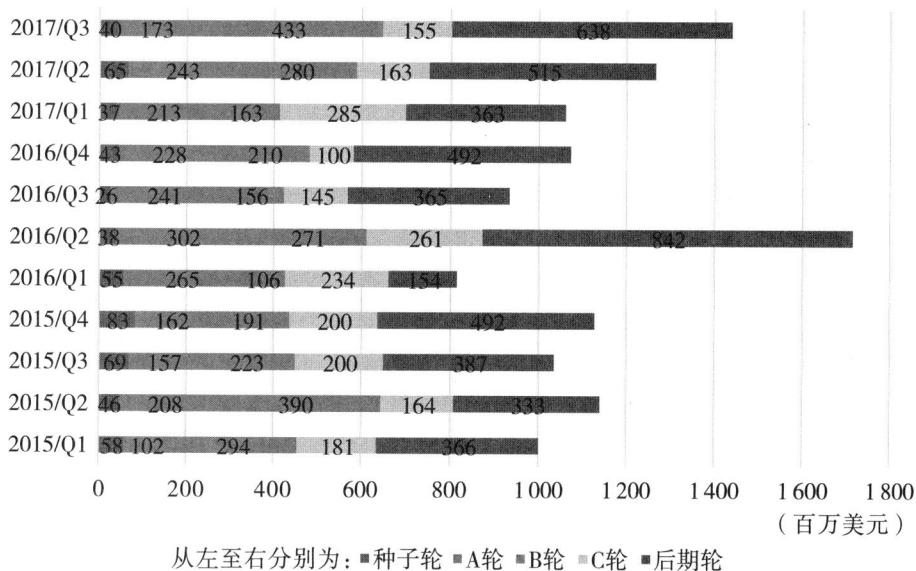

从左至右分别为：■种子轮 ■A轮 ■B轮 ■C轮 ■后期轮

图 6-6 以色列风投创投投资轮次情况

数据来源：IVC - ZAG HT Survey Q3/2017。

从行业的角度来看，在 2017 年第三季度共有 41 家软件公司成为筹资龙头，总筹资额为 3.61 亿美元，占总投资额的 25%，和前四个季度一样在行业中处于领先位置，其中，安全性行业作为本季度最具有吸引力的子行业，占据了信息技术和企业软件行业总筹资额的 38%；生命科学行业以总筹资额 3.48 亿美元（39 笔交易）紧随信息技术和企业软件行业位居第二，这是过去两年以来达到的最高值，其中医疗设备公司占据了生命科学行业 50% 的筹资额；2017 年第三季度对通信行业来说是自去年同季度以来表现最佳的一季，共发生了 18 笔交易，涉及筹资额 2.77 亿美元。24 家互联网公司在这一季度共筹资 1.72 亿美元，占所有行业总筹资额的 12%，其中互联网应用类公司的筹资额占行业总筹资额的 49%。半导体、清洁技术和混合技术行业的筹资额分别占全部行业总筹资额的 8%、3% 和 9%，详细情况见图 6-7。

（百万美元）

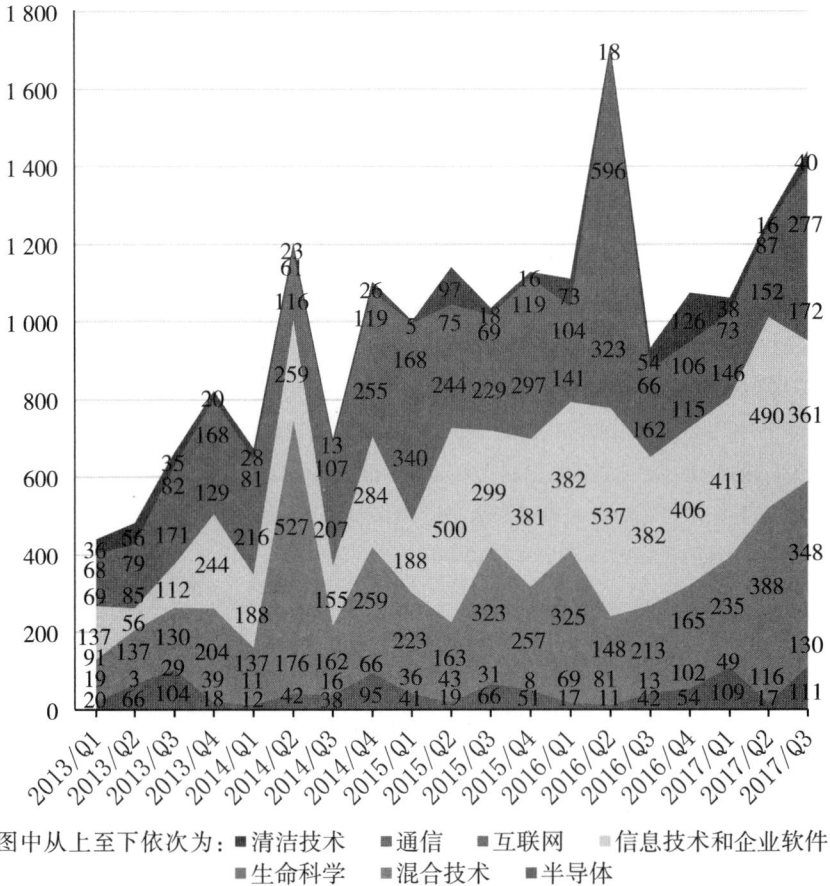

图中从上至下依次为：■清洁技术　■通信　■互联网　■信息技术和企业软件
　　　　　　　　■生命科学　■混合技术　■半导体

图 6 - 7　以色列风投创投行业情况

数据来源：IVC – ZAG HT Survey Q3/2017。

由上可见，以色列风投发展主要具有以下三个特点：一是风投基金集中于信息技术和企业软件、生命科学等高科技行业；二是对创业企业前期阶段投资比例较高；三是风投资金来源以外国投资者为主，国际化程度高。这对广州建设具有全国影响力的风投创投中心有借鉴意义。

（二）以色列的基本举措与经验

1. 政府大力支持高科技和风投产业发展

以色列政府在促进本国高新技术和风险投资发展方面同其他各国政府不

同，其他各国政府一般都给予财政补贴、税收优惠等支持政策，而以色列政府直接给予创新性初创企业高比例的投资资金支持。

1969年，以色列为促进私营企业科技创新以增强国家竞争力，成立了首席科学家办公室，职责是促进私营企业进行科技研究开发，有意识地发展商业领域的科技研发能力。首席科学家办公室成立以后很快设立了地平线商业研发许可计划，任何企业如致力于新产品开发、技术革新或增加出口均可向首席科学家办公室申请支持。企业一旦被首席科学家办公室评审通过以后，每一项研发项目可以获得最多50%的资金补贴。之后以色列政府又很快设立了工业研究开发基金，该基金致力于推动私营企业进行科技研究开发，有意识地发展商业领域的科技研发能力。任何私营企业只要致力于开发新产品或者进行技术改造以增加出口，均可以获得该基金的直接支持。

进入20世纪90年代以后，首席科学家办公室又启动了一系列鼓励高科技研究开发活动的计划，例如设立技术孵化器计划、英博计划、约兹马计划以及磁石计划等。在技术孵化器计划中，技术孵化器对早期创业项目在两年之中提供多达42.5万美元的支持，而创业团队自己只需另外筹集7.5万美元。除了提供资金支持以外，技术孵化器还为创业企业提供行政事务管理、研发团队组建、营销支持、会计及法律事务等服务。英博计划和约兹马计划都是以色列政府促进本国风险投资产业发展的重要计划，分别于1991年和1993年启动。英博计划的核心目标是通过政府新设立的英博保险公司来刺激设立公开交易的风险投资基金。英博保险公司向那些在特拉维夫证券交易所上市交易的风险投资基金保证70%以上的初始投资资本的安全，这一计划一共设立了四个风险投资基金。约兹马计划是以色列政府为刺激民营科技公司发展而推出的专门措施，其主要内容为：一个科技公司如果获得国际风险资本注资，以色列政府将提供1∶1的配对资金支持企业发展。这对刚起步的小企业是一个巨大利好。从1990年到2000年期间，以色列出现了一股科技公司的创业热潮。创业公司从100家增长到800家，风险投资额从5 800万美元迅速增长到33亿美元。约兹马计划推动了以色列私营有限合伙型风险投资基金开始致力于投资早期的高科技创业企业。同时，该计划由于引入了外国风险投资机构，为以色列风险投资机构提供了学习机会。为促进基础研究成果向产业化转化，1991年设立的磁石计划注重对以色列早期阶段创业企业的高比例投资，这一计划大力促进了以色列高技术产业的发展。

2. 政府支持与发挥市场机制相结合

1991 年以色列政府启动的英博计划由于过度依赖政府干预没有充分发挥市场机制的作用而以失败告终，因此，在 1993 年启动的约兹马计划通过精心的制度设计，一方面充分体现政府的支持，另一方面又为市场机制发挥提供足够的空间与激励。例如，约兹马母基金在其所投资的 10 个子基金中所占股份比例最高为 40%，各子基金的组织结构均采用风险投资行业通行的有限合伙机制，基金由国内私营风险投资管理公司管理，同时得到国际上有声望的合作伙伴支持，政府机构并不干预基金的日常投资活动。此外，约兹马计划在设立之初就设计了私营化机制，首席科学家办公室还给各子基金合作伙伴以优惠条件买入期权。到 1998 年，约兹马基金全部完成了私营化。自 2000 年开始，以色列的技术孵化器项目也开始了私有化进程，在随后几年中，一半以上的政府主导的技术孵化器转变成了私营机构。

3. 注重国内市场与国际市场的高度融合

一直以来（尤其是近几年），从以色列风险投资额的构成中大比例来自外国投资者这一现象可以看到以色列政府十分注重国内市场与国际市场的高度融合。以色列政府在制定支持风险投资产业发展的政策时特别强调积极与国际市场融合，参与全球竞争。首席科学家办公室成立之初设立的研究开发基金特别重视对有利于增加出口的研究开发项目的支持，首席科学家办公室支持的新技术及新产品研究开发项目大多以国际市场为目标。在设计约兹马计划时，更是特别强调其所参与的 10 个子基金均必须能够引入国际知名风险投资机构同步参与投资。由于这些政策设计，以色列风险投资产业具有高度的国际化特点。一方面，在以色列风险投资募集资金中，超过一半比例来自外国投资者；另一方面，在风险投资退出渠道中，除本国证券交易所外，有很大比例的创新企业在美国纳斯达克及其他国家的证券交易市场上市。

第二节 中国若干地区经验提炼

本节主要对北京中关村、深圳、杭州等地区利用资本市场促进双创发展情况进行分析研究，并提炼归纳出有借鉴意义的经验。

一、 双创企业全方位利用资本市场

（一）海外上市借力国际资本市场

国内知名的互联网企业，如百度、京东、阿里巴巴等基本都选择了海外上市。在融资笔数上，国内市场占比很大，但在融资额上，海外融资额占绝对优势。2018 年中关村上市公司共 340 家，其中境内 228 家，境外 112 家，总市值 4.9 万亿元。2018 年新增上市公司 18 家（境内 6 家，境外 12 家），新增上市企业 IPO 首发募集资金共计 1 314.7 亿元，境外融资额占比高达 96.8%。

近年来，国内互联网行业的投融资活跃度高于非互联网行业。从 2018 年中关村上市公司分行业投融资情况看，互联网公司筹资净额为 780.79 亿元，非互联网公司为 566.76 亿元。中关村产业集群已经具备了"互联网＋"的良好基础，通过互联网的优势带动其他战略新兴产业的发展，已经形成了具有中国特色的"互联网＋"生态。全方位覆盖战略性新兴产业，催生"互联网＋"特色生态，是中关村上市公司在行业布局方面的特点。

（二）多层次资本市场联动发展

资本是企业发展的源头活水。近年来，全国中小企业股份转让系统（"新三板"）、北京区域股权交易市场（"四板"）、机构间私募产品报价与服务系统（"五板市场"）在北京设立，形成了三、四、五板联动发展格局。

美国的高科技产业和风险投资业发达与纳斯达克的活跃密不可分。在中国，新三板市场起着跟纳斯达克相似的作用。数据显示，高科技园区的区域优势在新三板表现突出，挂牌企业质量也至关重要。截至 2017 年 5 月，按园区来看，中关村挂牌数量超过全国其他园区的挂牌总数量；按地区来看，广东新三板挂牌数量虽然居全国第一，但是其资产量，特别是高新技术区资产量却远远落后于中关村这样的高新技术区。中关村挂牌企业数量占北京新三板挂牌企业数量的 75.7%，而广东挂牌企业分散。中关村挂牌企业总资产占北京挂牌企业总资产的 68.8%，而广东五大高新区（广州高新区、珠海高新区、东莞松山湖园区、惠州高新区、中山火炬高新区）挂牌企业总资产仅占广东挂牌企业总资产的 1.8%。

广东的股权交易挂牌家数全国第一，但挂牌企业的资产总量仅排名全国第九。从股权交易中心的交易行业分布来看，北京以软件服务为主，占比达到 31.05%；资产量最大的成都股权交易中心以资本货物为主，软件服务占比为 12.58%；广东的两大股权交易中心——广州股权交易中心和广东金融高新区股权交易中心资本货物占比都超过 20%，广州股权交易中心的软件服务占比达到 23.38%，但是广东金融高新区股权交易中心的软件服务仅占 11.01%，远低于北京。

日益完善的多层次资本市场，为企业提供越来越多的直接融资机会，助推众多企业的快速成长。

（三）创新模式补短板

"创始人＋合伙人"模式成了中关村创业生态中以"长板"补齐"短板"的一个重要方式。以创业 5 年便成长为移动互联网领军企业的小米公司为例，除雷军之外，6 位联合创始人各有所长：移动搜索与服务方面的林斌、手机操作系统方面的黎万强、硬件方面的周光平、软件工程方面的黄江吉、硬件工业设计方面的刘德、机器人方面的洪锋。报告分析，正是创始人团队的合作互补，帮助小米迅速构建了"软件＋硬件＋互联网"的产品模式，并成为国内手机行业的后起之秀。

在中关村，像小米这样通过"创始人＋合伙人"模式，用互补性团队弥补个人短板，通过资源互补带动资金、技术、管理经验等创业资源集聚而获得成功的公司数不胜数。根据 IT 桔子对 2 134 位创业者的问卷调查显示，82.29% 被访者的创业团队拥有合伙人。其中，近 60% 的团队签署了合伙人股权分配协议，通过股权、期权激励的方式齐聚英才。

（四）重研发，肯投入

研发投入力度大，是总体经济增速放缓背景下，中关村上市公司能够保持高速增长的关键原因之一。对科技研发"肯投入""敢投入"，几乎是所有中关村高科技企业的共同点。

面对宏观经济下行、社会各界投资放缓的现象，中关村的企业却纷纷加大研发经费投入，为的是"投资未来"，提高未来竞争优势。2018 年，中关村示范区企业研究与试验发展经费投入 912.5 亿元，同比增长 18.9%，增速高于全国约 7 百分点。示范区有 54 家企业入选欧盟"全球企业研发投入 2 500 强"，约占全国的 1/8，同期上海为 39 家、深圳为 34 家。

（五）兼并重组，优化存量

美国并购交易量在 2018 年激增，达到 784 宗，总价值达 1 462 亿美元。IT 行业的并购交易在 2018 年录得 307 宗，总价值达 431 亿美元。[①] 硅谷内企业之间的并购交易显著增加，因此高科技园区的存量资本整合优势不容小觑。

2015 年底，中关村支持成立了"中关村并购资本中心"，设立了中关村企业国际化发展专项资金和 300 亿元中关村并购母基金。海外并购一直是中关村企业实施国际化发展战略的重要方式。2018 年中关村企业发起的并购案例超 200 起，披露并购金额超千亿元；案例数量及金额均占北京市的六成。民营企业并购活跃度增加，在单笔金额 50 亿元以上的并购中，近八成为民营企业主导。

二、 中介机构强力服务双创企业

资本市场中介机构主要包括证券公司（财务顾问）、律师事务所、会计师事务所、资产（资信）评估机构，中介机构市场存在显著的马太效应。

从 2018 年中国并购市场中介机构业务排名可以一窥我国中介机构市场的竞争格局。排名前 20 的财务顾问机构占据 80.61% 的市场份额，以总部所在地排名，北京、上海、广东位列前三；排名前 20 的律师事务所占据 85.42%

---

① 《2018 年第四季度硅谷风险资本调查全面分析》。

的市场份额，总部位于北京的律师事务所处于绝对的领导地位，紧接着是上海，总部位于广东的律师事务所仅有两家进入前20；会计师事务所方面，排名前20的会计师事务所市场集中度达87.43%，总部驻地排名前两位是上海和北京，广东没有会计师事务所入围。北京的各类中介服务机构在竞争力、规模实力、品牌影响力等各方面都领跑全国。

大型的国外资本市场中介机构的核心竞争力提高主要通过以下三种方式：强强联合、关联性合作、协作性合作。

（1）强强联合。受国际兼并和重组浪潮的影响，许多外国大型资本市场中介机构实行国内的多所合并或者实行跨国间的多所合并。如英国的高伟绅律师事务所和美国、德国的2家律师事务所合并后，成为拥有3 000多名律师的国际化一流大所，业务覆盖全球100多个国家。

（2）关联性合作。由于服务市场对服务要求的进一步提高，建立提供系统、综合法律经济服务的律师事务所成为可能。如1987年成立于德国慕尼黑的德国联合律师事务所，就是一家由律师、会计师、税务顾问组成的综合律师事务所，为德国最大的律师事务所之一，该所合伙人还与其他会计师、税务师组建了法合管理咨询有限公司，并加入了RSM国际（由各个独立的会计事务公司组成的联合机构）网络，与60多个国家的会计师事务所有业务联系。

（3）协作性合作。西方企业界在20世纪80年代末开始迅速兴起了"业务外包""战略联盟""网络化"经营模式，充分表明企业外边界范围的组织协调，并不依赖产权纽带和产权管理手段。这对大型律师事务所外边界范围的组织协调具有同样意义。

三、 广建平台， 助力双创

（一）中关村数据资产双创平台

传统企业有厂房等固定资产，在轻资产重服务转型后，企业拥有的更多是包括专利技术在内的无形资产。早在2016年5月，中关村数海数据资产评估中心就携手全球最具权威的信息研究与顾问咨询公司Gartner，共同发布了全球首个数据资产评估模型。该评估模型本身就是集群性的，涵盖了数据的内在价值（IVD）、业务价值（BVD）、绩效价值（PVD）、成本价值（CVD）、市场价值（MVD）以及经济价值（EVD）六个子模型，从数据的数量、范围、质量等多个维度，按不同的权重配比等，实现对数据资产的全方位、标准化评估。中关村数海数据资产评估中心与Gartner在大数据规范应用领域进行更深层次的合作，并联合中国标准化研究院等专业机构，实现数据资产评估体系的规范化和流程化。中关村数据资产双创平台将为双创企业的数据资产进行登记确权，并开展基于数据资产的双创金融服务。在中关村数海数据资产评估中心，企业还可持数据资产登记确权证书与数据资产评估报告，以数据使用权作为资产入股创新型企业，并根据创新型企业的规模、使用的数据量、使用时间的长短来获取创新型企业1%～30%的股份。

（二）专利萃取众创平台

2016年3月28日，集互联网、众创空间、专利运营于一体的专利萃取众创平台在丰台区科技园揭牌成立，成为国内首个"互联网＋"知识产权服务平台。该平台将为促进专利运营、科技人员下海创业和科技成果向中小微企业转移提供一站式服务，一年可交易、质押专利标的额过亿元。专利萃取众创平台下辖有四个专业子平台："互联网＋专利运营"信息平台、知识产权高端服务平台、知识产权金融平台、众创孵化平台。其中，"互联网＋专利运营"信息平台可以实现找研发、找设备、找专家、找专利、找服务和找资金六大功能。知识产权高端服务平台，则提供专利检索、战略研究与分析、知识产权二次开发、知识产权预警、人才教育培训等知识产权高端服务。知识产权金融平台，可以为有自主知识产权的企业提供"知识产权＋股权"质押融资服务，整合知识产权运营基金，推动知识产权质押、投贷联动等金融创新模式发展。众创孵化平台则会提供企业入驻、虚拟办公、培训辅导等创业服务。

（三）国内外合作创新服务平台

2017年6月，北京市海淀区政府、美国加州政府能源委员会宣布在北京联合设立"加州—北京创新中心"。作为美国加州政府在北京设立的首个创新服务平台，中心将致力于推进加州和北京中关村在能源、环保、新材料、人工智能等行业上的科技成果转化及科技人才、服务互动往来。中关村和硅谷最为知名的孵化及创新服务机构联合设立"中美创新服务联盟",为加州、北京双向创新服务提供有力支撑。联盟将建立"办公载体 + 企业咨询 + 专项基金"的立体服务模式,为北京、加州开展技术交流与合作提供一站式服务平台。

四、 充裕的资金供给

(一) 风投创投演主角

无论是美国的硅谷还是我国的中关村以及深圳,一个共同特点是天使投资、风险投资、私募股权非常活跃,在很大程度上扮演了创新创业投资的主要角色。

硅谷风险基金主要来源于个人资本、大公司资本、机构投资者资金、私募证券基金、共同基金等,其中80%以上是私人的独立基金,如此活跃的风险基金来源,体现了美国高度完善的市场经济体制和金融制度环境。据美国风险投资协会(NVCA)的调查,被调查的风险企业中80%以上是新技术企业,这些企业3/4的股权资本是由风险资本提供。

在中关村,2018 年天使投资和创业投资案例达 2 209 宗,占全国的27.5%,投资金额达 2 475 亿元,北京作为科技创新热土,其创新资源吸附能力愈发凸显。在 2018 年全球最活跃的风险投资城市排名中,北京位列第二名,活跃在中关村示范区的股权投资机构达 1 800 余家,股权投资案例和金额分别占全国的 1/4 和 1/3。2018 年,示范区内每家初创企业获得的早期融资超1 900万元,高于伦敦、东京等区域。[①]

(二) 科技银行添光彩

初创期企业很难得到银行的贷款支持。美国硅谷银行是科技银行支持科技创新企业融资的成功典范。

成立于 1983 年的硅谷银行,90%的业务都是针对高新技术初创企业的投

---

① 《中关村年鉴(2019)》。

资，支持了大批高新技术企业的发展，平均资产回报率高达17.5%，远高于美国银行业12.5%的回报率。2018年，硅谷银行贷款总额达283.4亿美元，其中软件和互联网行业在贷款总额中占比为21.8%，PE/VC在贷款总额中占比为49.5%。其风险控制也相当不错，不良贷款率仅为0.34%。[①] 硅谷银行成功的关键在于：

1. 明确的定位——帮助科技类中小型企业创新创业

硅谷银行的客户主要有两类：风险投资公司和处于成长阶段的各种规模的高新技术企业。硅谷银行同风险投资公司合作的方式共有三种：一是向获得风险投资的科技公司提供金融服务；二是作为风险投资公司的开户银行；三是直接投资于风险投资公司成为合伙人。

2. 突破了债权式投资和股权式投资的限制

对于债权式投资，硅谷银行主要提取部分客户基金作为创业投资的资本，以减少通过发行债券和股票所募集的创业投资资金，之后银行以高利率将资金借贷给创业企业。对于股权式投资，硅谷银行与创业企业通过签订协议，收取股权或认购股权以获利。值得一提的是，硅谷银行在投资中往往混合使用这两种方式：将资金贷给创业企业，收取高于市场一般借贷的利息；与创业企业达成协议，获得其部分股权或认购股权。

3. 成熟的风险控制

第一，风险隔离。硅谷银行的创业投资资金主要来源于股市募集，少部分来源于客户基金项目。创业资金并不从一般业务之中提取资金，而一般业务也不会挪用创业投资基金，避免了相应的风险影响。硅谷银行还设立了Silicon Valley Bancshares，L. P. 和SVB Strategic Investors Fund，L. P. 两家公司管理创业投资基金，进一步保证创业投资基金的正常运作以及与一般业务的风险隔离。第二，组合投资。硅谷银行投资不同行业、不同阶段、不同风险程度和不同地域的客户公司，进行组合投资以分散风险。还与风险投资公司进行联合投资，借助风险投资公司进行持续的风险监控。第三，以被投资公司的技术、专利作为抵押担保，签订第一受偿顺序的条款。如SVB在与企业签订的贷款合同中一般会有"SVB的贷款位列债权人清偿第一顺序"的条款。

---

① 《硅谷银行2018年年报》。

即使企业倒闭清算，也可以将损失降到最低，从而最大限度地维护银行的利益。

（三）投贷联动促发展

为了加强科技金融服务创新，中国部分地区开始投贷联动试点。2016 年 11 月 25 日，全国首个投贷联动试点项目正式落地中关村，北京仁创生态环保科技股份公司成为首个试点企业。国家开发银行、国开创投、中关村科技担保与仁创公司签署投贷联动"投资 + 贷款 + 保证"协议，构建了有效的风险分担和补偿机制，于当日实现 3 000 万元股权投资、3 000 万元贷款同步到位。这意味着，这家公司在同一天里既拿到了资金储备所需的银行贷款，还同时引入了期盼已久的银行系资金作为战略性股权投资。

五、 创新发展模式

（一）"中关村创业大街"模式

2014 年，由北京海淀置业集团和清控科创控股股份有限公司共同建设了中关村创业大街。至 2018 年，创业大街及入驻机构累计孵化团队 3 451 个，日均孵化 1.9 个创业项目，其中海归和外籍团队 409 个；累计 1 181 家企业获得融资，总融资额 731 亿元。有两家已经成长为估值超 10 亿美元的"独角兽"企业，总融资额 91.04 亿元人民币。"中关村创业大街"模式的成功主要在于以下几个方面：

（1）创业机会多，氛围浓厚，融资相对易实现。中关村创业大街孵化了上千个优秀创业项目，出现一批细分行业的领跑者。以旷视科技为例，2011 年，几位清华学生联合成立了旷视科技，并在几年后获得创业大街成员联想之星等机构的投资。此后，在创业大街举办的多次路演、展示活动上，旷视科技频繁亮相。目前，旷视科技已成为蚂蚁金服、平安银行、小米金融、公安部门等机构的人脸识别技术服务商，技术水平和市场占有率在行业中遥遥领先。

（2）创业服务机构聚集，且类型各异，形成差异化定位。如有在教育培训领域闻名业界的联想之星、创业黑马、清华经管创业者加速器，专注智能硬件服务的京东 + 开放孵化器、硬派空间、硬创邦，工业设计平台洛可可，媒体传播平台创业邦，互联网招聘平台拉勾网，深耕国际孵化的盛景网联加速器，股权众筹平台 36 氪、因果树，全球顶尖会计师事务所普华永道。

（3）国际创新资源融入双创浪潮。创业大街已与美国、以色列、芬兰、法国、韩国等 10 余个国家的 20 余个机构开展合作，初步构建起全球创新创业合作通道。更多的海外创新项目和人才，正在通过实地孵化、线上孵化等方式，向创业大街聚集。

（4）在中关村创业大街，不用为工商注册、税务跑断腿，多家政府部门现场服务，在"创业会客厅"里就能一站式解决这些问题。

创业大街是政府扶持、企业运营，集聚政府、企业多方创业服务资源于一个街区，形成集聚效应的"双创"服务模式。

（二）"双创基地"模式

2008 年底，中央决定实施引进海外高层次人才的"千人计划"，截至 2018 年，"千人计划"已分 12 批引进了近 7 000 名高层次创新创业人才，其中超过 1/4 的专家都在北京工作和生活。2017 年 3 月，国家"千人计划"首个双创基地在北京怀柔成立，该基地将依托国家"千人计划"的智力资源，结合怀柔科学城的世界顶尖科学装置，成为高层级人才学术交流与培训教育基地、技术孵化加速基地、成果产业化基地、突破性技术诞生基地。该基地的特色之处在于以下几个方面：

（1）设千人俱乐部，供专家举办学术交流、召开国际学术论坛、开展创业培训、指导年轻科学家发展、举行社会科普活动等。

（2）设千人创新工场，通过设立公共技术服务平台、引进第三方独立实验室、建立千人团队实习基地、提供支持政策和配套服务等措施，重点促进"千人计划"专家科技创新与成果转移转化。

（3）设千人创业空间，为"千人计划"专家提供企业总部、分公司、研发基地、销售机构落地空间。

（4）设科技服务联盟，重点引进创业投资、知识产权、法务财务等机构，组建科技服务联盟为入驻基地的"千人计划"专家提供全方位支持。

（5）设千人企业飞地孵化器，重点引进全国甚至全球的前沿产业化项目，借助怀柔科学城的公共科研服务平台，重点吸纳高端科技企业在怀柔联合设立全球前沿技术工业研发中心。

（6）设千人艺术时空，吸引更多的艺术人才加入。

"千人计划"双创基地的入驻，可以解决科学城发展中急需高层次人才的问题，让更多拥有自主知识产权或掌握核心技术的人才，带着自主项目到科学城进行项目落地转化，成为世界级原始创新承载区和开放科研平台，为首都加快建设全国科技创新中心提供重要支撑。

第七章　资本市场促进"双创"的一个典型模式

在大力推进创新发展进程中，国内一些地方如北京中关村、深圳等积极探索创新路径，探索创新创业与资本市场的有机互动。北京中关村是国内率先崛起的创新创业重地，也是有效利用资本市场的典范。深圳是我国的一个创新创业高地，目前已形成四大支柱产业，包括高新技术产业、金融服务业、现代物流业以及文化产业。其中，高新技术产业产值约为其他三大产业产值之和。同时，深圳龙头明星科技企业众多，产业链发达、完备，金融资源充沛，非常适合创新创业。

通过对国内若干地区"双创"生态系统的分析并借鉴国外的经验，我们提炼出一个资本市场与"双创"关系的基本模式——"资本市场＋龙头明星企业＋链式网状"生态系统。

一、　"资本市场＋龙头明星企业＋链式网状"生态系统的逻辑结构

"资本市场＋龙头明星企业＋链式网状"生态系统，是从北京、深圳和杭州的发展现实中提炼出来的模式，同时也可视为资本市场与"双创"关系的一个理论模式。该系统的逻辑结构见图7－1。

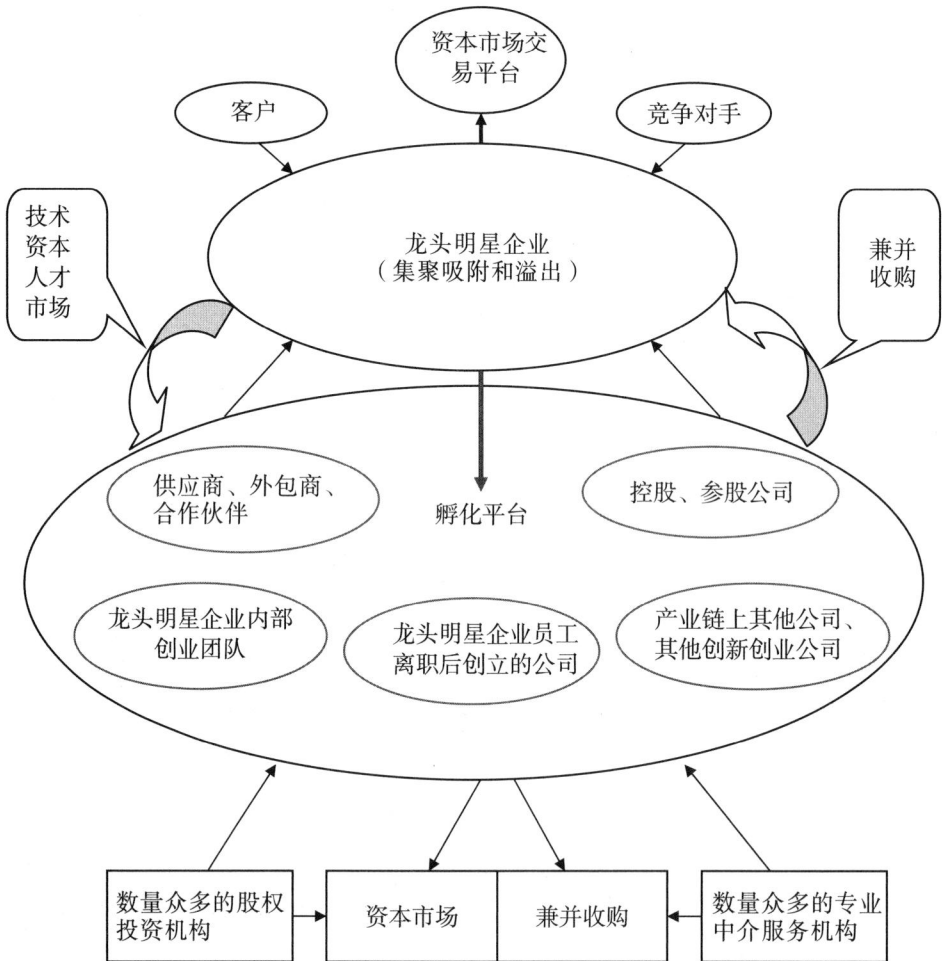

图 7 - 1 "资本市场 + 龙头明星企业 + 链式网状"的生态系统结构

二、 龙头明星企业的效应

（一）龙头明星企业的资源集聚效应和引领作用

我国创新创业最活跃的地区，不论是北京中关村、深圳还是杭州，都拥有若干甚至一批龙头明星企业，如北京中关村的联想、百度等，深圳的华为、腾讯等，杭州的阿里巴巴等。这些龙头明星企业拥有强大的资源集聚吸附功能，不仅自身集聚大量高质量的技术、资本和人才，也对产业链上各类合作伙伴、客户、中介服务机构和其他利益相关主体有着强力吸附作用，甚至还包括对竞争对手的集聚吸附。如北京中关村，不仅云集了大量创新创业企业，还集聚了闻名业界的联想之星、创业黑马、清华经管创业者加速器，专注智能硬件服务的京东＋开放孵化器、硬派空间、硬创邦，工业设计平台洛可可，媒体传播平台创业邦，互联网招聘平台拉勾网，深耕国际孵化的盛景网联加速器，股权众筹平台36氪、因果树，全球顶尖会计师事务所普华永道等服务创新创业的各类机构和平台。另外，北京具有全国中小企业股份转让系统（"新三板"）、北京区域股权交易市场（"四板"）、机构间私募产品报价与服务系统（"五板市场"）等股权交易平台，形成了三、四、五板市场联动发展的格局。通过龙头明星企业的集聚效应，这些地区云集了创新创业的各种要素和相应的机构及平台，形成了完备而独特的创新创业生态系统。再如深圳，在一批龙头明星企业的业务范围内和产业链条上，集聚了众多的创新创业、股权投资机构和各类中介服务机构，同时，深圳可以说具有国内最完整的资本市场体系，因而其创新创业生态系统相当完备。因此，无论是北京、深圳还是杭州，这些龙头明星企业对创新创业都体现了强大的引领作用，引领和带动技术、资本、人才等要素的流动。

在龙头明星企业的集聚效应和引领作用下，这些地区的创新创业呈现非常旺盛的态势并更容易获得资本市场的支持，如2014—2016年，中关村创业大街及入驻机构累计孵化团队1 900个，日均孵化1.7个创业项目，其中海归和外籍团队222个；近四成孵化企业获融资，有两家已经成长为估值超10亿美元的"独角兽"企业，总融资额91.04亿元人民币。另根据元璟资本和初橙资本公布的《2015—2016年BAT系创业报告》，百度系、阿里系、腾讯系的创业项目数分别是321个、680个、429个。BAT离职员工不仅创业人数多，同时也倍受股权资本的青睐。以腾讯为例，根据《腾讯系创业人物风云榜（2015下半年）》榜单，上榜的35家企业中有33家获得过天使投资或风险投资。在2016上半年的榜单中，新入围的15家企业中有14家获得过天使投资或风险投资，另1家已成功登陆新三板。

（二）龙头明星企业的外溢效应

"资本市场＋龙头明星企业＋链式网状"生态系统之所以能够有效促进创

新创业，不仅在于龙头明星企业彰显的资源集聚效应和引领作用，还在于其强力的外溢效应，以及在此基础上中小创新创业企业可有效实现的信用增级。

1. 技术外溢

对于内部创业团队、控股和参股公司以及产业链上游的供应商、外包商和各类合作伙伴，龙头明星企业可以提供多种技术资源：第一，运营系统接口；第二，技术开发平台；第三，技术使用授权；第四，日常技术支持。技术外溢效应可以加速创新创业企业的发展进程并降低技术风险。

2. 资本外溢

龙头明星企业的资本外溢效应体现在以下几个方面：第一，风险投资效应。风险投资和私募股权投资已成为龙头明星企业的重要业务。为了获得产业发展的纵向和横向战略延伸，巩固龙头地位，龙头明星企业进行大量的风险投资和股权投资，以期获得长期战略优势。例如，根据清科2016中国股权投资年度PE机构排名，腾讯旗下的腾讯投资已排到第5位，而产业链上的相关企业往往更易获得投资。第二，直接财务支持。第三，产业链融资。资本外溢效应大大降低了创新创业企业的财务风险和财务约束。

3. 人才外溢

人才外溢效应主要包含两个方面：一是龙头明星企业内部创业团队和员工离职后创立的公司，二是离职后加入其他创新创业企业的技术和管理人员。这些外溢人才本身具有一定的技术基础和优势，也积累了一定的创业资本和社会资源。从媒体评出的深圳十大创新创业公司可以发现，这些明星创新创业企业的创始人往往具有良好的教育背景或工作经历，人才外溢效应显著，这些企业受到风险资本青睐，有的已成为行业"独角兽"。

4. 市场外溢

如何有效地对接市场是众多中小型创新创业企业所面对的共同难题。创新创业面临巨大的市场风险，通过产业链的协同合作，可以大大降低创新创业企业的市场风险。龙头明星企业作为产业链上游企业的客户，直接为上游企业的产品和服务提供销售市场，让链条上游的中小型创新创业企业可以专注于自己擅长的技术创新和商业模式创新，龙头明星企业通过最终产品和服务的销售带动整个产业链条上的企业的发展。

通过龙头明星企业在技术、资本、人才以及市场等方面的溢出效应，使中小型创新创业企业实现了信用增级，大量中小型创新创业企业得以快速创立、成长和发展壮大，产生类似细胞裂变的效果。

（三）与资本市场的无缝对接

1. 龙头明星企业连通资本市场

龙头明星企业如腾讯、比亚迪等已经是上市公司，直接连通境内外资本市场，拥有强大的资本扩充能力，借助于资本市场的融资为整个产业链的发展输送血液。对于部分创新创业企业，龙头明星企业对它们实施兼并收购，使它们间接通达资本市场，分享资本市场的价值提升红利，让参与其中的天使投资、PE/VC 等机构得以成功退出。

2. 集聚众多 PE/VC 机构

网内产业链上集聚数量众多的中小型创新创业企业，相较网外企业，它们一般拥有更低的风险、更低的成本和较高的成功率以及良好的前景，因此对 PE/VC 机构有很强的吸引力。实践中，在龙头明星企业产业链上的创新创业公司更容易获得天使投资、PE/VC 机构的投资；龙头明星企业离职员工创立的公司也更容易受到资本的青睐。股权投资机构不仅为创新创业企业提供资金血液，还积极参与公司运营、引导发展战略等，为创新创业企业的发展提供全方位的支持。

3. 多层次资本市场与兼并收购

网内链条上众多的中小型创新创业企业在自身发展以及资本的推动下更易进入多层次资本市场。国内的主板（含中小板）、创业板、新三板以及区域股权市场（四板）构成了我国多层次资本市场的主体。此外，海外资本市场也受到科技创新企业的青睐，并扮演十分重要的角色。由于股权投资机构大量投资于创新创业企业，能否有效退出并实现资本增值对于创新创业、股权投资以及资本市场的长远发展都至关重要。鉴于股票市场的容量以及实际表现，推动兼并收购对于三者的协调发展大有裨益。

4. 集聚众多资本市场中介服务机构

股权投资、上市、兼并收购等环节都离不开资本市场中介服务机构的参与。创新创业发达的地区自然容易聚集 PE/VC 机构，而创新创业和资本越活跃的地区也必然会聚集越多的中介服务机构。中介服务机构高品质的服务将助推企业登陆资本市场、参与兼并收购，实现财富增值，加速创新创业过程。

（四）创新构建孵化平台

除了技术、资本、人才和市场的溢出效应，大众创业、万众创新还离不开便捷有效、性价比高的全方位孵化，而传统孵化器存在孵化能力弱、管理机制不顺畅、盈利模式不清和盈利能力弱等明显弊端。与传统孵化器相比，企业主导的以产业链纵向和横向拉动的孵化平台具有明显的优势。第一，管理模式完全市场化，容易导入与平台定位契合的项目。第二，平台集聚全要素，龙头明星企业以自身的发展带动创新创业企业的发展，并进行直接孵化。第三，盈利模式清晰。龙头明星企业参与股权投资，分享创新创业企业成长的红利；通过协议合作，创新创业企业的发展为龙头明星企业的发展提供源源不竭的动力。孵化平台将产业链上各种性质的创新创业企业全方位纳入，最终构建一个高效的生态系统。

第八章 政策建议

通过上面的理论逻辑构建、对现实问题的揭示以及对国内外经验的分析借鉴，本书提出以下政策建议。

一、 着力构建"资本市场＋龙头明星企业＋链式网状"生态系统

1. 专门针对创新型龙头企业出台相关鼓励政策

利用资本市场创新发展的主体必须是企业，上一章的研究表明，"资本市场＋龙头明星企业＋链式网状"生态系统能有效利用资本市场促进创新创业，其中龙头明星企业发挥核心作用。因此，从政府政策支持的角度而言，虽然对所有创新创业主体和行为都应当支持，但着力重点应放在大力培育和扶持龙头明星企业上，在这个过程中，既要通过各种方式有效识别和发现有发展潜力的创新型企业，并确定一批这样的企业给予重点扶持，从中催生龙头明星企业；也要加大对已经成长起来的龙头明星企业的支持力度，使其在利用资本市场促进创新中更好发挥引领作用。政策支持的着力重点在龙头明星企业，意味着过去那种对所有创新型企业一视同仁的支持方式必须改变，应对龙头明星企业具有更多的倾斜和更强的支持力度。为此，建议广东省专门针对创新型龙头企业出台相关政策。这些政策既要有激励措施，更要让这类企业比其他企业有更多更好的发展机会。

2. 评选和确认一批"资本市场＋龙头明星企业＋链式网状"生态系统

应着力支持构建和完善"资本市场＋龙头明星企业＋链式网状"生态系统。龙头明星企业的溢出效应通过这样的生态系统可以得到有效放大，可以更加彰显其在利用资本市场促进创新中的灵魂作用和引领作用。支持构建这样的生态系统，意味着政策的着力点不仅在于"点"，同时还有系统中的一系

列"链条"以及由"链式网状"形成的"面"。基于此,笔者建议广东省评选和确认一批"资本市场＋龙头明星企业＋链式网状"生态系统,出台专门政策对它们给予特别支持。

二、 积极探索金融供给侧结构性整体改革

广东有丰裕的金融资源,但在银行主导的金融结构中,大量资金主要集中于银行系统且很难通过银行系统去解决创新所需的金融需求。前面对金融供需测算结果表明,如果按现行的银行主导型金融结构配置社会资金,今后几年在广东创新中将存在较大的金融缺口。因此,广东比全国其他地区更迫切需要推进金融供给侧结构性改革,更需要率先实现金融结构的转型。广东金融供给侧结构性改革包括拓宽金融有效供给渠道、改善金融有效供给质量、提升金融有效供给效率、优化金融供给结构等丰富内容,但重点是改变银行主导社会资金配置的金融结构,改变社会资金过度集中在银行体系的状况,显著提升直接融资比例,使资本市场发挥更重要甚至是主导性作用。

鉴于金融事权主要在中央政府,广东要力争中央授权率先探索整体推进金融供给侧结构性改革。为此,要抓住习近平总书记对广东工作批示中期望广东为全国推进供给侧结构性改革提供支撑以及十九大报告提出的"提高直接融资比重,促进多层次资本市场健康发展"这一契机,提出广东推进金融供给侧结构性整体改革和金融结构转型方案,并向中央争取授权特别是在发展和完善多层次资本市场方面先行先试。同时,要进一步用好中央在金融改革发展方面已经给予广东的相关政策,如自贸区、珠三角金融改革创新综合试验区、粤港澳大湾区等相关政策。

三、 打造广东双创 "百千万工程"

1. 打造"百"个双创支撑平台

力争到 2025 年,培育 100 个具有市场活力,适应不同区域特点、组织形式和发展阶段的高水准双创支撑平台。近年来,北京成立了一批双创支撑平台,包括中关村数据资产双创平台、专利萃取众创平台以及"加州—北京创新中心"等创新服务平台。广东可借鉴北京双创支撑平台的成功经验,有效

利用"互联网＋"，吸引高质量的管理和技术人才，加强国际创新交流与合作，培育多样化且各具特色的一批双创支撑平台。

2. 打造"千"个创新创业俱乐部

力争到 2025 年，建立 1 000 个具有充分活力的创新创业俱乐部，聚集一大批高层次创新创业人才和团队。创新创业俱乐部主要供专家举办学术交流活动、召开国际学术论坛、开展创业培训、指导年轻科学家发展、举行社会科普活动等。创新创业俱乐部主要集中在珠江三角洲地区，但要大力支持粤东西北地区建立创新创业俱乐部，力争每个地级市都有若干个，但各地创新创业俱乐部的主要职能可以各有侧重。

3. 打造"万"个双创企业

力争到 2025 年，培育 10 000 家能有效利用资本市场的双创企业，其中有相当一部分能成为"独角兽"企业。资本市场通过各个层次各种方式包括天使投资、风投创投、IPO、新三板、区域股权市场、兼并收购等，使这些创新型企业快速催生和成长。

四、　优化投入结构，　提升资本市场促进创新效率

1. 激励风险投资机构加大对创新型企业初创期的投入，大力扶持天使投资

鉴于广东的风险投资以往对创新型企业的初创期投入不足及天使投资在发展上与先进地区如北京的差距明显，一方面，要更多激励风险投资机构加大对企业初创期的投入，从政府激励和引导的角度讲，对风险投资机构的相关政策就不能只看它们的规模、业绩之类的总量指标，还要看它们的结构，这样才能使激励政策真正有效。另一方面，要大力扶持天使投资：①财税扶持、风险补偿。对于用财政资金设立的各类引导基金，应加强与天使投资机构的合作，可按一定比例进行跟投；建立风险补偿基金，对于符合规定条件的投资损失予以补偿；用好财政部和国家税务总局发布的《关于创业投资企业和天使投资个人有关税收试点政策的通知》中赋予广东作为试点地区之一的政策，对投资于种子期和初创期的投资机构和个人给予应有的税收抵免。②鼓励孵化器＋天使投资模式。孵化器应加强与天使投资机构的合作，可以共同出资组建投资基金。③引进和培育明星天使投资机构，发挥引领和带动

扩散效应。④提升对财政出资基金及国有投资机构支持创新的投资项目亏损失败的容忍度，对它们的考核主要不能依据其投资的具体项目的成败，而要看它们是否有效带动了全社会对创新的投入和参与。⑤加强对天使投资人的备案登记及动态管理，加强服务跟踪。

2. 对股权投资基金"募、投、退"各个环节给予政策支持

在募资端，发挥政府对基金的引导和放大作用，加大对股权投资的资金供给；推动龙头明星企业、高新技术产业园区、科技孵化器、保险公司等机构参与股权投资，培育个人投资者、壮大天使投资人队伍。在投资端，建立股权投资与政府项目对接机制，构建股权投资与创新创业企业信息共享平台。在退出端，不断拓宽退出渠道，推动创新型企业的兼并与收购，加强股权投资机构与区域股权市场的联系。

3. 提升资本市场促进创新效率

资本市场对创新的促进效率是一个很容易被绝大多数政策忽视的问题。由于以往创新资金在不同效率企业之间、不同产权性质企业之间存在错配问题，因此，从政府政策支持的角度讲，今后要重点支持那些创新效率较高的创新型企业，包括民营企业，而不是对所有创新型企业一视同仁。另外，计算机通信设备行业虽然是广东重要支柱行业，同时也是技术创新的重要领域，但其面临的金融供需缺口最大，因此未来要重点鼓励和支持这类行业大力利用资本市场。

五、支持企业加强利用债券市场融资，促进资本市场融资多元化

1. 支持创新型企业和风险投资机构发行双创债

证监会于2016年3月推出双创债，并于2017年4月发布了《中国证监会关于开展创新创业公司债券试点的指导意见》。双创债具有综合成本相对低、审核效率较高、募集资金的用途限制相对较少等优点。不失为创新型企业可用之融资工具。同时，政府还应鼓励天使投资、PE/VC通过发行双创债募集资金专项投资于种子期、初创期、成长期的创新企业。此外，政府要支持非公开发行创新创业债的企业设置转股条例，满足多元化投资需求。

2. 完善创新型企业发行债券的增信机制和偿债保障措施

一是建立和完善政策性担保体系，为创新型企业发债提供担保以提升债

券的信用级别，使债券发行更为顺利并降低融资成本；二是支持第三方企业或非政策性担保公司为创新型企业提供担保，包括政府出资、支持政府控股金融集团设立专项基金、建立与小微企业担保业务相适应的风险分担机制等；三是扩大创新型企业质抵押资产范围。支持以发行人合法拥有的依法可以转让的股权，或者注册商标专用权、专利权、著作权等知识产权为创新型企业发行债券提供增信，为此必须加强知识产权保护。

六、 规范利用互联网股权众筹方式融资

股权众筹被认为是继区域股权市场之后我国多层次资本市场又一个重要组成部分，对于支持创新创业，缓解种子期、萌芽期、初创期企业的融资压力有重要意义。2016 年全国众筹行业共成功筹资 224.78 亿元，增长势头迅猛，成为其他融资方式的有益补充。2015 年全国两会《政府工作报告》提出"要加强多层次资本市场体系建设，开展股权众筹融资试点"。广东省于当年7 月启动了试点，试点方案详细列举了鼓励开展的 8 大模式，对互联网股权众筹进行了全面和详尽的阐释。但股权众筹等互联网融资方式也暴露了许多问题，因此在鼓励创新型企业利用互联网众筹平台进行融资时，要做好这几方面的工作：第一，制定鼓励众筹资金投资产业导向目录，引导众筹资金投向高端制造、信息技术、新能源、新材料、生物产业、节能环保产业等战略性新兴产业领域及现代服务业领域；第二，打造互联网众筹品牌和规模化经营，着力提升交易信用水平，降低运营和融资成本；第三，防范和控制众筹融资风险，引导众筹平台走规范化发展道路，完善征信体系，开放信息共享平台，提高信息透明度。

七、 打造粤港澳大湾区创新创业与资本市场联动发展示范区

在粤港澳大湾区内，广州、深圳、香港三地在创新创业和资本市场发展方面各具特点与优势，香港是全球重要的资本市场之一，也是具有全球影响力的创新基地；深圳是国内两大资本市场之一和国内创新创业高地；广州则云集了省内多数研究机构和高校，有大量创新型企业，又是全省政治、经济和文化中心，也有一个有一定影响力的股权交易中心，同时广州和深圳都在全面建设国家自主创新示范区。加强三地合作，共同打造创新创业与资本市

场联动发展示范区，应成为广东利用资本市场推动创新创业发展的一个重要举措。

（1）支持广东企业赴港上市，加大利用香港资本市场的力度。为此，广东省政府相关部门应进一步加强与香港证券交易所及其监管部门的沟通，争取香港证券交易所给予广东企业特别通道，同时建立常态化的工作联系机制，及时沟通和解决广东企业赴港上市中的各种问题，提高效率。

（2）支持广州和深圳在错位发展中打造有全国乃至全球影响力的"创新创业＋风投创投中心"。使两地成为各种股权融资方式、融资工具、投融资机构以及相关高端人才的集聚洼地，成为以金融手段和金融机制支持与促进创新的辐射高地，成为全国或区域股权交易重地，成为服务于创新的金融（或类金融）创新基地。这类中心的支持服务对象除科技创新外，还应包括产业（或业态）创新和商业模式创新等；它的载体除天使投资、VC、PE外，还应包括"互联网＋"时代的各种创新性载体，如股权众筹、金融科技等；它的支持方式除融资外，还应包括管理导入、财务运筹乃至IPO运作等。

（3）大力引入境外的各类高端人才、股权投资机构、资本市场专业中介服务机构特别是香港的金融服务、法律以及会计等中介服务机构。

（4）构建示范区内创新型企业登陆资本市场的绿色通道，对区内创新型企业到香港上市给予"一事一议"的灵活机制，对境内IPO争取采用"即报即审、审过即发"的政策，对登陆新三板争取实行"专人对接、专项审核"，对挂牌区域股权市场给予必要奖励。

八、 建立省金融局与证监局和证券交易所常态化联络工作机制

企业筹备上市的过程就是满足上市要求的过程。由于各种合规要求和财务要求高，企业在筹备上市过程中需要多方的参与，包括各种中介服务机构和政府相关部门的协调，例如仅合规性的证明出具就涉及工商、税务、环保、质检、安监等多个部门。同时，企业上市过程耗时耗力，面临很大的不确定性，有的企业从备案到上市耗时长达四五年甚至更久。其间，企业需要投入大量的人力、物力、财力，同时还要面临各种不确定性，如技术更新迭代以及经济环境波动等风险因素，创新型企业上市过程还面临核心技术或商业模式过早泄漏的风险。这些问题虽然主要依靠企业自身解决，但地方政府适当

介入将有利于提高企业上市效率。因此，有必要建立省金融局等相关部门与证券监管部门以及证券交易所常态化联络工作机制。这个工作机制的主要职能是及时沟通信息，着力解决企业在筹备上市和挂牌过程中遇到的各种问题。随着证券发行注册制的逐步实施，IPO程序和手续将趋于简便，但常态化联络工作机制仍有必要。

九、 完善信息共享机制， 建设四大信息服务平台

信息不对称是阻碍利用资本市场推动创新创业的一个普遍性问题。政府应在解决这类问题上有更多作为。建议广东重点建设并提升四大信息平台：

1. 政策发布平台

目前我省各项政策的发布主要通过各政府官网政策栏目，缺乏统一的政策发布平台。因此，有必要建立统一的政策发布平台，分门别类，为各市场主体快速获取政策信息提供渠道。

2. 投融资信息对接平台

相对北京"科创汇"、上海"牵翼网"，广东缺少引导创新创业投资项目和投资机构进行有效对接的信息服务平台。因此，广东有必要建立自己的投融资信息对接平台，为创新创业企业和投资机构提供信息沟通渠道，促进项目融资。

3. 产业信息平台

目前，我国有国家产业公共服务平台，促进产业发展，助力企业创新，而广东还没有自己的产业信息平台。因此，广东可建立健全产业信息平台，上接国家产业公共服务平台，下连广东产业发展，为创新创业提供精准的产业发展信息，为投资机构提供投资指引。

4. 资本市场中介服务机构信息平台

中介服务机构是连接创新创业企业和资本市场不可或缺的一环，然而如何快速精准地获取有关中介服务机构的信息却是一大难题。政府建立资本市场中介服务机构信息平台，为创新创业企业和其他参与主体提供一站式信息获取、中介服务机构甄别与筛选以及联络等服务，将大大促进创新创业和资本市场的协同发展。

附　录

附录 1　真实的 GDP 核算、高技术制造业增加值、工业增加值核算

一、　真实 GDP 的确定

参考苏乃芳、李宏瑾、张怀清（2016）的研究方法，GDP 平减指数采用支出法 GDP 统计，大致为消费价格指数和固定资产投资价格指数的加权平均，权重分别为消费和固定资产投资占 GDP 的比重。

$$RGDP = CPI \times \frac{CON}{GDP} + DI \times \frac{INV}{GDP} \tag{1}$$

上述公式反映 GDP 平减指数的核算，其中 CPI 为消费价格指数，DI 为固定资产投资价格指数。CON/GDP，INV/GDP 分别表示消费和投资占同年度 GDP 的比值。本研究是以 2000 年为基年，并且假定上一年为 100，基于广东 2000—2018 年历史数据，统计计算得到表 1 的结果。

表1 广东分年度 GDP 合成价格指数

（基年：2000 年，上一年为100）

年份	合成价格指数	年份	合成价格指数
2000	100.90	2010	103.06
2001	99.62	2011	105.38
2002	98.98	2012	102.29
2003	101.17	2013	102.03
2004	104.24	2014	101.95
2005	102.04	2015	100.38
2006	101.37	2016	101.40
2007	103.20	2017	103.23
2008	106.76	2018	104.05
2009	97.30		

数据来源：根据历年的《广东统计年鉴》，经笔者核算获取。

二、 高技术制造业增加值的确定

参考张钟文、叶银丹、许宪春（2017）的研究方法，在估算高技术制造业增加值时，根据现价增加值的细分行业分类，我们选择以医药制造业工业生产者出厂价格指数，交通运输设备制造业工业生产者出厂价格指数，通信设备、计算机及其他电子设备制造业工业生产者出厂价格指数，仪器仪表及文化、办公用机械制造业工业生产者出厂价格指数来进行价格调整。2005 年之后的高技术制造业各子集行业价格指数，来自历年的《广东统计年鉴》，2000—2004 年的数据则来自历年的《广东工业统计年鉴》。

本研究以 2000 年为基年，即 2000 年价格指数为100，其余年度价格指数根据上述高技术制造业细分行业占比的权重，经过加权获得年度合成价格指数。至此，我们得到了高技术制造业合成价格指数指标，其中设定上一年为100。如此处理，能够细致捕捉高技术制造业价格指数变动情况，既有的大量文献使用工业出厂价格指数（PPI）的粗糙数据，如此处理可能会低估或者高估了高技术制造业价格变动情况，因此区别于既有研究，本研究可以较为精确得出高技术制造业增加值价格指数变动情况，实际数据也显示 2018 年广东高技术类出厂价格下降 0.5%，本研究测度的价格指数 99.60% 与其高度一致。

在此基础上，根据年度合成价格指数，得到经过价格平减的、以 2000 年为基准不变价的高技术制造业增加值情况。广东高技术制造业合成价格指数见表 2。

表 2　广东分年度高技术制造业合成价格指数

（基年：2000 年，上一年为 100）

年份	合成价格指数	年份	合成价格指数
2000	100.00	2010	99.32
2001	95.24	2011	99.45
2002	93.14	2012	98.81
2003	96.27	2013	98.29
2004	97.68	2014	98.87
2005	97.83	2015	98.69
2006	96.69	2016	100.01
2007	97.80	2017	99.74
2008	98.45	2018	99.60
2009	97.16		

数据来源：根据历年的《广东工业统计年鉴》《广东统计年鉴》，经笔者核算获取。

三、 真实工业增加值的确定

本研究采用工业出厂价格指数来代替工业产值的价格指数，同样是以 2000 年为基年，并假定上一年为 100。具体结果见表 3。

表 3　广东分年度工业增加值价格指数

（基年：2000 年，上一年为 100）

年份	合成价格指数	年份	合成价格指数
2000	103.40	2010	103.16
2001	98.50	2011	103.66

（续上表）

年份	合成价格指数	年份	合成价格指数
2002	96.50	2012	99.50
2003	99.30	2013	98.80
2004	101.70	2014	98.90
2005	101.50	2015	96.80
2006	101.40	2016	99.40
2007	101.30	2017	103.30
2008	103.10	2018	101.80
2009	95.80		

数据来源：根据历年的《广东统计年鉴》整理。

附录 2　工业企业全要素生产率的测算

　　本研究主要采用1998—2014年中国工业企业数据库（2010年数据由于存在大量问题，该年度数据被剔除样本外）的数据，其包括大约400万个观测值，包含了大量的非上市企业和中小企业，涵盖了全国所有的国有工业企业和规模以上的非国有工业企业，占据了中国工业企业的绝大部分。数据处理方面，首先参照 Brandt，Biesebroeck，Zhang（2012，2014），杨汝岱（2015）等的研究方法进行样本匹配，然后进行数据清洗：①参考谢千里、罗斯基、张轶凡（2008），谭语嫣等（2017）的研究方法，根据会计准则，对部分缺失指标进行估算，如工业增加值等；②参考 Cai，Liu（2009）的研究方法删除异常样本，如剔除了关键指标缺失、不满足"规模以上"标准、明显不符合会计原则的观测值等；③对四位数国民经济行业分类进行了统一；④参考聂辉华等（2012）的研究方法将注册类型为国有、国有联营、国有与集体联营、国有独资公司及实收资本中国有资本比例超过30%的企业定义为国有企业。经过上述处理后最终得到由约360万个企业一年度观测值构成的初始样本。该数据库包含规模以上工业企业产出等生产和财务方面的信息，我们可以利用该数据库计算估计得到企业生产率。另外，我们以2016年地区标准代码为基准，将所有企业所在地的省地县代码进行统一。我们节选了广东、北京、上海、江苏、浙江、山东的企业数据，并剔除总产出、中间投入、资本存量、工业增加值四个变量缺失、为负值、为零值的样本，剔除从业人数缺失和小于8的样本。

　　参考鲁晓东和连玉君（2012）、杨汝岱（2015）的研究方法，运用全要素生产率的 OP 算法，对广东等6个省市1998—2014年规模以上工业企业效率进行估算。使用的模型如下：

$$\ln Y_{it} = \beta_0 + \beta_1 \ln K_{it} + \beta_2 \ln L_{it} + \beta_3 age_{it} + \beta_4 state_{it} + \beta_5 \ln d_{it} + \beta_6 Year_{it} + \varepsilon_{it}$$

我们采用 Olley-Pakes 的半参数三步估计法。其中，状态变量（state）为 ln K 和 age；控制变量为 soe；代理变量为当期投资（ln I）；其他变量如 ln L、ln M 均为自由变量；而退出变量为 EX，其为企业退出事件。具体变量含义见表 1。

表 1　各变量定义

变量	变量名称	变量定义
ln Y	总产出	企业增加值，部分年份无此指标，使用营业收入替代
ln K	资本投入	企业年末固定资产、无形资产及在建工程等非流动资产总和取对数
ln L	劳动投入	企业年末员工人数取对数
ln I	当期投资	企业期末资本投入减去期初资本投入加上折旧摊销取对数
ln M	中间投入	企业当年劳务支付的现金取对数
age	企业年龄	用当年年份减去开业年份加 1
soe	企业性质	国有企业取 1，否则取 0
EX	退出	是否退出市场

对于企业层面的固定资本存量的核算，本研究采用中国工业企业数据库所提供的固定资产合计指标作为基础，因为按照会计记账原则，该指标包括了固定资产原值、工程物资、在建工程、固定资产清理、待处理固定资产净损失等项目，因而相对较为准确地刻画了企业的资本状况；由于中国工业企业数据库中没有固定资产投资这一指标，本研究参照了宏观的资本存量的核算方法，根据 $I_t = K_t - K_{t-1} + D_t$ 进行估算，其中 K 表示固定资产总值，D 为固定资产折旧。

样本中的所有名义变量都是以 1998 年为基期的实际值，其中工业增加值使用企业所在地区工业品出厂价格指数平减，实际资本（固定资本存量）使用固定资产投资价格指数平减，平减指数均取自中经网统计数据库。

附录 3　上市企业全要素生产率的测算

在计算企业生产率方面，参考鲁晓东、连玉君（2012），刘娥平、钟君煜、施燕平（2018）的研究方法，依据柯布—道格拉斯生产函数形式，将总产出作为被解释变量，加入劳动和资本投入作为控制变量。我们采用 OP 估计法（Olley，Pakes，1996），分别用当期投资（$\ln I$）和中间投入（$\ln M$）来衡量投入水平和公司特有生产过程的关联，缓解同时性偏差和样本选择性偏差。

$$\ln Y_{it} = \beta_0 + \beta_1 \ln K_{it} + \beta_2 \ln L_{it} + \beta_3 age_{it} + \beta_4 state_{it} + \beta_5 \ln d_{it} + \beta_6 Year_{it} + \varepsilon_{it}$$

我们采用 Olley-Pakes 的半参数三步估计法。其中，状态变量（state）为 $\ln K$ 和 age；控制变量为 soe；代理变量为当期投资（$\ln I$）；其他变量如 $\ln L$、$\ln M$ 均为自由变量；而退出变量为 EX。具体变量含义见表 1。

表 1　各变量定义

变量	变量名称	变量定义
$\ln Y$	总产出	企业年销售收入取对数
$\ln K$	资本投入	企业年末固定资产、无形资产及在建工程等非流动资产总和取对数
$\ln L$	劳动投入	企业年末员工人数取对数
$\ln I$	当期投资	企业期末资本投入减去期初资本投入加上折旧摊销取对数
$\ln M$	中间投入	企业当年购买商品、劳务支付的现金取对数
age	企业年龄	用当年企业上市时间衡量
soe	企业性质	国有企业取 1，否则取 0
EX	退出	是否退出市场

附录 4　拓展生产函数的理论和估计框架

一、　基本模型的构建

本研究基于柯布—道格拉斯生产函数的基本模型，借鉴 Corrado，Hulten，Sichel（2005）构建的 CHS 跨期宏观经济增长理论模型，将 R&D 等知识资本进行资本化处理后纳入经济增长源泉（Source of Growth，简称 SOG）的理论框架。这一做法是有其合理性和必要性的，随着现代经济学理论的发展，Hulten（1979）与 Corrado，Hulten，Sichel（2005，2009）指出为增加未来消费的任何支出都可处理为资本投资。R&D 活动增加了对新知识（New Idea）的投资，它形成知识资本积累的同时也带来了技术进步，而且这些知识资本积累提供的服务流量并不局限于当期，因此 R&D 支出应处理为投资而非中间投入。事实上，国内学者也已不再单一将 R&D 考虑为中间投入，在计量上已探索其作为生产产出的投入要素并测度 R&D 资本存量。例如，吴延兵（2008）就利用 1993—2002 年中国大中型工业企业数据，估算了各工业企业的 R&D 资本存量，同时核算了其对产出的弹性系数；余永泽（2015）则改进了 R&D 资本存量的核算方法，并将其分解为不同结构的 R&D 资本存量（包括研发资本存量、基础研究资本存量、应用研究资本存量以及试验发展资本存量），但并没有进一步考察其对产出的弹性情况。此后，有研究进一步发现，R&D 资本化不仅是一种生产要素的资本化情况，也能同全要素生产率一同并入科技进步概念中，由此估算出科技进步贡献率（田侃，倪红福，李罗伟，2016；张俊芳，郭永济，郭戎，2017；郑世林，张美晨，2019）。但是上述研究并未考虑到高技术制造业的情况，本研究认为其中的关键就是拓展高技术制造业的生产函数，并具体估算出高技术制造业 R&D 资本存量。

借鉴吴延兵（2008）和余永泽（2015）的方法，采用永续盘存法进行估算，高技术制造业 R&D 支出形成的研发资本积累基本模型如下：

$$R_t = IR_t + (1 - \delta_{R_t})R_{t-1} \tag{1}$$

其中，t 代表年份，δ_{R_t} 是考虑到时间差异的广东 R&D 资本折旧率，IR_t 为高技术制造业 R&D 投入额。

关于物质资本存量的估算，借鉴张军、吴桂英、张吉鹏（2004）的研究方法，同样根据永续盘存法，核算物质资本存量状况为：

$$K_t = I_t + (1 - \delta_{K_t})K_{t-1} \tag{2}$$

其中，δ_{K_t} 是考虑到时间差异的广东物质资本存量的折旧率，I_t 代表实际固定资本形成额。

据此，本研究借鉴郑世林和张美晨（2019）的方法，将高技术制造业的 R&D 进行资本化，核算各投入要素的情况。采用的生产函数模型如下：

$$Y_t = A_t L_t^{\alpha} K_t^{\beta} R_t^{\lambda} \tag{3}$$

其中 Y_t 是高技术制造业增加值，A_t 是高技术制造业全要素生产率，L_t 是高技术制造业全部就业人员年平均人数，K_t 是高技术制造业物质资本存量，R_t 是高技术制造业 R&D 资本存量。基于 SOG 分析框架，可以得知高技术制造业增加值增长率等于加权投入要素增长率加上一个余项，可以根据式（3）转化得到高技术制造业增长分解方程：

$$\frac{\Delta Y_t}{Y_t} = \frac{\Delta A_t}{A_t} + \alpha \frac{\Delta L_t}{L_t} + \beta \frac{\Delta K_t}{K_t} + \lambda \frac{\Delta R_t}{R_t} \tag{4}$$

其中，$\frac{\Delta Y_t}{Y_t}$、$\frac{\Delta A_t}{A_t}$、$\frac{\Delta L_t}{L_t}$、$\frac{\Delta K_t}{K_t}$ 及 $\frac{\Delta R_t}{R_t}$ 分别表示高技术制造业增加值、全要素生产率、劳动投入、物质资本及 R&D 资本的增长速度。α、β、λ 则分别表示各投入要素对高技术制造业产出的弹性系数，且 $\alpha + \beta + \lambda = 1$。将式（4）左右两边同时除以 $\frac{\Delta Y_t}{Y_t}$，可得到各投入要素增长率对高技术制造业产出的贡献，具体如下：

$$1 = \frac{\Delta A_t}{A_t}\bigg/\frac{\Delta Y_t}{Y_t} + \alpha\frac{\Delta L_t}{L_t}\bigg/\frac{\Delta Y_t}{Y_t} + \beta\frac{\Delta K_t}{K_t}\bigg/\frac{\Delta Y_t}{Y_t} + \lambda\frac{\Delta R_t}{R_t}\bigg/\frac{\Delta Y_t}{Y_t} \tag{5}$$

其中，$\frac{\Delta A_t}{A_t}\big/\frac{\Delta Y_t}{Y_t}$、$\alpha\frac{\Delta L_t}{L_t}\big/\frac{\Delta Y_t}{Y_t}$、$\beta\frac{\Delta K_t}{K_t}\big/\frac{\Delta Y_t}{Y_t}$ 及 $\lambda\frac{\Delta R_t}{R_t}\big/\frac{\Delta Y_t}{Y_t}$ 分别表示全要素生产率、劳动投入、物质资本及 R&D 资本的增长速度对高技术制造业增长率的贡献情况。

需要界定的是，随着知识投入被资本化，Clayton，Borgo，Haskel（2009）与 Corrado，Haskel，Jonalasinio 等（2013）重新界定创新活动，认为创新活动既是新知识商业化的过程（知识资本深化过程），又是自由或免费知识的扩散过程（全要素生产率的变化）。因此，借鉴上述文献关于科技创新内涵的拓展，本研究估计的科技进步贡献率不仅包括全要素生产率变化带来的高技术制造业产出增长贡献，也应该包括 R&D 资本深化带来的高技术制造业产出增长贡献，科技进步贡献率具体公式如下：

$$Innovation_t = \frac{\Delta A_t}{A_t}\bigg/\frac{\Delta Y_t}{Y_t} + \lambda\frac{\Delta R_t}{R_t}\bigg/\frac{\Delta Y_t}{Y_t} \tag{6}$$

二、　要素投入弹性的核算

根据式（3），将等式两边同时取自然对数，可得：

$$\ln Y_t = \ln A_t + \alpha\ln L_t + \beta\ln K_t + \lambda\ln R_t + \varepsilon_t \tag{7}$$

其中，ε_t 为随机干扰项。将式（7）两边同时减去 $\ln L_t$，由于 $\alpha + \beta + \lambda = 1$，经过整理计算可得回归方程：

$$\ln\left(\frac{Y_t}{L_t}\right) = \ln A_t + \beta\ln\left(\frac{K_t}{L_t}\right) + \lambda\ln\left(\frac{R_t}{L_t}\right) + \varepsilon_t \tag{8}$$

在式（8）中，高技术制造业劳动生产率 $\dfrac{Y_t}{L_t}$（设为 y）是由全要素生产率、物质资本存量—劳动力占比 $\dfrac{K_t}{L_t}$（设为 k）、R&D 资本存量—劳动力占比 $\dfrac{R_t}{L_t}$（设为 r）以及随机干扰项（设为 ε_t）构成。也即得到：

$$\ln y_t = \ln A_t + \beta\ln (k) + \lambda\ln (r) + \varepsilon_t \tag{9}$$

附录5　各投入要素的核算

本研究基于广东 2000—2018 年的高技术制造业时间序列数据进行测算，产出和投入指标包括高技术制造业增加值、劳动投入、物质资本投入以及 R&D 资本投入。劳动投入直接采用高技术制造业全部就业人员年平均人数；物质资本投入和 R&D 资本投入采用考虑时间异质性的广东物质资本存量和 R&D 资本存量。基础数据主要来源于历年的《中国统计年鉴》《中国高技术产业统计年鉴》《中国科技统计年鉴》《中国价格统计年鉴》《广东省统计年鉴》《广东工业统计年鉴》，以及国家统计局、中经网、EPS 数据平台、Wind 数据库、国泰安数据库、广东省人民政府门户网站、广东统计信息网、广东省科学科技厅、广东省市场监督管理局（知识产权局）。本研究在处理广东当期价格数据时，以 2000 年为基期采用相应价格指数进行平减。

一、　物质资本存量的估算

本研究使用永续盘存法（Chow，1993；张军，吴桂英，张吉鹏，2004；胡李鹏，樊纲，徐建国，2016）估计 2000—2018 年广东高技术制造业的物质资本存量，方法详见附录 4。相较采用永续盘存法估计物质资本存量，本研究在数据处理上，借鉴郑世林和张美晨（2019）的方法，首次对高技术制造业的物质资本存量和 R&D 资本存量进行改进，主要为：一是在 CHS 核算框架下，为避免重复计算将高技术制造业 R&D 中的资产性支出从高技术制造业固定资本形成总额中扣除；二是考虑时间异质性，采用分年度差异化的物质资本折旧率。

（1）高技术制造业固定资本形成额的处理。由于本研究将 R&D 资本化处理引入生产函数，故在计算广东高技术制造业物质资本存量前，需要将高技术制造业综合 R&D 经费内部支出中的资产性支出从固定资本形成总额中扣除，并利用固定资本形成价格指数以 2000 年为基期对处理过的高技术制造业固定资本形成总额平减，记作 I_0。

（2）高技术制造业基期物质资本存量的核算。本研究使用 Hall 和 Jones（1999）估算起点时刻资本存量的方法，估计基年实际物质资本存量：

$$K_0 = \frac{I_0}{(\delta_{K_0} + g_0)} \tag{1}$$

其中，K_0 表示广东 2000 年高技术制造业物质资本存量；I_0 表示广东 2000 年高技术制造业实际固定资本形成总额；为避免广东高技术制造业固定资本形成总额随经济周期变化而波动，g_0 采用广东 2000 年后高技术制造业固定资本形成额的 5 年平均增长率：

$$g_0 = 0.2 \times \ln\left(\frac{I_5}{I_0}\right) \tag{2}$$

由式（1）和（2）可得广东 2000 年高技术制造业物质资本存量的计算公式：

$$K_{2000} = I_{2000} / \left[\delta_{K_0} + 0.2\ln\left(I_{2005}/I_{2000}\right)\right] \tag{3}$$

其中，K_{2000} 表示 2000 年广东高技术制造业物质资本存量，I_{2000} 和 I_{2005} 分别表示 2000 年和 2005 年广东高技术制造业实际固定资本形成总额。

（3）价格指数的确定。我们无法直接得知高技术制造业的固定资本存量价格指数，但可以经过一定核算方法得到估计值。本研究参考孙辉、支大林、李宏瑾（2010）的做法，通过支出法 GDP 核算得到固定资本形成在 GDP 中的比重，然后由 GDP 实际数据推导出高技术制造业不变价固定资本形成数据，从而得到 2000—2018 年广东省高技术制造业固定资本形成价格指数。表 1 报告了以 2000 年为基年，2000 年为 100 指数的分年度价格指数情况。

表 1　广东分年度高技术制造业固定资本形成合成价格指数

（基年：2000 年，为 100）

年份	合成价格指数	年份	合成价格指数
2000	100.00	2010	118.84
2001	99.62	2011	125.24
2002	98.61	2012	128.11
2003	99.76	2013	130.71
2004	104.00	2014	133.26
2005	106.11	2015	133.77
2006	107.57	2016	135.64
2007	111.01	2017	140.02
2008	118.52	2018	145.69
2009	115.32		

数据来源：《中国统计年鉴》《中国高技术产业统计年鉴》《中国科技统计年鉴》《中国价格统计年鉴》《广东统计年鉴》。

（4）折旧率的选取。已有研究主要有 4 种方法：第一种是采用国民收入核算等估算折旧率（Chow，1993；李治国，唐国兴，2003）；第二种是根据资本品寿命，并利用资本残值率代替相对效率来估计折旧率（单豪杰，2008；叶宗裕，2010）；第三种是使用生产函数估计折旧率（Hernández，Mauleón，2005；陈昌兵，2019）；第四种是直接采用文献中常用的折旧率（Chow，Lin，2002；Wang，Yao，2003；Arayam，Miyoshi，2004；Zhu，2012）。这 4 种折旧率估计方法都没有考虑资本结构的时间差异。

既有数据中并没有关于高技术制造业固定资产投资结构的详尽数据，但可以依据全社会固定资产投资结构进行类比核算。统计数据中的固定资产投资结构，可分为建筑安装工程、设备工具器具购置和其他费用 3 个部分。本研究参考余泳泽（2017）的做法，将广东固定资产投资结构对不同年份固定资本折旧率合成的折旧率等同于高技术制造业的折旧率。因此，权重为广东全社会固定资产投资中建筑安装工程、设备工具器具购置和其他费用 3 个部分的占比，上述各类资产的基础折旧率采用 1993 年以后的设定，分别为 8.12%、17.08% 和 12.10%。表 2 报告了这一结果。

表2 广东分年度高技术制造业加权物质资本折旧率

（单位:%）

年份	折旧率	年份	折旧率
2000	10.43	2010	10.45
2001	10.50	2011	10.38
2002	10.53	2012	10.33
2003	10.54	2013	10.30
2004	10.63	2014	10.24
2005	10.70	2015	10.33
2006	10.65	2016	10.39
2007	10.59	2017	10.41
2008	10.56	2018	10.42
2009	10.40		

数据来源：《中国统计年鉴》《中国高技术产业统计年鉴》《中国科技统计年鉴》《中国价格统计年鉴》《广东统计年鉴》。

二、 R&D 资本存量的估算

（1）估算方法。在附录4式（1）基础上，我们借鉴美国商务部经济分析局（Bureau of Economic Analysis，BEA）测算美国卫星账户中 R&D 资本存量采用的方法，对当期高技术制造业不变价的研发投入进行50%的折旧处理，将附录4式（1）修正为：

$$R_t = (1 - 0.5\delta_{R_t}) \times IR_t + (1 - \delta_{R_t})R_{t-1} \tag{4}$$

（2）广东高技术制造业 R&D 资本基期存量的估计。采用类似物质资本存量的方法，当 $t = 2000$ 年时，估计公式如下：

$$R_{2000} = IR_t(1 - 0.5\delta_{R_t})/(g_{R_t} + \delta_{R_t}) \tag{5}$$

其中，R_{2000} 为2000年广东高技术制造业 R&D 资本存量；IR_t 为2000年高技术制造业 R&D 经费内部支出；g_t 为高技术制造业 R&D 资本存量的增长率。本书参考 Griliches（1980），Coe 和 Helpman（1995）及 Sliker（2007）的方法，假设 R&D 资本存量与 R&D 投入的增长率相同，即用不同地区 R&D 经费内部支出的增长速率（g^*）代替 R&D 资本存量的增长率（$g^*_{R_t}$），公式如下：

$$g^* = (R_t - R_{t-1})/R_{t-1} = (IR_t - IR_{t-1})/IR_{t-1} \qquad (6)$$

（3）增长速率 g^* 的选取。已有研究主要有两类方法：第一类沿用 BEA 在测算美国卫星账户中 R&D 资本存量时采用的方法（Sliker，2007）。该方法令增长率 $g^* = e^m - 1$，其中斜率系数 m 由 R&D 投入流量与时间的回归模型求得。第二类采用 R&D 投入的年均增长率。Baldwin，Gu，Macdonald（2012）与 Muntean（2015）采用基期开始后 3 年的实际 R&D 资本投入平均增长率作为 R&D 资本存量的平均增长率。本研究采用第二类方法，考虑 21 世纪初广东高技术制造业 R&D 投入波动较大，因此采用广东基期开始后 5 年的实际高技术制造业 R&D 投入平均增长率。

（4）折旧率的确定。Pakes（1985）认为 R&D 资本折旧率一般高于物质资本折旧率；Bosworth（1978）通过计算专利净收益估计研发资本折旧率是 10%~15%；Corrado，Haskel，Jonalasinio 等（2013）进行创新资本估计时采用的 R&D 资本折旧率为 15%；国家统计局核算司 GDP 生产核算处建议在进行 R&D 资本估算时采用的折旧率为 10%；Hall，Mairesse（1995），Hu，Jefferson，Qian（2005），吴延兵（2006）在计算 R&D 资本存量时都采用了 15% 的折旧率。但如果按照以上根据经验判定折旧率的估计方法，则忽略了时间层面折旧率的差异，也无法有针对性地估计出高技术制造业 R&D 折旧率。为此，本研究在折旧率的处理过程中考虑研发投入的构成因素，根据综合 R&D 经费内部支出中资产性支出和日常性支出的占比构建各省逐年的权重，并参考黄勇峰、任若恩、刘晓生（2002）的研究将资产性支出的基础折旧率设为 17%，参考余泳泽（2015）的研究将日常性支出的基础折旧率设定为 20%，同时考虑时间和地区层面的异质性计算加权折旧率。表 3 报告了中国 2000—2018 年分年度差异化的研发资本折旧率。

$$R\&DR_t = 17\% \times (CAP_t/IR_t) + 20\% \times (REX_t/IR_t) \qquad (7)$$

其中，$R\&DR_t$为折旧率，CAP_t为高技术研发投入中的资产性投入，REX_t为日常性支出，IR_t为高技术 R&D 投入流量。式中折旧率的计算方法考虑了广东高技术研发投入时间上的异质性。

表3　广东分年度高技术制造业加权研发资本折旧率

（单位:%）

年份	折旧率	年份	折旧率
2000	19.46	2010	19.19
2001	19.46	2011	19.35
2002	19.46	2012	19.47
2003	19.46	2013	19.46
2004	19.46	2014	19.54
2005	19.46	2015	19.61
2006	19.46	2016	19.63
2007	19.46	2017	19.59
2008	19.46	2018	19.59
2009	19.45		

数据来源:《中国统计年鉴》《中国高技术产业统计年鉴》《中国科技统计年鉴》《中国价格统计年鉴》《广东统计年鉴》。

（5）高技术制造业当期 R&D 经费内部支出及价格指数的确定。广东高技术制造业 R&D 经费内部支出数据主要来自历年《中国科技统计年鉴》《中国高技术产业统计年鉴》，本研究样本期为 2000—2018 年，但统计年鉴从 2009—2016 年才有广东高技术制造业 R&D 经费内部支出数据，我们对缺失的高技术制造业 R&D 经费内部支出数据主要按照线性差值法来估算。进一步，高技术制造业 R&D 支出可如同全社会 R&D 支出一样，分为日常性支出和资产性支出两部分，但是高技术制造业 R&D 支出中只公布了日常性支出中的人员劳务费和仪器设备购置费，未公布日常性支出中的其他支出，日常性支出包括图书资料费、小型试验费、管理费用及其他费用等。同时也未有资产性支出，资本性支出则包括基建、设备及软件支出。一般处理 R&D 资本化过程中，需要对 R&D 中的资产性支出和日常性支出作区分。此外，其中的劳动报酬由于已经作为增加值核算进最终产值中，为避免重复计算，在计算 R&D 资本存量前需要将研发经费内部支出中的劳动报酬部分进行扣除。因此，本研究首先将高技术制造业 R&D 投入中的人员劳务费扣除，然后再进行进一步处理。

对研发价格指数的确定，本研究参考吴延兵（2008）与余泳泽（2015）的方法，将广东全社会 R&D 投入（扣除人员劳务费），依据研发经费内部的资产性和日常性支出（不含人员劳务费）占比，代理高技术制造业 R&D 构成比例，并分别基于固定资产投资价格指数和原材料购进价格指数进行加权，计算分省分年度的加权研发价格指数。在此基础上，对高技术制造业 R&D 经费内部支出数据以 2000 年为基期进行价格平减。需要指出的是，全社会 R&D 关于日常性支出和资本性支出的公布，也只是从 2009 年开始。因此，为了补全 2000—2008 年的细致数据，我们借鉴郑世林和张美晨（2019）的方法：首先，计算 2009—2008 年广东研发经费内部支出中的资产性支出和日常性支出的平均占比，依据该比例乘以估计的 2000—2008 年广东高技术制造业 R&D 支出。其次，2009—2018 年广东高技术制造业 R&D 支出中的资产性支出和日常性支出则乘以相应年份的广东研发经费内部支出中的资产性支出和日常性支出的占比。最终可得到广东 2000—2018 年具有年度异质性的高技术制造业 R&D 投入价格指数，具体公式如下：

$$R\&DI_t = DI_t \times (CAP_t/IR_t) + PI_t \times (REX_t/IR_t) \qquad (8)$$

其中，$R\&DI_t$ 为高技术制造业 R&D 投入的价格指数；CAP_t、REX_t 和 IR_t 分别表示高技术制造业的资本性投入、日常性支出和 R&D 投入流量；DI_t 为固定投资价格指数，PI_t 为原材料购进价格指数。表 4 报告了以 2000 年为基年，上一年为 100，经加权后的具有年度异质性的广东高技术制造业 R&D 价格指数。

表4 广东分年度高技术制造业 R&D 价格指数

（基年：2000 年；上一年为100）

年份	合成价格指数	年份	合成价格指数
2000	100.00	2010	105.33
2001	99.26	2011	105.73
2002	96.97	2012	99.59
2003	103.36	2013	98.53
2004	108.69	2014	98.98
2005	104.10	2015	95.92
2006	102.95	2016	98.25
2007	102.71	2017	104.58
2008	106.48	2018	102.16
2009	94.94		

数据来源：《中国统计年鉴》《中国高技术产业统计年鉴》《中国科技统计年鉴》《中国价格统计年鉴》《广东省统计年鉴》。

附录6 生产函数弹性系数、全要素生产率增速及贡献率的求解

本研究基于前述附录 1 测算出的广东 2000—2018 年高技术制造业不变价增加值和附录 5 测算出的高技术制造业不变价物质资本存量及 R&D 资本存量的时间序列数据,同时可从《中国高技术产业统计年鉴》和《广东统计年鉴》获取历年广东高技术制造业年末平均从业人员数,进而为本研究下一步求解奠定基础。

一、实证分析

在建立回归方程前,需要对方程变量实际产出、资本存量和劳动力投入进行协整检验,结果表明,三个变量是多元协整的,建立方程可以避免伪回归,因此该方程的回归估计是有意义。

依据附录 4 中式 (9),在进行模型系数估计之前,我们需要先对相关变量实际产出变量—劳动力的取对数值 $[\ln(y)]$,物质资本存量—劳动力的取对数值 $[\ln(k)]$,R&D 资本存量—劳动力的取对数值 $[\ln(r)]$ 做一系列的平稳性检验,然后在检验通过之后进行相应的时间序列分析。对各个变量的 ADF 单位根检验显示,$\ln(y)$、$\ln(k)$、$\ln(r)$ 在 1% 的显著性水平下都是二阶单整。具体检验结果如表 1 所示:

表 1 平稳性检验

变量		ADF 单位根检验	
y	二阶差分	$(C, 0, 3)$	-7.335^{***}
k	二阶差分	$(C, 0, 3)$	-5.032^{***}
r	二阶差分	$(C, 0, 3)$	-4.775^{***}

注:(1) $***$ 表示在 10% 的显著性水平。

(2) 在 ADF 单位根检验结果中,括号内的第 1 个字符代表检验模型包含常数项;第 2 个字符表示检验模型包含趋势项,0 为不包含常数项或趋势项;第 3 个字符为滞后期。经 EVIEWS 软件核算得出。

进一步，需要对方程变量 $\ln(y)$、$\ln(k)$、$\ln(r)$ 进行协整检验，结果显示，两种检验统计量下都显示在 5% 的显著性水平存在一个协整关系。具体检验结果如表 2 所示：

表 2　单位根检验

迹检验				
协整关系数量	特征根	迹统计量	5% 关键值	p 值
没有	0.654 3	34.515 4	24.276 0	0.001 8
最多 1 个	0.538 3	16.460 8	12.320 9	0.009 6
最多 2 个	0.177 5	3.321 1	4.129 9	0.081 1
最大特征根检验				
协整关系数量	特征根	最大特征根统计量	5% 关键值	p 值
没有	0.654 3	18.054 6	17.797 3	0.045 7
最多 1 个	0.538 3	13.139 7	11.224 8	0.022 8
最多 2 个	0.177 5	3.321 1	4.129 9	0.081 1

数据来源：经 EVIEWS 软件核算得出。

因此，本研究所指的高技术制造业潜在增长率是一种长期的关系，并非伪回归。据此，可将广东 2000—2018 年的高技术制造业不变价增加值、高技术制造业不变价物质资本存量、高技术制造业不变价 R&D 资本存量以及直接可得的高技术制造业全部就业人员年平均人数时间序列数据进行一定转化，代入附录 4 式（9）可求得系数 β 和 λ，进而可求得 $\alpha = 1 - \beta - \lambda$。

在回归方法选择上，采用一般最小二乘法（OLS）回归后，经过异方差 White 检验结果显示，p 值为 0.218 8，则说明不能拒绝原假设"存在异方差"。因此，如果选用 OLS 模型，会导致估计系数偏差。故本研究选用加权最小二乘法（WLS），使用 Stata 16.0 求到以下回归结果，结果显示调整 R^2 达到 0.985 6，整个回归 F 值为 547.22，F 检验概率为 0.000 0，已通过 0.000 1 检验，这说明变量解释力度比较好，较为合理。

$$\ln(y_t) = \ln(A_t) + 0.307\ln(k) + 0.427\ln(r) + 4.396 \qquad (1)$$
$$\qquad\qquad (2.81) \qquad\quad (4.76) \qquad\quad (10.85)$$

（括号内为 t 值）

由此可以求出 $\alpha = 0.266$ 。

回归结果表明，AR 和 MA 项不会改变当期 $\log(k)$、$\log(r)$ 的系数，且 Ljung-Box Q 检验显示并不存在序列相关性（检验 p 值为 0.007，拒绝"存在序列相关"的原假设）。残差项的线性拟合如图 1 所示。

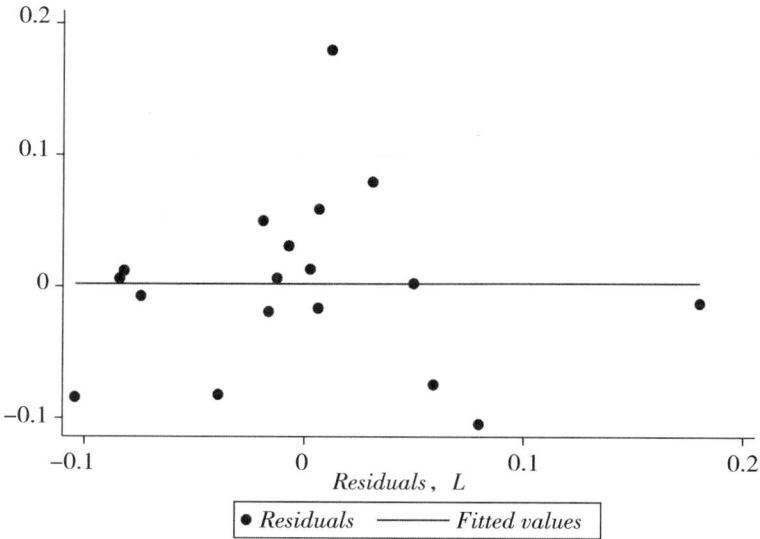

图 1　残差项的线性拟合图

数据来源：经 Stata 16.0 测算得出。

因此可以得出广东高技术制造业物质资本的产出弹性为 0.307，高技术制造业 R&D 资本的产出弹性为 0.427，高技术劳动力的产出弹性为 0.266。

二、　全要素生产率增长率核算

关于全要素生产率增长率核算，通过测算出的参数，代入附录 4 式（4），核算出残差项，并运用 Stata 16.0，使用 HP 滤波去除周期等因素，求得全要素生产率增长率 $\dfrac{\Delta A_t}{A_{t-1}}$。广东高技术制造业全要素生产率增速见表 3。

表 3　广东高技术制造业全要素生产率增速

（单位：%）

年份	全要素生产率增速	年份	全要素生产率增速
2001	2.45	2010	−0.45
2002	4.28	2011	−1.15
2003	4.78	2012	−0.75
2004	3.59	2013	−0.24
2005	2.21	2014	−0.31
2006	0.81	2015	−0.27
2007	0.01	2016	0.12
2008	0.22	2017	0.63
2009	−0.04	2018	1.13

三、　各投入要素贡献率的核算

关于各投入要素贡献率的核算，基于上述测算出的参数，并将各不变价投入要素增速代入附录 4 式（5），进而求解出各投入要素增长率对广东高技术产业增加值增速的贡献率。

附录7 2019—2025 年各投入要素及高技术制造业潜在增长率的预测

一、 高技术制造业资本存量增速的预测

参考"中国经济发展新模式研究"课题组（2016）、蒋斌和王珺（2018）的研究方法，本研究首先对高技术制造业物质资本存量进行预测。广东较早进行产业升级，高技术制造业发展也处在全国前列，这离不开物质资本的推动。本研究建立高技术制造业增长占全部工业增加值比重的增速与物质资本存量增速的回归，进而得到两者的关系。平稳性检验和协整检验都表明回归模型的有效性，使用 OLS 回归方法，得到如下关系式：

$$GFIX = 0.164\ 9 + 0.307\ 3GHightechrate \qquad (1)$$
$$(8.90) \qquad (2.32) \qquad\qquad （括号内为 t 值）$$

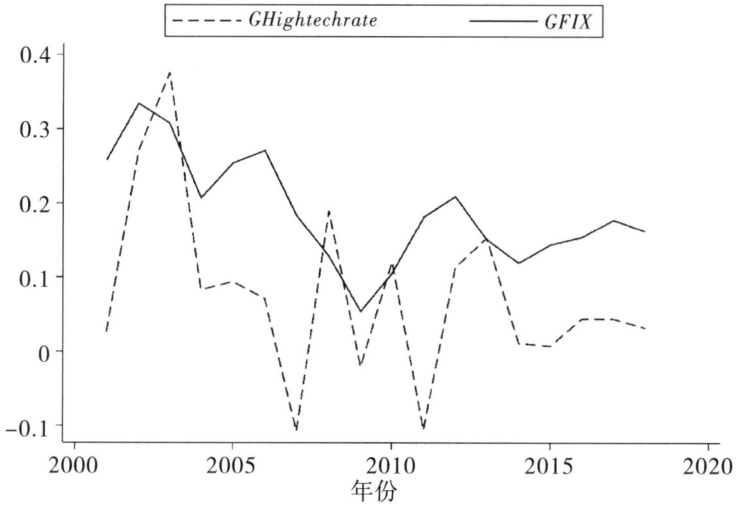

图1 高技术制造业物质资本存量增速与高技术制造业不变价增加值占 GDP 比重的增速关系

数据来源：根据历年的《中国高技术产业统计年鉴》《广东统计年鉴》，经笔者核算，并通过 Stata 16.0 绘制。

其中，*GFIX* 为高技术制造业不变价物质资本存量增速；*GHightechrate* 为高技术制造业不变价增加值占不变价 GDP 的比重增速。据本研究核算，2018 年广东高技术制造业不变价增加值占不变价 GDP 的比重达 22.21%，2011—2018 年广东这一比例年均上升 1.02 百分点。在我国高质量发展背景下，我国出台多重组合政策支持创新发展，例如产业布局中明确指出《中国制造 2025》计划。由此可以看出，高技术制造业作为创新发展的核心部分，预期在产业布局中处在关键位置。广东作为经济发展大省，实际上早已有能力也有动力进一步推动高技术制造业深度发展。对此，广东近些年以来发布"十三五"广东省科技创新规划、战略性新兴产业发展"十三五"规划、先进制造业发展"十三五"规划等文件，均明确提出高技术制造业增加值与 GDP 的比重发展目标。由此可见，广东政府在引领创新驱动发展方面的决心。实际数据显示，广东 2018 年已超额完成 2020 年的目标，高技术制造业发展取得卓越成效。

据此，在现实条件和全社会大力推动下，未来高技术制造业不变价增加值占不变价 GDP 的比重，仍将稳步上升，并且基于过去 7 年年均上升 1.42 百分点，假定未来以这个速度上升①，2025 年这一数据有望达到 29.33%，2019—2025 年高技术制造业不变价增加值占不变价 GDP 的比重年均增速 3.97%，结合回归系数可以得到 2019—2025 年高技术制造业不变价物质资本存量年均增速为 16% 左右，具体见表 1。

表 1　广东高技术制造业不变价物质资本存量平均增速及增加值占 GDP 比重平均增速

（单位：%）

年度	高技术制造业物质资本存量平均增速	高技术制造业增加值占 GDP 比重平均增速
2003—2010	17.29	4.06
2011—2018	16.23	3.74
2019—2025	15.00	3.97

①　实际此值可能是保守估计，因为 2019—2025 年广东 GDP 增速大概率相对放缓，所以高技术制造业对 GDP 的贡献应相应增强，此结论在本研究正文的第四章中，有所论证。

二、　高技术制造业 R&D 资本存量增速的预测

类似高技术制造业物质资本存量增速的预测方法，高技术制造业 R&D 资本存量也能推动高技术制造业深度发展，本研究建立高技术制造业不变价增加值占不变价 GDP 比重增速与高技术制造业 R&D 资本存量增速的回归方程，进而得到两者的关系。平稳性检验和协整检验都表明回归模型的有效性，使用 OLS 回归方法，得到如下关系式：

$$RDCAP = 0.1947 + 0.412 GHightechrate \qquad (2)$$
$$(9.70) \quad (2.87) \qquad\qquad （括号内为 t 值）$$

其中，RDCAP 为不变价高技术制造业物质资本增速；GHightechrate 为高技术制造业不变价增加值占不变价 GDP 的比重增速。基于前文预测的 2019—2025 年高技术制造业不变价增加值占不变价 GDP 的比重年均增速 3.97%，结合回归系数可以预测 2019—2025 年高技术制造业不变价 R&D 资本存量年均增速为 19% 左右。具体见表 2。

表 2　广东高技术制造业不变价 R&D 资本存量平均增速及增加值占 GDP 比重平均增速

（单位:%）

年度	高技术制造业 R&D 资本存量平均增速	高技术制造业增加值占 GDP 比重平均增速
2003—2010	23.54	4.06
2011—2018	16.68	3.74
2019—2025	17.00	3.97

三、　高技术制造业劳动力增速的预测

高技术制造业有效劳动力与全社会劳动力供给密不可分，同时聚焦广东劳动力供给状况需要从全国人口及其结构动态演变全局出发。本研究参考"中国经济发展新模式研究"课题组（2016）、马晓玲和蒙卫华（2019）的研究方法，

使用三个步骤预测2019—2025高技术制造业就业人数：首先，适龄劳动人口是约束劳动力抑或说就业人口有效供给的关键要素，因此可以在适龄劳动人口与就业人数之间建立模型。我们无法直接预估广东全社会适龄劳动人口的变化趋势，这是因为统计适龄劳动人口除了需要考虑自身人口结构因素外，也需要考虑全国劳动年龄未来变化趋势。幸运的是，联合国的 *World Population Prospects*：*The* 2017 *Revision* 报告了我国未来人口年龄结构变化的预测数据。据此，本研究建立第一个模型，即历史数据的广东适龄劳动人口数与全国适龄劳动人口数的模型，得到回归系数，进而本研究运用国家适龄劳动人口数预测2019—2025年广东的适龄劳动人口数。具体而言，首先，根据2000—2018年中国及广东省15~64岁人口历史数据，建立如下回归模型：

$$GD = 4.523CN - 43.07 \qquad\qquad (3)$$
$$(9.21) \qquad (-7.64) \qquad （括号内为 t 值）$$

基于联合国 *World Population Prospects*：*The* 2017 *Revision* 报告中对2015—2025年中国15~64岁人口的预测数据，代入回归方程中，可以求解出广东2019—2025年15~64岁人口的预测数据。

其次，运用2000—2018年广东适龄劳动人口数（GD）与就业人数（JOB）建立如下模型：

$$JOB = 0.987GD - 0.182 \qquad\qquad (4)$$
$$(8.10) \qquad (-0.17) \qquad （括号内为 t 值）$$

最后，运用2000—2018年广东就业人数与高技术制造业就业人数建立如下模型：

$$HIGHJOB = 2.212JOB - 13.376 \qquad\qquad (5)$$
$$(6.69) \qquad (-4.73) \qquad （括号内为 t 值）$$

最终可以预测2019—2025年广东高技术制造业年末从业人数及其增速，如表3所示。

表3　高技术制造业年末从业人数及其增速

年度	年末从业人数/万人	年末从业人数增速/%
2019	366.66	-0.35
2020	363.17	-0.95

（续上表）

年度	年末从业人数/万人	年末从业人数增速/%
2021	358.64	－1.25
2022	354.18	－1.24
2023	349.77	－1.25
2024	345.41	－1.25
2025	341.13	－1.24
2019—2025		－1.08

需要指出的是，伴随老龄化趋势，广东高技术制造业劳动力供给存在下滑的可能，同时随着科技深度发展，例如人工智能、机器人等先进技术的运用，以及更加重视高质量人才，同时广东在未来科技创新发展中明确提出要提升创新行业的劳动生产率，高技术制造业从业人数增速放缓具有一定合理性。当然，该部分预测并未考虑到教育的人力资本投入状况，可能存在一定偏差。但是，基于前人的研究，以及现实数据的局限，如此处理是较为合理的方式。

四、 高技术制造业全要素生产率增速的预测

根据上面测算，2001—2018 年广东高技术制造业全要素生产率年均增速为 0.95%。其中，2001—2010 年年均增速为 1.78%，2011—2015 年年均增速为 －0.54%，2016—2018 年年均增速为 0.63%。应当说，广东早在 2008 年后已将创新发展摆在核心战略位置，较早地布局先进技术，但众所周知，一方面创新需要较长等待期才能转化落地，也会面临很大失败风险；另一方面，广东传统行业路径依赖也是非常明显，能在较短时间实现转型，很大程度上需要归功于投资拉动。我们上文的测算也显示，高技术制造业物质资本存量增速的贡献率一直稳定在较高水平，在科技进步贡献率分解中，高技术制造业 R&D 资本存量占据绝大部分。综合两种资本存量来看，本质反馈的是广东 2001—2018 年发展中，投资是推动高技术制造业发展的核心动能。也正因如此，"十二五"期间科技创新发展，是以投入要素驱动为主，不可避免的是以牺牲全要素生产率为代价。但令人可喜的是，进入"十三五"期间，较早布局和推动创新发展产业的战略，终使广东高技术制造业取得卓越成效，根据

本研究测算的结果，2018 年高技术制造业不变价增加值占不变价规模以上工业增加值的比重为 47.75%，相比 2015 年增长近 11 百分点。与此同时 2015 年以来，全要素生产率增速已由负转为正，2018 年这一数据为 1.13%。展望 2019—2025 年广东高技术制造业全要素生产率增速趋势，有以下几个情况需要指出：首先，现实局限上，基于全球经济环境和科技发展背景，2018 年以来美国技术封锁及对中国采取遏制战略愈加严峻，广东更需要强调自主创新，也需要国家在制度层面给予创新发展更多保障。2020 年 1 月中美双方签署中美第一阶段经贸协议，这一定程度上反映了我国更加强调创新以及对知识产权保护的决心。其次，我国在某些行业已实现重大突破，其中 5G 技术就是典型代表，华为公司是这一技术的领先企业，5G 技术的运用不仅能够推动我国通信行业深度发展，带动半导体等上下游产业发展，也能够为新业态经济，例如数字经济提供强大基础通信硬件保障，进一步提高全社会企业生产效率。最后，广东高技术制造业传统投入要素已步入边际效率递减区间，这一点在从业人员数上表现突出，同样固定资产投资也难以维持过去的高速发展。因此，为驱动创新发展，高技术制造业全要素生产率的提升就成为可行和必要的道路，现实禀赋也能够为这条道路提供保障。

为此，本研究认为 2019—2020 年广东将维持前三年的全要素生产率水平，为 0.63%。到 2020 年，新技术逐步成熟落地以及国际大环境有望转好，情况也将有所改善，预计期间平均增长幅度有望增加 0.06 百分点。"十四五"时期，广东省全力推进粤港澳大湾区建设、深入实施创新驱动发展战略、全面打造广深港澳科技创新走廊、加快科技创新强省等工作，以及落实《中国制造 2025》，高技术制造业技术进步增长有望进一步加快，2019—2025 年广东高技术制造业全要素生产率年均增速约为 0.88%，具体见表 5。

表 5 高技术制造业全要素生产率增速预测

（单位:%）

年度	高技术制造业全要素生产率增长率
2019	0.63
2020	0.69
2021	0.91

（续上表）

年度	高技术制造业全要素生产率增长率
2022	0.96
2023	1.02
2024	1.05
2025	0.91
2019—2025 年均	0.88

五、 高技术制造业潜在增长率的预测

至此，根据本研究上述所测算的预测值，基于附录4式（4）及各参数，并对高技术制造业平均就业人数预测数据进行滤波，去掉趋势项，进而计算得出 2019—2025 年广东高技术制造业不变价潜在增长率，具体见表6。

2019—2025 年，广东高技术制造业发展仍然离不开资本拉动模式，这种资本主要依托的是 R&D 资本存量，并非传统的物质资本存量；劳动力的贡献则难以扭转业已出现的式微状况，尤其是机器替代性的涌现，劳动力增长对高技术制造业增长的贡献会持续减弱。全要素生产率则会呈现螺旋式上升趋势，近些年美国对中国实施的技术封锁将不可避免会对广东高技术制造业发展造成较大折损，从而略微拉低高技术制造业增加值潜在增长率。预测显示，2019—2020 年间，潜在增长率较 2018 年的 7.54% 下降到 2019 年的 7.35%，2020 年则有所提振，为 7.82%。广东深化改革开放、提高开放水平、重点重置粤港澳大湾区资源配置，未来将更重视辖区内以高技术制造业为代表的高质量经济业态，着力提升经济发展质量，推动高技术制造业内涵发展，从而推动高技术制造业潜在增长率基本保持平稳增长，预计 2019—2025 年实现以 2000 年为基年的年均 8.65% 的高技术制造业不变价潜在增长率。

表6　2019—2025 广东高技术制造业不变价潜在增长率及各投入要素增长率

（单位:%）

年度	不变价物质资本存量增长率	不变价 R&D 资本存量增长率	劳动力增长率	全要素生产率增长率	潜在增长率
2019	12.24	16.13	−0.35	0.63	7.35
2020	14.89	16.18	−0.95	0.69	7.82
2021	15.73	17.01	−1.24	0.91	8.67
2022	16.52	17.75	−1.25	0.96	9.28
2023	16.22	18.33	−1.25	1.02	9.50
2024	16.75	17.19	−1.25	1.05	9.20
2025	13.97	16.11	−1.24	0.91	8.75
2019—2025	15.19	16.96	−1.08	0.88	8.65

附录 8　高技术制造业固定资产投资额和 R&D 投入额的预测

诚如本研究论述，高技术制造业的金融需求主要由高技术制造业的固定资产投资和 R&D 投入构成。那么有必要基于前面预测出的物质资本存量和 R&D 资本存量倒推出年度广东高技术制造业固定资产投资额和 R&D 投入额。

一、　高技术制造业 R&D 投入额的预测

前面已预测出 R&D 资本存量增速，据此，可以根据 R&D 资本存量的计算公式，推导出高技术制造业的固定资产投资额和 R&D 投入额。但需要指出的是，上述的值均为基于 2000 年不变价的值。基于前文所测算的高技术制造业 R&D 资本存量增速预测数据，可以得到如表 1 所示的结果。

表 1　广东高技术制造业不变价 R&D 资本存量及增速

年度	R&D 资本存量/亿元	R&D 资本存量增速/%
2019	2 952.63	16.13
2020	3 430.36	16.18
2021	4 013.86	17.01
2022	4 726.33	17.75
2023	5 592.66	18.33
2024	6 554.04	17.19
2025	7 609.89	16.11

根据附录 5 式（4）所述，高技术制造业 R&D 资本存量计算公式为 $R_t = (1 - 0.5\delta_{R_t}) \times IR_t + (1 - \delta_{R_t})R_{t-1}$，我们假定 2019—2025 年折旧率水平将维持 2018 年的 19.59%，进而可以推导出 2019—2025 年高技术制造业 R&D 投入额，具体结果见表 2：

表 2　广东高技术制造业不变价 R&D 投入额

（单位：亿元）

年度	R&D 投入额
2019	1 006.80
2020	1 170.84
2021	1 391.84
2022	1 661.52
2023	1 986.83
2024	2 280.34
2025	2 593.86

二、　高技术制造业固定资产投资额的预测

前面已对高技术制造业的物质资本存量增速进行预测，据此，可以根据物质资本存量的计算公式，推导出高技术制造业固定资产投资产生的固定资本形成额。但需要指出的是，上述的值均为基于 2000 年不变价的值。表 3 所示的结果是基于前文所测算的高技术制造业物质资本存量增速预测数据。

表 3　广东高技术制造业不变价物质资本存量及增速

年度	物质资本存量/亿元	物质资本存量增速/%
2019	8 065.76	16.13
2020	9 266.75	16.18
2021	10 724.41	17.01
2022	12 496.08	17.75
2023	14 522.95	18.33
2024	16 955.54	17.19
2025	19 324.23	16.11

类似地，根据附录 4 式（2），由物质资本存量计算公式可知，高技术制造业固定资本形成额与物质资本存量关系为：$K_t = I_t + (1 - \delta_{K_t}) K_{t-1}$，并

且假定 2019—2025 年折旧率水平维持 2018 年的 10.42%，进而可以推导出 2019—2025 年高技术制造业固定资本形成额，具体结果见表 4：

表 4　广东高技术制造业不变价固定资本形成额（不含 R&D 中的资本性支出）

（单位：亿元）

年度	固定资本形成额
2019	1 628.39
2020	2 041.44
2021	2 423.26
2022	2 889.16
2023	3 328.96
2024	3 945.88
2025	4 135.46

当然，本研究关注的是高技术制造业固定资产投资额，而固定资产投资额又与固定资本形成额密切相关。故本研究建立不变价固定资本形成额增速与不变价固定资产投资额增速的关系式，基于 2000—2018 年广东不变价固定资本形成额增速与不变价固定资产投资额增速的二元变量历史数据，使用 Stata 16.0，得出如下关系表达式：

$$GFIX = 0.003 + 1.004GINV \qquad (1)$$

$$(0.17) \quad (13.75) \qquad （括号内为 t 值）$$

其中 $GINV$ 表示不变价固定资产投资额增速，$GFIX$ 表示不变价固定资本形成额增速。方程回归调整后的 R^2 为 0.92，F 值通过 0.000 1 检验，可以发现拟合效果佳。

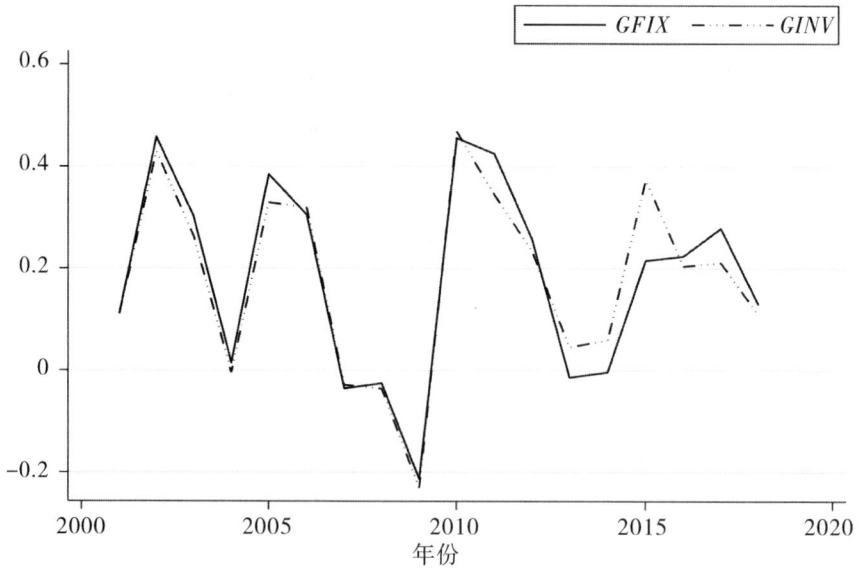

图1　固定资本形成额与固定资产投资额的增速关系

基于前面所预测的高技术制造业固定资本形成额及其增速，使用上述参数方程，可以测算出 2019—2025 年广东高技术制造业不变价固定资产投资额，如表 5 所示：

表5　广东高技术制造业不变价固定资产投资额及增速

年度	固定资产投资额/亿元	固定资产投资额增速/%
2019	1 626.03	− 1.38
2020	2 031.98	24.97
2021	2 404.44	18.33
2022	2 857.70	18.85
2023	3 282.43	14.86
2024	3 878.51	18.16
2025	4 052.51	4.49

附录9　广东高技术制造业当年价固定资产投资额、R&D 投入及增加值的预测

前面预测的高技术制造业固定资产投资额与 R&D 投入均为基于 2000 年不变价的数额，为判断未来广东的金融需求，需要对未来价格指数进行预判，进而转化为当年价，再剥离出非金融部门资金来源，最终可测算出广东高技术制造业发展的资金需求。

据此本研究将对各类价格指数进行预测。本研究需要考虑到的价格指数有：居民消费价格指数（CPI）、工业生产者出厂价格指数、工业生产者购进价格指数、固定资产价格指数以及高技术制造业价格指数。本研究参考顾海兵和王树娟（2015）、"中国经济发展新模式研究"课题组（2016）以及董大勇和刘珂言（2016）的研究方法，拟结合指数平滑和移动平均的预测方法，估计 2019—2025 年上述价格指数。具体可得到以下预测值：

表1　价格指数预测（上一年为100）

（单位:%）

年度	居民消费价格指数	工业生产者出厂价格指数	工业生产者购进价格指数	固定资产价格指数	高技术制造业价格指数
2019	103.66	101.10	102.00	105.75	99.43
2020	104.19	101.90	102.64	105.02	99.71
2021	102.48	101.70	100.97	103.95	99.57
2022	102.09	101.40	97.54	102.46	99.22
2023	102.04	98.74	96.39	101.51	99.50
2024	101.84	98.82	97.72	99.77	98.72
2025	100.58	97.23	98.10	103.26	99.11

基于表1的固定资产价格指数和附录8表5不变价固定资产投资额，我们可测算出广东高技术制造业当年价固定资产投资额，具体见表2：

表 2　广东高技术制造业当年价固定资产投资额

（单位：亿元）

年度	固定资产投资额
2019	2 590. 55
2020	3 399. 82
2021	4 173. 56
2022	5 097. 63
2023	5 815. 74
2024	6 443. 67
2025	6 842. 75

基于表 1 的工业生产者购进价格指数和固定资产价格指数，并且假定 2019—2025 年 R&D 构成比例为 2018 年 R&D 构成比例，并根据附录 5 的高技术制造业 R&D 投入价格指数公式，我们可测算 2019—2025 年高技术制造业 R&D 投入价格指数及经价格指数转化的高技术制造业 R&D 投入数据，具体见表 3：

表 3　广东高技术制造业 R&D 价格指数和当年价 R&D 投入（上一年为 100）

（单位：亿元）

年度	合成价格指数	R&D 投入
2019	102. 51	1 451. 52
2020	102. 96	1 738. 05
2021	101. 38	2 109. 34
2022	98. 21	2 551. 76
2023	97. 09	2 855. 16
2024	98. 00	2 923. 56
2025	98. 80	3 147. 55

同样广东高技术制造业当年价的增加值数据，可由附录 7 测算出的潜在增长率数据，结合本附录的表 1，得出高技术制造业当年价增加值情况。

关于 2025 年广东高技术制造业当年价增加值占当年价 GDP 比值数据，基于前面推测的 2025 年高技术制造业不变价增加值占不变价 GDP 的比重为 29.33%，由预测出 2025 年不变价增加值，并推出 2025 年不变价 GDP。GDP 价格指数的预测，假定 2019—2025 年支出法 GDP 结构（固定资产和消费支出的占比）以 2010—2018 年为平均水平，进而可得到 2019—2025 年年度合成 GDP 价格指数。最终经过价格指数平减，得到 2025 年广东 GDP 有望达到 145 604亿元，2018—2025 年平均增速为 5.76% 的假设。

附录10 广东创新中的金融需求测算

诚如前文所述，高技术制造业 R&D 投入中有一部分属于资本性支出，我们在核算高技术制造业金融需求时，是需要确定高技术制造业 R&D 投入和固定资产投入的，因此两者的综合需要剔除重复计算的 R&D 投入中的资本性支出。关于 R&D 投入中的资本性支出的核算，我们假定 2019—2025 年 R&D 投入中的资本性支出比例是 2009—2018 年的平均比例（6.81%）。有鉴于此，我们最终得到 2019—2025 年高技术制造业的总资金需求，见表1：

表1　2019—2025 年广东高技术制造业的总资金需求

（单位：亿元）

年度	总资金需求
2019	3 938.18
2020	5 013.46
2021	6 118.17
2022	7 362.17
2023	8 445.07
2024	9 401.31
2025	10 167.93

显而易见，这部分资金需求并不完全等于金融需求，有一部分资金是以企业自有资金、政府资金等方式进行补充。为此，我们需要将这些非金融部门提供的资金剥离，最终得到创新发展中需要通过金融部门获取的资金量。有鉴于此，本研究从两部分数据进行解构。一部分结合采用高技术制造业 R&D 资金来源和全社会 R&D 资金来源数据，进而得到高技术制造业 R&D 资金来自金融部门的数据；另一部分，本研究虽无法得到高技术制造业固定资产投资资金来源的细致数据，但可手工统计高技术制造业细分制造业的资金来源数据（不过由于既有数据没有办法包含高技术制造业分类标准，且该分

类标准有所变化①），同时依据全社会制造业固定资产投资资金来源结构数据进行调整，并经过一定比例转化，进而获取高技术制造业固定资产投资额来自金融部门的数据。

关于高技术制造业 R&D 资金来源，历年的《中国高技术制造业统计年鉴》对此科目分类为政府资金和企业资金，历年的《中国科技统计年鉴》对全社会 R&D 资金来源的分类则更为多样，具体分为政府资金、企业资金、国外资金以及其他资金。既有数据关于高技术制造业 R&D 资金来源主要分为政府资金、企业资金及其他资金。两者是略有差异的，并且在全社会 R&D 投入资金来源中，政府资金占据首位，其他资金来源次之，两者占据绝大部分，但是在高技术制造业 R&D 投入资金来源中，政府资金和其他资金占比非常低，企业资金则占据绝大部分。

应当说，高技术制造业 R&D 资金来源中的企业资金和其他资金相当于金融部门需要提供支持的资金。但是这一部分并不能认为完全需要通过外源的金融部门解决，一部分企业留存收益、内部资金也能成为其研发的投入来源。故此，其他资金、企业资金一部分可以被认为是来自金融部门。因此，我们在参考全社会 R&D 资金来源成分基础上，使用［全社会 R&D 的其他资金/（企业资金＋国外资金＋其他资金）］×（高技术制造业 R&D 的企业资金＋高技术制造业 R&D 的其他资金），来获得高技术制造业 R&D 投入中的金融需求占比。在此基础上，我们假定全社会 R&D 的其他资金/（企业资金＋国外资金＋其他资金）的比例以及扣除政府资金后的高技术制造业 R&D 占总体高技术制造业 R&D 的比例，以 2009—2018 年为基准，上述两个比例指标分别为 79.42%、89.01%，结合上述测算出的高技术制造业 R&D 投入（扣除资本性支出）预测数据，进而得到广东高技术制造业的 R&D 金融需求，见表 2。

---

① 《高技术产业（制造业）分类（2017）》，具体见：http://www.stats.gov.cn/tjsj/tjbz/201812/t20181218_ 1640081. html。

表2　2019—2025 年广东高技术制造业的 R&D 金融需求

（单位：亿元）

年度	R&D 金融需求
2019	1 220. 75
2020	1 461. 73
2021	1 761. 53
2022	2 065. 19
2023	2 397. 58
2024	2 696. 70
2025	3 030. 72

关于高技术制造业固定资产资金来源，我们无法直接获取详尽的数据，只能通过高技术制造业细分行业进行粗略估计。基于此，我们除了手动统计高技术制造业资金来源，同时也参照全社会制造业固定资产投资资金来源结构进行调整。历年的《广东省统计年鉴》中全社会制造业固定资产资金来源科目包括国家预算内资金、国内贷款、利用外资、自筹资金以及其他资金。我们可以将国家预算内资金以及占比较少、成分较模糊的利用外资定义为不属于金融部门的资金。国内贷款以及其他资金①可以较为明确定义为属于金融部门的资金，但自筹资金则比较模糊。自筹资金②，内涵丰富，它既可以来自于企业内部资金，也涵盖了从银行部门、资本市场获取的资金，如果包括后者，那么这种自筹资金是一种广义的定义。

国内贷款显然属于银行体系提供的间接融资资金。高技术制造业企业的主体属于制造业，故其固定资产投资资金来源结构应与制造业构成比较类似。故此，我们除了统计高技术制造业固定资产投资的银行贷款占比，也将制造业固定资产投资的银行贷款占比纳入分析当中，以做参考和比较，进而为预测提供依据。据本研究的测算，2014—2018 年制造业固定资产投资的银行贷

---

① 统计年鉴对其他资金来源定义为报告期收到的除以上各种资金之外其他用于固定资产投资的资金。包括集资、个人资金、无偿捐赠的资金及其他单位拨入的资金。

② 统计年鉴对固定资产投资自筹资金定义为固定资产投资单位报告期内收到的，由各地区、各部门及企事业单位筹集用于固定资产投资的预算外资金，包括中央各部门、各级地方和企事业单位的自筹资金。

款占比分别为 6.35%、5.79%、6.45%、4.58% 和 6.29%，同时期的高技术制造业固定资产投资的银行贷款占比分别为 5.56%、7.38%、4.60%、7.11% 和 10.48%。从历年数据可知，近两年银行资金对高技术制造业的支持比重有所提升。比较两者的占比数据演变情况，可以发现两者的数值大致类似（相差 1~2 百分点），2014—2018 年制造业固定资产投资的银行贷款占比平均为 5.89%，高技术制造业固定资产投资的银行贷款占比平均为 7.03%。我们取两者占比的平均值作为 2019—2015 年高技术制造业固定资产的银行贷款占比预测值。

我们在考虑高技术制造业固定资产的直接融资需求时，则从狭义范畴和广义范畴进行测算。如果假定全社会制造业固定资产的其他资金为资本市场提供的资金，则将其他资金占全社会制造业固定资产的比例等同于高技术制造业的直接融资需求。因此，采用制造业固定资产的其他资金/制造业固定资产投资×高技术固定资产投资，来衡量最低的高技术固定资产投资中的直接融资份额。在此基础上，我们用制造业固定资产的其他资金/制造业固定资产投资的比例衡量高技术制造业直接融资占比，进而计算制造业固定资产的其他资金/制造业固定资产投资×高技术制造业固定资产投资，来衡量高技术制造业固定资产投资中的直接融资份额，同时也经过我们手动统计的高技术制造业构成进行调整，并在预测未来制造业固定资产中其他资金占比时，采用移动平均方法，预测 2019—2025 年该值分别为 4.7%、5.7%、6.7%、7.7%、8.7%、9.7% 以及 10.69%。

结合上述测算出的高技术制造业固定资产投资数据，进而得到高技术制造业最低固定资产金融需求及其结构，见表 3。

表 3　2019—2025 年广东高技术制造业的最低固定资产投资金融需求

（单位：亿元）

年度	固定资产投资金融需求	间接融资需求	直接融资需求
2019	288.85	167.35	121.50
2020	413.08	219.63	193.45
2021	548.82	269.61	279.21
2022	719.15	328.32	390.83

（续上表）

年度	固定资产投资金融需求	间接融资需求	直接融资需求
2023	878.44	374.57	503.87
2024	1 037.53	415.01	622.52
2025	1 170.01	440.72	729.30

　　如果假定制造业固定资产的其他资金为资本市场提供的资金，并且自筹资金均需要通过资本市场的融资渠道，就此将其他资金及自筹资金之和占制造业固定资产的比例等同于高技术制造业的直接融资需求。因此，采用制造业固定资产的（其他资金＋自筹资金）/制造业固定资产投资×高技术制造业固定资产投资，来衡量高技术制造业最高固定资产投资中的直接融资份额。在此基础上，我们采用制造业固定资产的（其他资金＋自筹资金）/制造业固定资产投资的比例衡量高技术制造业直接融资占比，进而计算制造业固定资产的（其他资金＋自筹资金）/制造业固定资产投资×高技术制造业固定资产投资，来衡量高技术制造业固定资产投资中的直接融资份额，同时也经过我们手动统计的高技术制造业构成进行调整，并在预测未来制造业固定资产中其他资金占比时，使用2014—2018年该比例的平均值（年度变动较小），该值为89.36%。

　　结合上述测算出的高技术制造业固定资产投资数据，进而得到高技术制造业的最高固定资产金融需求及其结构，见表4。

表4　2019—2025年广东高技术制造业的最高固定资产投资金融需求

（单位：亿元）

年度	固定资产投资金融需求	间接融资需求	直接融资需求
2019	2 482.32	167.35	2 314.97
2020	3 257.78	219.63	3 038.15
2021	3 999.19	269.61	3 729.58
2022	4 870.00	328.32	4 541.68
2023	5 556.05	374.57	5 181.48
2024	6 155.93	415.01	5 740.92
2025	6 537.19	440.72	6 096.47

2014—2018 年的广东高技术制造业 R&D 投入和固定资产投资的金融需求，同样基于上述测度方法进行核算。

最后，本研究基于上述测度的值，将广东高技术制造业 R&D 投入和固定资产投资的金融需求进行加总处理。其中，对于高技术制造业 R&D 资金来源中的金融需求，本研究认为由于高技术制造业的风险性，加之 R&D 投入难以及时转化为成果，例如基础研究、应用研究，资本市场部门则难以提供相适配的资金供给。据此，本研究假定 R&D 资金来源中的金融需求均为直接融资，由此得到高技术制造业的金融需求及其结构。

附录 11 金融供给测算

借鉴郭丽虹、张祥建、徐龙炳（2014）的相关研究，选取 2001—2016 年广东宏观经济数据为测算样本，分别建立广东国内生产总值与社会融资规模、直接融资规模的一元方程，为保证系列数据的分布更加均匀，本研究采用 Census-X12 方法对所有的原始数据进行季节调整，剔除了长期趋势要素。即

$$\ln fin = \beta_0 + \beta_1 \ln GDP$$
$$\ln cap = \alpha_0 + \alpha_1 \ln GDP$$

其中，因变量 $\ln GDP$ 为广东国内生产总值并取对数；解释变量 $\ln fin$ 为广东社会融资增量规模，也即广东金融总供给，并取对数；$\ln cap$ 为广东社会直接融资额并取对数；β_0、α_0 为常数项。使用 Stata 16.0 软件，采用最小二乘法回归得出以下两式结果，回归结果显示拟合程度较好，结果比较可靠。

$$\ln fin = -4.252 + 1.241\ln GDP$$
$$(-4.16)\ (12.86)$$
$$R^2\_a = 0.91 \quad D.W. = 1.06$$
$$\ln cap = -21.705 + 2.655\ln GDP$$
$$(-6.42)\ (8.32)$$
$$R^2\_a = 0.80 \quad D.W. = 1.68$$

关于 GDP 的预测，详见附录 7。

附录 12　广东创新中金融供给的核算

广东创新中的金融供给主要分为间接融资、直接融资，故在核算中本研究从这两个方面展开。

（1）间接融资。具体核算方法及思路见附录 10 中对高技术制造业固定资产投资中的银行贷款预测方法。

（2）直接融资。主要为多层次资本市场融资额，包括国内 A 股上市的高技术企业 IPO 融资及再融资，新三板高技术企业的融资，风险资本市场对高技术企业的融资（包括天使投资、创业投资及私募股权投资），高技术企业的债券融资。这几部分数据来源于 Wind 数据库以及风险投资专业数据库——私募通数据库、投中数据库，并经手动核算获得。

附录 13 广东创新中金融供给的预测

同样，关于广东创新中金融供给的测算，也主要从间接融资和直接融资两方面分析。

（1）间接融资预测。具体核算方法及思路见附录 10 中对高技术制造业固定资产投资中的银行贷款预测方法。

（2）直接融资预测。借鉴"高技术产业投融资体系问题研究"课题组（2005）的研究方法，根据 2014—2019 年的统计数据计算，2014—2019 年广东创新中的直接融资占全社会直接融资比例分别为 20.81%、19.35%、16.07%、43.41%、16.70% 和 6.70%，年均 20.51%，按照这个平均数，并采用递推平均值法，求得 2020—2025 年这个比例分别为 20.55%、20.51%、20.70%、17.82%、18.00%。应当说这个比例是较为稳定的，也一定程度上代表了科创板创立后，直接融资中提供给创新的资金比重显著比 2018 年和 2019 年高，也相比于 2014—2019 年更加稳定。据此，本研究将预测的比例值与测算出的 2017—2020 年的年度直接融资额相乘，即可得到广东创新中的直接融资额，进一步将其与广东创新中的银行贷款相加即可得到广东创新中的金融供给。

关于直接融资体系中各个层次市场的金融供给预测，未来科创板是创新金融供给的主导力量，2019 年，其建立不到半年时间，供应资金已占创新中金融供给的 19.91%，我们预计未来这一比例将稳定在 30% 左右；与此形成掎角之势的主板依然能够发挥重要的融资功能，但是占比可能会持续下降，维持在 39% 左右；风险投资在创新融资中应当起到关键作用，但是历史数据似乎显示真正有效供给创新的资金并不多，未来这部分潜力较大，我们估计会呈现上升趋势，维持在 6% 左右的占比；新三板提供的资金，则用直接融资减去上述资金额，即可得相应值，这一值呈现逐年递减趋势，这一规律也符合当前新三板发展趋势。

附录 14 异质性高技术企业的金融缺口测算

一、 不同产权性质高技术企业的金融缺口测算

就不同产权性质高技术企业的金融供给状况来看，国有企业受信贷等政策支持，融资往往受到青睐，我们考虑高技术制造业固定资产投资中国有投资的占比，以代理其在国有企业中的占比。我们取 2010—2018 年这一比例的平均值，大约为 32% 左右。一般而言，私营企业在银行贷款方面面临着所有制歧视，难以获得足够并且同等优惠利率价格的银行贷款，致使贷款规模较小，债务利息率方面则呈现较高的特征。资本市场直接融资渠道理应成为私营企业拓宽资金来源的重要渠道。但是由于我国资本市场长期跛足的状况，融资功能未能完全发挥。在上述两者叠加作用下，意味着私营企业整体来说，面临的金融缺口是要显著大于国有企业。对此，我们基于广东 2011—2014 年高技术企业资本结构，参照国有企业和私营企业的股权融资占比，同时考虑债务费用率缺口，进行调整。得出在社会创新金融缺口中，私营企业比例达到 58.03%，国有企业为 41.97%。依此比例，进而得出私营企业和国有企业 2014—2025 年面临的金融缺口值。

二、 不同发展阶段高技术企业的金融缺口测算

就社会总体中股权和债务资本在高技术企业发展的各个阶段分布比例来看，处于扩张期和成熟期的企业往往受到资金青睐，其占比分别为 29.00%、49.99%（详见表 1）。成熟期企业和扩张期企业在融资中面临的约束较小，初创期企业在融资方面则面临较大歧视，成长期相对要好些。但是在企业创立时，对资金的渴求是最大的。诸多文献对此都有所论述和证明，Berger 和 Udell（1998）专注于研究美国中小企业融资问题，指出中小企业的金融缺口较大是普遍现象，初创期企业大部分资金是自身出资的，也有部分资金通过民间商业借贷行为获得，较少能够获得金融部门的资金支持。聚焦研究我国企业融资阶段特征的文献，发现我国初创期企业在前五年经营中面临的金

融缺口最大，存活概率也最低（裴蕾，谢思全，2015）。对此，我们基于广东2011—2014 年高技术企业资本结构，参照初创期、成长期、扩张期和成熟期企业的股权融资占比，同时考虑债务费用率缺口，进行调整，得出在社会创新金融缺口中，初创期、成长期、扩张期和成熟期占比分别为 29.27%、25.52%、24.72% 以及 20.49%。依此比例，进而得出初创期、成长期、扩张期和成熟期 2014—2025 年面临的金融缺口值。

表1　广东高技术企业总体上各个发展阶段融资比例

（单位：%）

企业发展阶段	初创期	成长期	扩张期	成熟期
比例	7.86	13.15	29.00	49.99

三、 不同规模高技术企业的金融缺口测算

就社会总体中股权和债务资本在不同规模高技术企业中分布的比例来看，广东大型企业往往受到资金青睐，中型企业次之，其占比分别为 49.99%、13.15%（详见表2）。小微型企业由于实力和信息质量不强，往往不受资金支持，尤其是信贷部门并不愿意为小微型企业提供资金。毋庸置疑，小微型企业是国民经济中最为活跃的主体之一，也是推动社会创新的重要组成部分，那么资本市场理应对其进行支持。对此，我们基于广东 2011—2014 年高技术企业资本结构，参照大型、中型和小微型企业的股权融资占比，同时考虑债务费用率缺口，进行调整，得出在社会创新金融缺口中，大型、中型和小微型企业占比分别为 20.56%、37.95%、41.49%。依此比例，进而得出大型、中型和小微型企业 2014—2025 年面临的金融缺口值。

表2　广东不同规模高技术企业总体上融资比例

（单位：%）

企业规模	大型	中型	小微型
比例	49.99	13.15	7.86

附录15 城市金融竞争力评价指标体系

城市金融竞争力是指城市整合金融资源的综合能力、竞争优势和发展潜力。提升金融中心城市金融竞争力受到金融产业、金融体系、金融资源、金融生态等多方面因素的影响。构建中国金融中心城市金融竞争力评价指标体系，需要包括金融规模结构、金融发展水平、金融资源配置、金融基础设施和经济发展程度等重要指标。

一、 评价指标体系架构设计

首先，构建指标体系要明确构建原则。在评价指标体系的构建原则上，本研究认为要遵循以下原则：一是数据来源具有权威性。基本数据必须来源于公开的数据库和各城市官方统计与调查，并通过正规渠道搜集。二是评价对象具有代表性。所选取的评价对象应该是全国经济发展水平较高、风投创投能力较为出众的地区。三是指标具有可比性。本研究选取通用指标构建评价指标体系，各城市指标内涵定义和数据统计口径一致。四是评价指标体系对于城市规模不敏感。大部分指标选用相对指标，兼顾不同规模城市在风投创投经济环境、风投创投水平和质量以及风投创投绩效上的不同特点。

其次，构建评价指标体系要明确功能定位。一是解释功能。风投创投指标体系应当反映风投创投中心城市的客观情况，能够解释优劣势存在的原因，揭示可能存在的改进措施。二是评价功能。评价指标体系应当能够对城市风投创投竞争力进行定性和定量评价，从指标得分中做出横向和纵向的比较分析。

根据中国金融中心城市金融竞争力所涉及的经济、金融、基础设施、科技、人文等重要因素，首先将城市金融竞争力指标系统划分为金融发展水平、经济持续力和基础设施支持力三个子系统，然后再将这三个子系统进一步细分，划分为9个因素和29个指标，建立起一个多层次评价指标体系。

1. 目标层

目标层即测度中国金融中心城市金融竞争力水平，这是设计评价指标体系要确定的总目标。城市金融竞争力通常表示一定时期内城市金融业的综合竞争优势和竞争能力，包括金融体系规模，发展水平，运行机制，金融业在促进资源优化配置、推动地区经济增长的作用，金融基础设施支持水平等因素。

2. 准则层

准则层是目标层之下的二级指标，是为实现测度金融竞争力目标所需控制和考核的因素。准则层包含三大准则，分别是金融发展水平、经济持续力和基础设施支持力。金融发展水平反映城市金融产业综合竞争优势，经济持续力反映城市经济对金融发展的促进作用，基础设施支持力则是指城市基础设施对金融发展的保障和服务能力。

3. 因素层

因素层是准则层之下的三级指标，是金融发展水平、经济持续力和基础设施支持力这三大准则的细化。因素层包括金融规模、金融市场效率、资金集散、经济实力、经济结构、区位交通、科技实力、生态环境、文化支持共9个因素。

4. 指标层

指标层是因素层之下的四级指标，也是评价指标体系的最后一层。本研究通过对9个因素分别选取密切相关且可以利用的具体参数，一共形成28个具体指标，见表1。

表 1 城市金融竞争力多层次评价指标体系

一级指标	二级指标	三级指标	四级指标
城市金融竞争力	金融发展水平	金融规模	金融相关比率
			金融业增加值
			存贷款余额
			保费收入
			股票交易额
		金融市场效率	企业存款占全社会存款余额比重
			股票交易额与存款余额比
			保险密度
			上市公司数量
		资金集散	存贷款余额占比
			存贷款余额首位度
	经济持续力	经济实力	人均 GDP
			城市居民人均可支配收入
			社会固定资产投资
			人均财政收入
		经济结构	第三产业增加值占 GDP 比重
			是否设立自贸试验区
			地方财政收入占 GDP 比重
			实际利用外资
	基础设施支持力	区位交通	客运量
			货运量
		科技实力	R&D 投入强度
			高新技术产业增加值
			专利授权量
		生态环境	城市污水处理率
			城市绿化覆盖率
		文化支持	普通高校在校生数量
			每百万人公共藏书数

二、 城市金融竞争力评价模型与方法

在评价指标体系基础上，我们还需要研究设计科学系统的评价模型，才能测算金融中心城市发展数据，并对金融中心城市金融竞争力进行综合评价。关于评价的方法，本研究根据城市金融竞争力评价指标体系，拟采用熵值法进行分析评价。

在明确评价指标体系基础上，我们还需要研究设计科学系统的评价模型。关于评价的方法，本研究根据风投创投中心城市竞争力评价指标体系，采用熵值法进行分析评价。熵值法是根据指标数据的信息量客观赋予指标权重，它避免了主观赋权（如专家打分法）带来的人为偏差。熵值越小，指标差异系数越大，指标权重就越大。具体方法如下所示：

1. 数据标准化

将 6 个城市的原始数据形成一个决策矩阵，即

$$X = (X_{ij})n \times m \tag{1}$$

其中，n 为风投创投中心城市个数，m 为四级指标个数，X_{ij} 表示第 i 个城市的第 j 项指标。本研究使用 Z 分数法将原始数据标准化：

$$y_{ij} = \frac{X_{ij} - \overline{X}}{S} \tag{2}$$

$\overline{X}$ 表示指标平均值，S 表示指标的标准差。决策矩阵经过标准化处理形成新矩阵：

$$y = (y_{ij})n \times m \tag{3}$$

2. 数据平移

本研究采用熵值法确定加权系数，需要使用对数计算。为使对数可以进行该项计算，再次对标准化矩阵进行数据平移：

$$Y_{ij} = y_{ij} + 4 \tag{4}$$

数据平移后，分别计算各金融中心城市在某项指标中所占比重：

$$P_{ij} = Y_{ij} \Big/ \sum_{i=1}^{n} Y_{ij} \tag{5}$$

3. 计算各评价指标熵值

$$e_j = -\frac{1}{\ln n} \sum_{i=1}^{n} P_{ij} \ln P_{ij} \qquad (6)$$

其中，$0 < e_j < 1$。

4. 计算各评价指标的差异性系数

由式（6）知，对于给定的 j，X_{ij} 的差异越小，则 e_j 越大。当 X_{ij} 全部相等时，$e_j = e_{max} = 1$ 对被评价对象之间的比较没有任何影响。当 X_{ij} 的差异越大，则 e_j 越小，指标 X_j 对被评价对象之间的比较作用就越大。在此基础上定义差异系数为：$h_j = 1 - e_j$。

5. 权重系数的确定

$$w_j = h_j \Big/ \sum_{i=1}^{m} h_j (j = 1, 2, \cdots, m) \qquad (7)$$

w_j 即为各指标最终的权重系数。

6. 计算各样本城市综合得分

$$s_i = -\sum_{i=1}^{m} W_j \times P_{ij} (i = 1, 2, \cdots, n) \qquad (8)$$

通过上述计算过程，本研究获得了一层结构的数据情况。而对于多层次的结构数据，本研究还使用最优脱层法加以分析解决。最优脱层法是指在得到了第 k 层综合指标之后，将其作为新的数据，再次利用熵值法得到第 $k-1$ 层综合指标。这样依次进行，逐步接近一级指标。

附录 16　城市经济生产要素效率

本研究采用的生产函数模型如下：

$$Y_t = A_t L_t^{\alpha} K_t^{\beta} \qquad (1)$$

其中 Y_t 是地区生产总值（GDP），A_t 是全要素生产率（TFP），L_t 是全社会就业劳动人口，K_t 是资本存量。

关于资本存量，经永续盘存法测算，测算公式为 $K_t = (1-\delta) \times K_{t-1} + \dfrac{I_t}{P_t}$，其中 K_t 为当期的物质资本存量，K_{t-1} 为上一期的物质资本存量，I_t 为当期的固定资产投资形成额，P_t 为以 2008 年为基期的当前资本价格指数，即固定资产数据均经过指数平减，δ 为固定资产折旧率。参照张军等（2004）、刘志迎等（2006）、范凌钧等（2011）的研究方法，设定 $\delta = 15\%$。参照张军等（2004）的研究方法，主要通过计算 2008—2017 年的固定资产指数平均增长率得到 g 值，根据公式 $K_{2008} = \dfrac{I_{2008}}{g+\delta}$，即可算出 2003 年基期的固定资产资本存量。

$$\ln Y_t = A_t + \alpha \ln L_t + \beta \ln K_t \qquad (2)$$

根据式（2）测算出的残差 A_t 即为城市经济生产要素效率。

附录 17　风投创投中心城市竞争力指标体系

一、 风投创投中心城市竞争力指标体系架构

根据建设具有全国影响力的风投创投中心所涉及的各类要素，本研究将风投创投指标体系划分为经济基础、金融环境、风投发展和科技实力四个二级指标，然后再将二级指标细分为 14 个三级指标和 38 个四级指标，建立一个多层次的指标体系（见表 1）。

表 1　风投创投中心城市竞争力指标体系

一级指标	二级指标	三级指标	四级指标
风投创投中心城市竞争力	经济基础	经济水平	GDP 总量
			GDP 增长率
			固定资产投资
			人均可支配收入
		交通运输	客运量
			货运量
		对外开放	外商直接投资（FDI）
			进出口总额
	金融环境	金融规模	金融相关比率①
			金融业增加值
			股票交易额
		市场效率	股票交易额与存款余额比值
			上市公司年增量
		资金集散	城市存贷款余额与全国存贷款余额比值
			存贷款余额首位度

---

① 　金融相关率由美国经济学家雷蒙德·W. 戈德史密斯提出，是指某经济体全部金融资产价值与该国经济活动总量的比值。

（续上表）

一级指标	二级指标	三级指标	四级指标
风投创投中心城市竞争力	风投发展	风投集聚	新设基金个数新增
			基金募集目标金额
			基金募集完成个数
			基金募集完成金额
		风投辐射	对外投资基金个数
			对外投资基金金额
		风投交易	基金投资金额
			基金投资个数
			基金退出个数
			基金退出回报率
			基金退出年限
		风投创新	科技孵化器
			创客空间
	科技实力	R&D 水平	R&D 强度①
			R&D 从业人员量
		高新技术	高新技术产业产值
			有科研机构企业数
			高校毕业生人数
		专利水平	专利申请数量
			专利授权数量
		政策引导	上市企业平均税负②
			产业政策③
			财政收入与 GDP 的比值

---

① R&D 强度为城市 R&D 投入与经济总量的比值。

② 由于中国工业经济数据库截至 2013 年，且 2008—2013 年数据有较大缺损，故考虑使用上市企业税负承担来衡量地区企业税负水平。本研究参考贾俊雪（2014）研究方法，测算出上市企业层面的有效平均税率，原始数据源自国泰安、Wind 数据库，相关税种及税率数据来自政府公告的相关政策。

③ 产业政策指标的含义：运用 Python 软件，锁定文件中含有的"产业""行业"或者"工业"关键词，基础数据来自我国法律法规数据库，本研究以含有这类关键词的政策数量作为政府的重视程度。

二、　评价指标分析

风投创投中心的建立，不仅取决于建设风投创投中心的四个支点和三个维度，还与城市的经济基础、金融发展情况、产业能力息息相关。城市的经济基础和金融发展情况为风投创投的发展提供支撑。根据硅谷等地区的经验来看，产业能力反过来也影响风投创投中心的发展。据此，本研究设立了经济基础、金融环境、风投发展和科技实力四个二级指标，力图客观和科学地反映城市风投创投竞争力，揭示广州存在的优势和差距。

1. 经济基础

经济基础是建立风投创投中心的基础，本研究选取经济水平、交通运输、对外开放 3 个三级指标来反映经济基础。

（1）经济水平。经济水平反映城市经济的总体状况。本研究选取了 GDP 总量、GDP 增长率、固定资产投资和人均可支配收入 4 项指标来衡量经济水平。其中，GDP 总量和 GDP 增长率分别从横向和纵向反映了城市经济整体发展的状况。固定资产投资反映城市的投资水平和基础设施建设力度。人均可支配收入衡量城市居民的生活水平。

（2）交通运输。交通运输是指风投创投中心所在区域的交通运输便利程度。本研究使用客运量和货运量来反映城市的区位交通优势。在一定程度上，区位交通优势影响风投创投中心的聚集和辐射能力。

（3）对外开放。对外开放是指城市经济的对外开放情况。本研究选取了外商直接投资和进出口总额 2 项指标。其中，外商直接投资衡量城市的金融开放水平，进出口总额衡量城市的贸易开放程度。

2. 金融环境

没有优质的金融环境，就不会有风投创投中心的建立。金融环境指标在经济基础上，进一步在金融规模、市场效率、资金集散 3 个方面反映影响风投创投中心建立的金融基础。

（1）金融规模。金融规模从数量层面反映城市金融发展水平。本研究选取金融相关比率、金融业增加值和股票交易额 3 项指标来具体衡量城市的金融规模。其中，金融相关比率反映城市金融发展的存量水平，金融业增加值反映城市金融发展的增量水平，股票交易额反映城市资本市场发达程度。

（2）市场效率。金融发展强弱不仅体现在金融规模上，还体现在金融市场效率上。本研究选取股票交易额与存款余额比值和上市公司年增量共2项指标，来衡量城市金融资源配置效率。其中，股票交易额与存款余额比值反映了直接融资与间接融资的相对重要程度，上市公司年增量则反映了城市的直接融资水平。

（3）资金集散。资金集散是反映金融中心城市集聚金融资源和对外辐射程度的指标。本研究选取城市存贷款余额与全国存贷款余额比值、存贷款余额首位度2项指标来反映城市的资金集散能力。城市存贷款余额与全国存贷款余额比值说明该金融中心城市在全国金融市场的地位，存贷款余额首位度则说明其在城市群体中的地位。

3. 风投发展

风投发展是建设风投创投中心的核心指标。风投发展总结了城市风投创投在资金募集、基金投资、基金管理和基金退出四个基金核心环节的发展历史与现状。根据四个支点和三个维度的规范分析，本研究选取风投集聚、风投辐射、风投交易和风投创新四个指标来衡量城市风投发展水平。

（1）风投集聚。风投集聚包括了资金的集聚和基金机构的集聚。在四级指标中，基金募集目标金额反映资金聚集的总规模，基金募集完成金额衡量了资金募集的实际规模，基金募集完成个数反映了基金机构的集聚能力。

（2）风投辐射。风投创投中心既是各类资源的集聚洼地，也应展示示范效应，发挥辐射功能。风投辐射反映了城市对所属区域以外投资的水平。本研究选取对外投资基金个数和对外投资基金金额作为衡量风投辐射水平的四级指标。

（3）风投交易。风投交易的活跃度是城市风投创投发展的核心所在，股权流通的难易程度影响着基金资金、机构的集聚。我们将风投交易分为基金投资部分和基金退出部分。其中，基金投资部分包括基金投资金额和基金投资个数2个四级指标，基金退出部分包括基金退出个数、基金退出回报率和基金退出年限3个四级指标。

（4）风投创新。风投创投中心自身就是金融（或类金融）创新基地。金融（或类金融）在服务创新发展的同时，其自也需要不断创新。从风投创投的角度出发，风投创投中心是支持和促进各种创新活动的前沿阵地，为匹配日新月异的创新发展需要，金融（或类金融）的创新推动金融与科技的深度融合。一般而言，具有创新基因的风投新载体现大致有科技孵化器①和创客空间②，基于此，我们将这 2 个指标纳入风投创新的四级指标中。

4. 科技实力

科技实力是指风投创投城市科技创新与成果转化能力。一方面，风投创投有利于促进科技创新、商业模式创新和产业创新；另一方面，城市科技实力的强弱也反过来影响风投创投中心的发展。本研究将科技实力分为 R&D 水平、高新技术、专利水平和政策引导 4 个三级指标。

（1）R&D 水平。R&D 水平反映的是风投创投中心城市科研投入水平。本研究将 R&D 水平划分为 R&D 强度和 R&D 从业人员量。R&D 强度通过科研经费投入程度衡量城市的创新资金支持力度，R&D 从业人员量通过人才聚集方面衡量科研的积聚力量。

（2）高新技术。高新技术反映的是风投创投中心城市科技成果转化能力，同时也衡量了高新技术人才供应水平。本研究将高新技术产业产值、有科研机构企业数和高校毕业生人数作为此部分的四级指标。

（3）专利水平。与 R&D 水平衡量科研投入水平相对应，专利水平反映风投创投中心城市科技创新的产出能力。本研究选取专利申请数量和专利授权数量两项指标衡量专利水平。

（4）政策引导。政策引导包含上市企业平均税负、产业政策和财政收入与 GDP 的比值 3 个指标。上市企业平均税负用于近似衡量地区企业税负水平。产业政策为各城市的产业政策数量，用于衡量政府对相关行业的重视程度。财政收入与 GDP 的比值为逆向指标，该比值越低，说明企业的税负水平越低。

---

①　科技孵化器指企业对科学技术成果进行转化，使成果逐步走向市场、投入民生运用的一个过程。常常表现为创业公司使得科技成果商品化、产业化的过程。

②　创客空间，也称为 hackerspaces 或 fab labs，在全球不断涌现，为社区化运营的工作空间，为有共同兴趣的人们（通常是对电脑、机械、技术、科学、数字艺术或电子技术感兴趣）提供聚会、社交、撮合合作的场所，进而鼓励人们创新。

附录18 6个城市风投创投机构投资的上市企业累计股票超额收益核算

参考周芳等（2011）、邹斌等（2011）的研究方法，CAR_{it} 为第 i 只个股样本在窗口期 t 内的累计股票超额收益，t 为 0～365、0～730、0～1 095，计算方法为：

$$CAR_{it} = \sum_{t=1}^{T} AR_{it} \tag{1}$$

$$AR_{it} = R_{it} - R_{mt} \tag{2}$$

其中，R_{it} 为第 i 只个股样本第 t 日的日收益率，R_{mt} 为个股样本所在市场的大盘指数第 t 日的收益率，由于本研究样本为中小板和创业板，故采用深交所综合日收益率数据。城市平均累计股票超额收益计算方法为：

$$CityCAR_{jt} = \frac{\sum_{1}^{N_j} CAR_{it}}{N_j} \tag{3}$$

其中，$CityCAR_{jt}$ 为第 j 个城市的风投创投机构所投企业的平均累计股票超额收益，N_j 为第 j 个城市的风投创投机构所投企业数量。

附录19 6个城市风投创投机构投资的上市企业生产效率核算

参考张学勇等（2016）识别风投创投方法，我们选取注册地址在广州、北京等6个城市的风投创投机构，在2007—2017年样本区间内，锁定其投资的企业，考虑我国实行的锁定期三年政策，故选择IPO后三个年度作为最终样本考察期间，最后共获得370家合计1 110个样本。本研究在计算企业生产效率方面，参考鲁晓东等（2012）、刘娥平等（2018）的研究方法，依据柯布—道格拉斯生产函数形式，将总产出作为被解释变量，加入劳动和资本投入作为控制变量。我们采用OP估计法，分别用当期投资（$\ln I$）和中间投入（$\ln M$）来衡量投入水平和公司特有生产过程的关联，缓解同时性偏差和样本选择性偏差。

$$\ln Y_{it} = \beta_0 + \beta_1 \ln K_{it} + \beta_2 \ln L_{it} + \beta_3 age_{it} + \beta_4 state_{it} + \varepsilon_{it} \qquad (1)$$

我们采用Olley-Pakes的半参数三步估计法。其中，状态变量为$\ln K$和age；控制变量为soe；代理变量为企业的当期投资；其他变量如$\ln L$、$\ln M$均为自由变量；而退出变量为EX，该变量以企业第三年度为退出时间。

表1 各变量定义

变量符号	变量名称	变量定义
$\ln Y$	总产出	企业年销售收入取对数
$\ln K$	资本投入	企业年末固定资产、无形资产及在建工程等非流动资产总和取对数
$\ln L$	劳动投入	企业年末员工人数取对数
$\ln I$	当期投资	企业期末资本投入减去期初资本投入加上折旧摊销取对数
$\ln M$	中间投入	企业当年购买商品、劳务支付的现金取对数
age	企业年龄	用当年企业上市时间衡量
soe	企业性质	国有企业取1，否则取0
EX	退出	是否退出市场

参考文献

1. ACS Z J, SZERB L A. Complex global entrepreneurship context index [M] //Faculty of business and economics. Mimeo: University of Pecs, 2008.

2. ACS Z J, ARENIUS P, HAY M, et al. Global entrepreneurship monitor [M] . M A : London Business School and Babson College, 2004.

3. FRANKLIN A, DOUGLAS G. Comparing financial systems [J] . Cambridge: Mit press books, 2000: pp. 209 - 215.

4. ARAYAM A Y, MIYOSHI K. Regional diversity and sources of economic growth in China [J] . The world economy, 2004, 27 (10): pp. 1583 - 1607.

5. ARROW K. The economic implications of learning by doing [J] . Review of economic studies, 1962, 29 (80): pp. 155 - 173.

6. BALDWIN J R, GU W, MACDONALD R. Intangible capital and productivity growth in Canada [J] . The canadian productivity reviews, 2012.

7. BARTELSMAN E, HALTIWANGER J, SCARPETTA S. Cross-country differences in productivity: the role of allocation and selection [J] . The American economic review, 2013, 103 (1): pp. 305 - 334.

8. BAUM C F, SCHAFER D, TALAVERA O. The impact of the financial system's structure on firm's financial constraints [J] . Journal of International money and finance, 2011, 30 (4): pp. 678 - 691.

9. BERGER A N, BLACK L K. Bank size, lending technologies and small business finance [J] . Journal of banking and finance, 2011, 35 (3): pp. 724 - 735.

10. BERGER A N, UDELL G F. The economics of small business finance: the roles of private equity and debt markets in the financial growth cycle [J] . Journal of banking and finance, 1998, 22 (6): pp. 613 - 673.

11. BOSWORTH D L. The rate of obsolescence of technical knowledge: a note [J]. Journal of industrial economics, 1978, 26 (3), pp: 273 –279.

12. BRANDT L, BIESEBROECK J V, ZHANG Y. Creative accounting or creative destruction? Firm-level productivity growth in Chinese manufacturing [J]. Journal of development eonomics, 2012, 97 (2): pp. 339 –351.

13. BRANDT L, BIESEBROECK J V, ZHANG Y. Challenges of working with the Chinese Nbs firm-level data [J]. China economic review, 2014, 30: pp. 339 –352.

14. HALL B H. The financing of research and development [J]. Oxford review of economic policy, 2002, 18 (1): pp. 35 –51.

15. BYGRAVE W, HAY M, NG E, et al. Executive forum: a study of informal investing in 29 nations composing the global entrepreneurship monitor [J]. Venture capital, 2003, 5 (2): pp. 101 –106.

16. CAI H, LIU Q. Competition and corporate tax avoidance: evidence from Chinese industrial firms [J]. Economic Journal, 2009, 119: pp. 764 –795.

17. CASAMATTA C. Financing and advising: optical financial contracts with venture capitalists [J]. Journal of finance, 2003, 58 (5): pp. 2059 –2086.

18. CASELLI F. Accounting for cross-country income differences [J]. Handbook of Economic Growth, 2005 (1).

19. CHOW G C, LIN A. Accounting for economic growth in Taiwan and minland China: a comparative analysis [J]. Journal of comparative economics, 2002, 30 (3): pp. 507 –530.

20. CHOW G C. Capital formation and economic growth in China [J]. Quarterly journal of economics, 1993, 108 (3): pp. 809 –842.

21. CHRISTENSEN C M. The innovator's dilemma: the revolutionary national best seller that changed the way we do business [M]. New York: Harper Collins, 2003.

22. CLAYTON T, DAL BORGO M, HASKEL J. Knowledge capital investment: definition and results for the UK market sector [R]. CEPR discussion papers, 2009.

23. COE D T, HELPMAN E. International R&D spillovers [J]. European

economic review, 1995, 39 (5): pp. 859 – 887.

24. CORRADO C, HASKEL J, JONALASINIO C, et al. Innovation and intangible investment in Europe, Japan, and the United States [J] . Oxford review of economic policy, 2013, 29 (2): pp. 261 – 286.

25. CORRADO C, HULTEN C R, SICHEL D E. Intangible capital and US economic growth [J] . Review of income and wealth, 2009, 55 (3): pp. 661 – 685.

26. CORRADO C, HULTEN C R, SICHEL D E. Measuring capital and technology: an expanded framework [R] . NBER Working Papers, 2005, pp: 11 – 46.

27. HIRSHLEIFER D, HSU P S, LI D. Innovative efficiency and stock returns [J] . Journal of financial economics, 2013, 107 (3) .

28. DEMIRGÜÇ-KUNT A, ERIK F, LEVINE R. Optimal financial structures and development: the evolving importance of banks and markets [R] . Washington DC: World Bank, 2011.

29. DESS G, LUMPKIN G T, COVIN J. Entrepreneurial strategy making firm performance [J] . Test of contingency and configuration models strategic management journal, 1997, 18 (9): pp. 2 – 23.

30. DRUCKER P F. Post-capitalist society [M] . New York: Harper Business, 1993.

31. DURANTON G, EJAZ G, ARTIGOSWAMI G, et al. The misallocation of land and other factors of production in India [R] . World bank policy research working paper, 2015.

32. MARTIN M A G , PICAZO M, NAVARRO J. Entrepreneurship, income distribution and economic growth [J] . International entrepreneurship and management journal, 2010, 6 (2): pp. 131 – 141.

33. GRAHAM J R, HARVEY C R. The theory and practice of corporate finance: evidence from the field [J] . Journal of financial economics, 2001, 60 (2): pp. 187 – 243.

34. GRILICHES Z. R&D and the productivity slowdown [J] . The American economic review, 1980, 70 (2): pp. 343 – 348.

35. HALL B H, MAIRESSE J. Exploring the relationship between R&D and

productivity in French manufacturing firms ［J］. Journal of econometrics, 1995, 65 (1).

36. HALL B H. The financing of research and development ［J］. Oxford review of economic policy, 2002, 18 (1): pp. 35 – 51.

37. HALL R, JONES C. Why do some countries produce so much more output per worker than others? ［J］. The quarterly journal of economics, 1999, 114 (1): pp. 83 – 116.

38. HERNÁNDEZ J A, MAULEÓN I. Econometric estimation of a variable rate of depreciation of the capital stock ［J］. Empirical economics, 2005, 30 (3): pp. 575 – 595.

39. HERRERA A M, MINETTI R. Informed finance and technological change: evidence from cretid relationships ［J］. Journal of financial economics, 2007, 83 (1): pp. 223 – 269.

40. HSIEH C T, KLENOW J P. Misallocation and manufacturing TFP in China and India ［J］. Quarterly journal of economics, 2009, 124 (4): pp. 1403 – 1448.

41. HSU P H, TIAN X, XU Y. Financial development and innovation: cross-country evidence ［J］. Journal of financial economics, 2014, 112 (1): pp. 116 – 135.

42. HU A G Z, JEFFERSON G H, QIAN J C. R&D and technology transfer: firm-level evidence from Chinese industry ［J］. Review of economics and statistics, 2005, 87 (4): pp. 780 – 786.

43. HULTEN C R. On the "Importance" of productivity change ［J］. The American economic review, 1979, 69 (1): pp. 126 – 136.

44. IFC. MSME Finance gap: assessment of the shortfalls and opportunities in financing micro, small and medium enterprises in emerging markets ［R］. 2018.

45. BROWN J R, MARTINSSON G, PETERSEN B C, Law, stock markets and innovation ［J］. The journal of finance, 2013, 68 (4): pp. 1517 – 1549.

46. KAPLAN S N, STROMBERG P. Financial contracting theory meets the real world: an empirical analysis of venture capital contracts ［J］. Review of economic studies, 2003, 70 (2): pp. 281 – 295.

47. LEVINE R. Stock markets, growth, and tax policy ［J］. The journal of fi-

nance, 1991, 46 (4): pp. 1445 – 1465.

48. BENFRRATELLO L, SCHIANTARELLI F, SEMBENELLI A. Banks and innovation: micro – econometric evidence on Italian firms [J]. Journal of financial economics, 2008, 90 (2): pp. 197 – 217.

49. LUMPKIN G T, DESS G. Clarifying the entrepreneurial orientation construct and linking it to performance [J]. Academy of management review, 1996, 21 (1): 135 – 172.

50. MARQUÉS D P, SIMÓN F J G, CARAANA C D. The effect of innovation on intellectual capital: an empirical evaluation in the biotechnology and telecommunications industries [J]. International journal of innovation management, 2006, 10 (1): pp. 89 – 112.

51. MEYER M H, UTTERBACK J M. The product family and the dynamics of core capability [J]. Sloan management review, Springer, 1993: pp. 29 – 47.

52. MUNTEAN T. Intangible assets and their contribution to labor productivity growth in ontario [J]. International productivity monitor, 2015, 27: pp. 22 – 39.

53. MURRAY Z F, VIDHAN K G. Testing the pecking order theory of capital structure [J]. Journal of financial economics, 2003, 67 (2).

54. OLLEY S, PAKES A. The dynamics of productivity in the telecommunications equipment industry [J]. Econometrica, 1996, 64 (6): pp. 1263 – 1297.

55. HERBIG P. The relationship of structure to entrepreneurial and innovative success [J]. Marketing intelligence & Planning, 1994, 12 (9): pp. 37 – 48.

56. PAKES A. On patents, R&D, and the stock market rate of return [J]. Journal of political economy, 1985, 93 (2): pp. 390 – 409.

57. KUMAR P, LI D. Capital investment, innovative capacity, and stock returns [J]. The journal of finance, 2016, 71 (5): pp. 2059 – 2094.

58. KANUNGO R N. Entrepreneurship and innovation: models for development [J]. Indian journal of industrial relations, 1999, 35 (1): 114 – 118.

59. ROBERT G K, ROSS L. Finance, entrepreneurship and growth [J]. Journal of monetary economics, 1993, 32 (3): pp. 513 – 542.

60. SAMILA S, OLAV S. Venture capital, entrepreneurship, and economic growth

[J] . Review of economics & Statistics, 2011, 93 (1): pp. 338 – 349.

61. BERNSTEIN S, GIROUD X, TOWNSEND R. The impact of venture capital monitoring [J] . The journal of finance, 2016, 71 (4): pp. 1591 – 1622.

62. WEI S J, XIE Z, ZHANG X. From "made in China" to "innovated in China": necessity, prospect, and challenges [J] . The journal of economic perspectives, 2017, 31 (1): pp. 49 – 70.

63. SHER P J, YANG P Y. The effects of innovative capabilities and R&D clustering on firm performance: the evidence of Taiwan's semiconductor industry [J] . Technovation, 2005, 25 (1): pp. 33 – 43.

64. SLIKER B K. R&D satellite account methodologies: R&D capital stocks and net rates of return [R] . Bureau of economic analysis/national science foundation R&D satellite account background paper, 2007.

65. STEIN P, GOLAND T, SCHIFF R. Two trillion and counting: assessing the credit gap for micro, small, and mediumsize enterprises in the developing world [R] . 2010.

66. SUBRAMANIAM M, YOUNDT M A. The influence of intellectual capital on the types of innovative capabilities [J] . Academy of management journal, 2005, 48 (3): pp. 450 – 463.

67. TADESSE S. Financial architecture and economic performance: international evidence [J] . Journal of financial intermediation, 2002, 11 (4): pp. 429 – 454.

68. VIRGILL N. Export processing zones: tools of development or reform delay? [D] . Commonwealth of Virginia: George Mason University, 2008.

69. FANG V W, TIAN X, TICE S. Does stock liquidity enhance or impede firm innovation? [J] . The journal of finance, 2014, 10, pp. 2085 – 2125.

70. WANG Y, YAO Y. Sources of China's economic growth 1952—1999: incorporating human capital accumulation [J] . China economic review, 2003, 14 (1): pp. 32 – 52.

71. ZHAO H X, TONG X S, WONG P K, et al. Types of technology sourcing and innovative capability: an exploratory study of Singapore manufacturing firms [J] . The Journal of high technology management research, 2005, 16 (2):

pp. 209 – 224.

72. ZHU X. Understanding China's gowth：past，present，and future ［J］. Journal of economic perspectives，2012，26（4）：pp. 103 – 124.

73. 蔡昉. 理解中国经济发展的过去、现在和将来：基于一个贯通的增长理论框架 ［J］. 经济研究，2013，48（11）：4 – 16.

74. 陈昌兵. 可变折旧率的另一种估计方法：基于中国各省份资本折旧的极大似然估计 ［J］. 经济研究，2020，55（1）：49 – 64.

75. 陈锋. 民营企业融资需求的总量与结构特征 ［J］. 金融与经济，2019 （9）：68 – 72.

76. 陈建青，扬甦华. 创新、经济增长与制度变迁的互依性 ［J］. 南开经济研究，2004（4）：28 – 30.

77. 陈敏菊. 中小企业融资缺口分析：基于浙江省中小企业对比问卷调查 ［J］. 经济理论与经济管理，2009（11）：76 – 80.

78. 程实，罗宁. 金融与创新创业国家战略 ［J］. 金融论坛，2015（9）：19 – 26.

79. 戴翔，刘梦. 人才何以成为红利：源于价值链攀升的证据 ［J］. 中国工业经济，2018（4）：98 – 116.

80. 单豪杰. 中国资本存量 K 的再估算：1952—2006 年 ［J］. 数量经济技术经济研究，2008，25（10）：17 – 31.

81. 董大勇，刘珂言. 基于 ARIMA 模型的工业品出厂价格指数预测与分析 ［J］. 统计与决策，2016（1）：179 – 181.

82. 杜传忠，曹艳乔. 金融资本与新兴产业发展 ［J］. 南开学报（哲学社会科学版），2017（1）：118 – 132.

83. 方福前，张平. 我国高技术产业的投入产出效率分析 ［J］. 中国软科学，2009（7）：48 – 55.

84. 方红艳，付军. 我国风险投资及私募股权基金退出方式选择及其动因 ［J］. 投资研究，2014（1）：105 – 118.

85. 方世建，桂玲. 创业政策视角下创业和经济增长的关系 ［J］. 经济管理，2009（5）：161 – 166.

86. 傅家骥. 技术创新学 ［M］. 北京：清华大学出版社，1998.

87. 盖凯程. 引导民间资本融入创新创业 [J]. 财经科学, 2015, 12: 5 – 7.

88. "高技术产业投融资体系问题研究"课题组. 高技术产业投融资体系问题研究（上）[J]. 经济研究参考, 2005（84）: 4 – 16.

89. 龚强, 张一林, 林毅夫. 产业结构、风险特性与最优金融结构 [J]. 经济研究, 2014（4）: 4 – 16.

90. 辜胜阻, 肖鼎光. 完善中小企业创业创新政策的战略思考 [J]. 经济管理, 2007（7）: 25 – 31.

91. 辜胜阻, 杨嵋, 庄芹芹, 吴华君. 规范发展股权众筹支持创业创新的战略思考 [J]. 经济纵横, 2006（7）: 8 – 12.

92. 顾海兵, 王树娟. 国内粮食价格指数的波动性分析和"十三五"预测 [J]. 经济与管理研究, 2015, 36（12）: 26 – 31.

93. 郭丽虹, 王硕. 融资缺口、市场化程度与中小企业信贷可得性: 基于非上市制造业企业面板数据的分析 [J]. 财经研究, 2013（12）: 115 – 125.

94. 郭丽虹, 张祥建, 徐龙炳. 社会融资规模和融资结构对实体经济的影响研究 [J]. 国际金融研究, 2014（6）: 66 – 74.

95. 郭研, 刘一博. 高新技术企业研发投入与研发绩效的实证分析: 来自中关村的证据 [J]. 经济科学, 2011（2）: 117 – 128.

96. 洪银兴. 科技创新中的企业家及其创新行为: 兼论企业为主体的技术创新体系 [J]. 中国工业经济, 2012（6）: 83 – 93.

97. 洪银兴. 科技创新体系的完善与协同发展探讨 [J]. 经济学动态, 2016（2）: 4 – 9.

98. 胡李鹏, 樊纲, 徐建国. 中国基础设施存量的再测算 [J]. 经济研究, 2016, 8: 172 – 186.

99. 黄孟复. 中国小企业融资状况调查 [M]. 北京: 中国财政经济出版社, 2010.

100. 黄勇峰, 任若恩, 刘晓生. 中国制造业资本存量永续盘存法估计 [J]. 经济学（季刊）, 2002（1）: 377 – 396.

101. 纪玉山, 吴勇民. 科技创新促进经济增长的微观机理与政策选择 [J]. 经济社会体制比较, 2007, 5: 40 – 46.

102. 蒋斌, 王珺. 广东 2035 发展趋势与战略研究 [M]. 北京: 社会科学文献出版社，2018.

103. 鞠晓生．中国上市企业创新投资的融资来源与平滑机制［J］．世界经济，2013，4：138－159.

104. 柯武刚，史漫飞，韩朝华．制度经济学：社会秩序与公共政策［M］．北京：商务印书馆，2000.

105. 李景海，林仲豪．"互联网＋"、创新驱动发展与广东民营经济转型升级路径研究［J］．江淮论坛，2006（2）：50－56.

106. 李力行，黄佩媛，马光荣．土地资源错配与中国工业企业生产率差异［J］．管理世界，2016，8：86－96.

107. 李苗苗，肖洪钧，傅吉新．财政政策、企业 R&D 投入与技术创新能力：基于战略性新兴产业上市公司的实证研究［J］．管理评论，2014，8：135－144.

108. 李时椿，刘冠．关于创业与创新的内涵、比较与集成融合研究［J］．经济管理，2007，16：76－80.

109. 李卫兵，张凯霞．空气污染对企业生产率的影响：来自中国工业企业的证据［J］．管理世界，2019，10：95－112＋119.

110. 李颖，凌江怀，王春超．金融发展对国内科技创新影响的理论与实证研究：基于对广东省面板数据的分析［J］．科技进步与对策，2009，23：9－15.

111. 李治国，唐国兴．资本形成路径与资本存量调整模型：基于中国转型时期的分析［J］．经济研究，2003（2）：34－42＋92.

112. 梁彤缨，陈修德，卢春源．基于随机前沿方法的广东省大中型工业企业科技活动效率研究［J］．科学学研究，2009（3）：393－398.

113. 林毅夫，李永军．中小金融机构发展与中小企业融资［J］．经济研究，2001（1）：10－18＋53－93.

114. 林毅夫，孙希芳，姜烨．经济发展中的最优金融结构理论初探［J］．经济研究，2009（8）：4－17.

115. 林勇，张宗益．中国经济转型期技术进步影响因素及其阶段性特征检验［J］．数量经济技术经济研究，2009（7）：73－85.

116. 凌江怀，李颖．基于企业类型和融资来源的技术创新效率比较研究：来自广东省企业面板数据的经验分析［J］．华南师范大学学报（社会科学版），2010（10）：106-113.

117. 刘娥平，钟君煜，施燕平. 风险投资的溢出效应［J］. 财经研究，2018（9）：52-65.

118. 刘和东，梁东黎. R&D 投入与自主创新能力关系的协整分析：以我国大中型工业企业为对象的实证研究［J］. 科学学与科学技术管理，2006（8）：21-25.

119. 刘华. 专利制度与经济增长：理论与现实：对中国专利制度运行绩效的评估［J］. 中国软科学，2002（10）：26-30.

120. 刘客. 熊彼特创新理论对中国煤炭产业转型的启示：本质、动力和方向［J］. 经济问题，2014（12）：9-14.

121. 刘少波. 供给侧结构性改革的内在逻辑与广东探索［J］. 南方经济，2017（5）：4-6.

122. 刘少波，蒋海. 风险投资进入与退出的信息经济学分析［J］. 财贸经济，2000（3）.

123. 刘少波，金剑锋. 试论发展我国的风险投资体系［J］. 暨南学报，2002（5）.

124. 刘伟，李绍荣. 所有制变化与经济增长和要素效率提升［J］. 经济研究，2001（1）：3-9.

125. 刘伟. 经济发展和改革的历史性变化与增长方式的根本转变［J］. 经济研究，2006（1）：4-10.

126. 柳卸林. 技术创新经济学［M］. 北京：中国经济出版社，1993.

127. 龙勇，庞思迪，张合. 高新技术企业融资方式、治理结构与技术创新能力关系研究［J］. 当代经济科学，2010（3）：113-118.

128. 鲁晓东，连玉君. 中国工业企业全要素生产率估计：1999—2007［J］. 经济学（季刊），2012（2）：541-558.

129. 陆国庆. 中国中小板上市公司产业创新的绩效研究［J］. 经济研究，2011，2：138-148.

130. 吕劲松. 多层次资本市场体系建设［J］. 中国金融，2015（8）：33-35.

131. 马晓玲，蒙卫华. "十四五"时期广东潜在经济增长率研究：基于

生产函数法的预测 [J]. 广东经济, 2019 (7): 72 - 77.

132. 买忆媛, 李江涛, 熊婵. 风险投资与天使投资对创业企业创新活动的影响 [J]. 研究与发展管理, 2012 (2): 79 - 84.

133. 聂辉华, 贾瑞雪. 中国制造业企业生产率与资源误置 [J]. 世界经济, 2011 (7): 27 - 42.

134. 聂辉华, 江艇, 杨汝岱. 中国工业企业数据库的使用现状和潜在问题 [J]. 世界经济, 2012 (5): 142 - 158.

135. 潘朝顺, 曹木顺, 刘英. 资本市场支持技术创新的研究: 以广东为例 [J]. 经济问题, 2006 (10): 16 - 18.

136. 裴蕾, 谢思全. 信贷可得、融资缺口、融资渠道: 民营企业融资状况差异性研究 [J]. 未来与发展, 2015 (7): 58 - 64 + 70.

137. 彭红枫. 基于多层次资本市场的科技创新支持体系研究 [J]. 科学学与科学技术管理, 2007 (6): 118 - 121.

138. 蒲祖河. 中小企业融资需求层次研究: 基于美国经验数据的分析及政策启示 [J]. 财贸经济, 2007 (10): 48 - 51.

139. 齐晶晶, 阎维洁. 制度创新与经济发展: 新视角、新观点的分析 [J]. 经济体制改革, 2009 (4): 31 - 35.

140. 邵挺. 金融错配、所有制结构与资本回报率: 来自 1999—2007 年我国工业企业的研究 [J]. 金融研究, 2010 (9): 51 - 68.

141. 司马宏昊, 王元. 多措并举强化金融对 "双创" 的支持 [J]. 宏观经济管理, 2016 (5): 37 - 40.

142. 苏乃芳, 李宏瑾, 张怀清. 有关 GDP 平减指数的再认识 [J]. 经济学动态, 2016 (5): 62 - 73.

143. 孙辉, 支大林, 李宏瑾. 对中国各省资本存量的估计及典型性事实: 1978 ~ 2008 [J]. 广东金融学院学报, 2010 (3): 103 - 116 + 129.

144. 孙建国, 胡朝霞. 中小企业板上市公司股权结构、公司治理与企业绩效: 基于随机前沿生产函数的分析 [J]. 投资研究, 2012.1: 110 - 122.

145. 谭语嫣, 谭之博, 黄益平, 胡永泰. 僵尸企业的投资挤出效应: 基于中国工业企业的证据 [J]. 经济研究, 2017 (5): 175 - 188.

146. 田侃, 倪红福, 李罗伟. 中国无形资产测算及其作用分析 [J]. 中国工业经济，2016（3）：5－19.

147. 童锦治，刘诗源，林志帆．财政补贴、生命周期和企业研发创新，[J]．财政研究，2018（4）.

148. 王珺．我国资源配置效率的改善：条件、变迁与建议［J］．南方经济，2018（9）：1－9.

149. 王京生，陶一桃．"双创"何以深圳强？［J］．深圳：海天出版社，2017.

150. 卫兴华，侯为民．关于创业与创新的内涵、比较与集成融合研究［J］．经济研究，2007（7）：15－22.

151. 闻岳春，唐学敏，夏婷．促进科技创新的资本市场创新研究［M］．北京：世界图书出版公司，2015.

152. 乌兰，李寅龙，花蕊．中国高新技术产业发展的金融支持效率研究:基于DEA两阶段模型分析法［J］．经济研究参考，2016（67）：63－68.

153. 吴延兵、R&D存量、知识函数与生产效率［J］．经济学（季刊），2006（3）：1129－1156.

154. 吴延兵．中国工业R&D产出弹性测算（1993—2002）［J］．经济学（季刊），2008（3）：869－890.

155. 吴延兵．R&D存量、知识函数与生产效率［J］．经济学（季刊），2006（3）：1129－1156.

156. 武巧珍．风险投资支持高新技术产业自主创新的路径分析［J］．管理世界，2009（7）：174－175.

157. 夏冠军，陆根尧．资本市场促进了高新技术企业研发投入吗:基于中国上市公司动态面板数据的证据［J］．科学学研究，2012（9）：1370－1377.

158. 谢千里，罗斯基，张轶凡．中国工业生产率的增长与收敛［J］．经济学（季刊），2008（3）：809－826.

159. 许宪春，贾海，李皎，等．房地产经济对中国国民经济增长的作用研究［J］．中国社会科学，2015（1）：84－101＋204.

160. 颜明杰，彭迪云：我国经济转型升级的实证分析与政策建议:基于跨越"中等收入陷阱"的视角［J］．江西社会科学，2014，34（7）：58－63.

161. 杨蒙莺，陈德棉．风险投资介入的最优创业融资探讨［J］．科学管理研究，2005（1）：111－113＋88.

162. 杨汝岱．中国制造业企业全要素生产率研究［J］．经济研究，2015，50（02）：61－74.

163. 杨瑞龙．制度创新：经济增长的源泉［J］．经济体制改革，1993.（5）：19－28＋127.

164. 叶德珠，曾繁清．"金融结构－技术水平"匹配度与经济发展：基于跨国面板数据的研究［J］．国际金融研究，2019（01）：28－37.

165. 叶宗裕．中国省际资本存量估算［J］．统计研究，2010（12）：65－71.

166. 尹恒，柳荻，李世刚．企业全要素生产率估计方法比较［J］．世界经济文汇，2015（4）：1－21.

167. 余泳泽，刘大勇，龚宇．过犹不及事缓则圆：地方经济增长目标约束与全要素生产率［J］．管理世界，2019，35（7）：26－42＋202.

168. 余泳泽．我国高技术产业技术创新效率及其影响因素研究：基于价值链视角下的两阶段分析［J］．经济科学，2009（4）：62－74.

169. 余泳泽．异质性视角下中国省际全要素生产率再估算：1978—2012［J］．经济学（季刊），2017，16（3）：1051－1072.

170. 余泳泽．中国区域创新活动的"协同效应"与"挤占效应"：基于创新价值链视角的研究［J］．中国工业经济，2015，（10）：37－52.

171. 虞义华，赵奇锋，鞠晓生．发明家高管与企业创新［J］．中国工业经济，2018，3：136－154.

172. 约瑟夫·熊彼特．经济发展理论：对于利润、资本、信贷、利息和经济周期的考察［J］．何畏，易家详，等译．北京：商务印书馆，1990.

173. 翟华云，郑军．资本市场促进技术创新的效率研究：以西部地区为例［J］．经济经纬，2011（5）：28－32.

174. 张成思，刘贯春．最优金融结构的存在性、动态特征及经济增长效应［J］．管理世界，2016（1）：66－77.

175. 张耿庆．我国技术创新与经济增长的实证研究［J］．经济纵横，2007（4）：49－51.

176. 张红力. 金融引领与"一带一路"[J]. 金融论坛, 2015, 20 (4): 8－14.

177. 张杰, 尚长风. 资本结构、融资渠道与小企业融资困境: 来自中国江苏的实证分析[J]. 经济科学, 2006 (3): 35－46.

178. 张杰, 芦哲, 郑文平, 等. 融资约束、融资渠道与企业 R&D 投入[J]. 世界经济, 2012 (10): 66－90.

179. 张捷, 王霄. 中小企业金融成长周期与融资结构变化[J]. 世界经济, 2002 (9): 63－70.

180. 张军, 吴桂英, 张吉鹏. 中国省际物质资本存量估算: 1952—2000[J]. 经济研究, 2004 (10): 35－44.

181. 张俊芳, 郭永济, 郭戎. 我国知识密集型无形资产总量到底有多少?[J]. 科学学研究, 2017, 35 (3): 372－378.

182. 张卫国, 刘照德. 广东省高新技术产业发展动态分析及对策研究[J]. 技术与创新管理, 2009, 30 (3): 302－304.

183. 张学勇, 张叶青. 风险投资、创新能力与公司 IPO 的市场表现[J]. 经济研究, 2016, 51 (10): 112－125.

184. 张一林, 龚强, 荣昭. 技术创新、股权融资与金融结构转型[J]. 管理世界, 2016 (11): 65－80.

185. 张映红. 动态环境对公司创业战略与绩效关系的调节效应研究[J]. 中国工业经济, 2008 (1): 105－113.

186. 张玉利, 杨俊. 企业家创业行为调查[J]. 经济理论与经济管理, 2003 (9): 61－66.

187. 张钟文, 叶银丹, 许宪春. 高技术产业发展对经济增长和促进就业的作用研究[J]. 统计研究, 2017, 34 (7): 37－48.

188. 张自力, 丘书俊, 何新慧. 高新技术企业自主创新与金融支持效率: 基于广东的数据分析[J]. 广东金融学院学报, 2010, 25 (6): 28－40.

189. 郑世林, 张美晨. 科技进步对中国经济增长的贡献率估计: 1990－2017 年[J]. 世界经济, 2019, 42 (10): 73－97.

190. 中国银行"中国经济发展新模式研究"课题组, 陈卫东, 宗良. 中国经济潜在增长率的估算与预测: 新常态新在哪儿[J]. 金融监管研究,

2016 （8）：41 – 66.

191. 周海涛，张振刚. 政府科技经费对企业创新决策行为的引导效应研究：基于广东高新技术企业微观面板数据 ［J］. 中国软科学杂志，2016 （6）：110 – 120.

192. 朱勇，张宗益. 技术创新对经济增长影响的地区差异研究 ［J］. 中国软科学，2005 （11）：92 – 98.